GESTÃO PELA FORMAÇÃO HUMANA

GESTÃO PELA FORMAÇÃO HUMANA

Uma abordagem fenomenológica

2ª EDIÇÃO

VALDEREZ FERREIRA FRAGA

Manole

Projeto gráfico e editoração eletrônica: Departamento Editorial da Editora Manole
Capa: Eduardo Bertolini
Ilustração da capa: André L. F. Coelho / Vetor Design e Multimídia Ltda.

Dados Internacionais de Catalogação na Publicação (CIP)
(Câmara Brasileira do Livro, SP, Brasil)

Fraga, Valderez Ferreira
Gestão pela formação humana: uma abordagem fenomenológica / Valderez Ferreira Fraga. - 2. ed. - Barueri, SP : Manole, 2009.

ISBN 978-85-204-2877-1

1. Desenvolvimento organizacional 2. Educação - Filosofia 3. Educação - Finalidades e objetivos 4. Fenomenologia 5. Qualificação profissional I. Título.

08-10766 CDD-370.1

Índices para catálogo sistemático:
1. Educação e fenomenologia 370.1
2. Fenomenologia e educação 370.1

1ª edição - 2003
2ª edição - 2009

Direitos adquiridos pela:
Editora Manole Ltda.
Avenida Ceci, 672 - Tamboré
06460-120 - Barueri - SP - Brasil
Tel.: (11) 4196-6000
Fax: (11) 4196-6021
www.manole.com.br
info@manole.com.br

Impresso no Brasil
Printed in Brazil

Dedicatória

Ao meu pai, com saudades do diálogo; à minha mãe, pela lembrança do exemplo; ao meu filho, pela oportunidade de autocrítica; à minha filha, pela crítica; ao meu neto, pela esperança; ao meu genro, pela inserção; e ao meu marido, pela presença passada, pela presente e pela que está por vir.

Aos brasileiros, aguardando tratamento digno, o meu profundo respeito.

Agradecimentos

À Profa. Telma A. Donzelli, pelo saber fenomenológico, à Sonia Aschkenasi, pela dedicação e lealdade ao princípio da melhoria permanente, à Inês Aché Pillar, à Raquel Bahiense de Castro, à administradora Sonia M. Silva, pela solicitude, à Alessandra da Motta, pela disposição e ao Dr. William Douglas, pelo apoio à primeira edição. Ao Engº. Luiz Soares, exímio comunicador, pela contribuição com a atualização de dados, aos meus alunos, pelo acolhimento, aos colegas, pelo compartilhamento. À Eliane Otani, pelo companheirismo solidário. Ao ITA, a gratidão pela inspiração e à FGV-EBAPE, em especial, à Profa. Dra. Déborah M. Zouain, Vice-diretora e ao Prof. Dr. Bianor S. Cavalcanti, Diretor, pelo estímulo à continuidade.

Tributo

Ao Dr. Eduardo Marcondes, médico, professor e ex-diretor da Escola de Pediatria da USP, cuja vida dedicada a inúmeras gerações de médicos brasileiros nos aproximou, devido à sua preocupação e ao seu extremo cuidado com a Formação Humana daqueles cuja missão é a vida do outro.

Sumário

Palavras ao leitor

[...] Em todas as escalas aparecem imensos problemas: não apenas técnicas que se tem de encontrar, mas também, políticas, motivos, um espírito, razões de viver [...].

Merleau-Ponty. *Signos*

Primeiras motivações para a realização deste livro

O interesse em investigar as possibilidades de uma Gestão pela Formação Humana surgiu em um trabalho de Desenvolvimento Organizacional que resultou em um estudo de caso, no âmbito da tecnologia avançada.

A busca por uma dimensão filosófica na administração emergiu como uma necessidade, por duas razões principais, uma de natureza teórica e outra de origem prática, durante uma tentativa de emprego do DO. No primeiro caso, o interesse em compreender as relações entre as pessoas que ingressavam e que deixavam a organização e o chamado espírito da instituição, bem como a recorrente invocação de seu "modelo". No caso da prática, decorreu da expectativa das pessoas dessa organização, quanto à postura do agente na ação administrativa e o exercício da autogestão, em contraste com a carência e a dispersão de fundamentos filosóficos à gestão que pudessem embasar essa prática.

Neste ponto, constata-se que a literatura disponível em gestão privilegia conhecimento, fatores intelectuais, psicológicos, sociológicos e, mais recentemente, antropológicos, deixando a lacuna de uma reflexão filosófica que questione qual é o sentido de uma organização.

Essa crítica é válida, inclusive, para a teoria do Desenvolvimento Organizacional, DO, a qual, apesar de pretender ser uma abordagem educacional, democrática, participante à gestão, carece de fundamentos filosóficos explícitos que possam favorecer seu propósito de educar.

Na verdade, tanto as pessoas na organização do referido estudo como as encontradas em trabalhos realizados em consultoria quanto, ainda, alunos e professores na academia recorrentemente manifestam a necessidade de fundamentos que possibilitem ir além do conhecimento, do sensível, do social e do cultural para questionar, por exemplo, até que ponto discursos e práticas considerados éticos são autênticos.

A busca de fundamentos: primeiros passos

A preocupação de John Dewey com as conseqüências dos avanços científicos e tecnológicos sobre os destinos da humanidade, somada à sua concepção de educação como uma teoria da formação humana, estimulou a leitura da obra desse filósofo norte-americano e sobre ele, devido ao contexto da organização, voltar-se, por um lado, para a tecnologia avançada e, por outro, explicitar profundas preocupações com a formação humana. Além disso, incentivou uma discussão já iniciada sobre a postura e os ensinamentos de seu discípulo brasileiro Anísio Teixeira, dedicado, em especial, a questões educacionais na administração, além de haver sido um educador que deixou obras e empreendimentos em âmbito nacional, assumindo uma postura irrepreensível e de visível atualidade.

O enfrentamento de questões de gestão, tanto de natureza teórica quanto de ordem prática, no emprego do DO e no estudo de caso, tornou oportuna esta tentativa de incursão na fenomenologia, porque a vivência na organização levou a supor que os problemas emergentes e os sucessos evidentes não estavam situados no nível da experiência, no preestabelecido, no comportamento, em normas, mas na instância fundante, no originário, no vivido, no que a fenomenologia chama de pré-sença.

Em decorrência, um grande esforço foi então empreendido, resultando apenas neste ensaio, especialmente a partir de Merleau-Ponty, em busca de uma abordagem fenomenológica à gestão.

Nessa etapa, uma leitura específica contribuiu significativamente para organizar as idéias apreendidas dos fenomenólogos, especialmente franceses: *A concepção Fenomenológica da Educação*, de Muniz de Rezende, professor da Unicamp engajado em fenomenologia e administração educacional.

Em paralelo, um estudo reconstruiu o discurso pedagógico de Anísio Teixeira, a partir de sua obra escrita e de suas ações na educação e na gestão levantadas com entrevistas a seus contemporâneos, facilitando a apreensão do sentido da Filosofia da Experiência.

Da reflexão sobre essas duas iniciativas resultou a motivação para este atual estudo, que pretende contribuir para a construção de um referencial fenomenológico mais direcionado à gestão, indicando e citando autores pertencentes ao movimento fenomenológico, no país e no exterior, desde os seus primórdios até os dias atuais.

Por que uma abordagem filosófica fenomenológica à gestão?

A decisão por este livro teve como objetivo favorecer o acesso a uma base teórica em fenomenologia, não somente a estudantes de pós-graduação em administração e educação, mas a consultores e empresários que desejem assumir uma prática de Gestão pela Formação Humana, isto é, uma abordagem educacional fenomenológica à administração, em busca de um engajamento ético em suas ações.

A articulação dos tradicionais critérios científicos em administração - eficiência, eficácia, efetividade - aos critérios filosóficos da relevância do humano e da legitimação da ação no mundo da vida sugerem fundamentos ao engajamento na responsabilidade social.

Possibilidade de inserção investigativa no mundo concreto das organizações

Em continuidade, o referencial teórico que coloca o leitor interessado em pesquisar as organizações em contato com fundamentos da fenomenologia pode facilitar o alargamento de seus estudos sobre gestão, especialmente em estudos de caso.

Este livro ainda procura favorecer a educadores e pesquisadores em educação o acompanhamento de uma recorrente tentativa de diálogo entre a Filosofia da Experiência e a Fenomenologia, para uma leitura mais compreensiva da complexidade das organizações e ações na gestão e na educação, a partir de conceitos como os deweynianos "democracia" e "growth" e de "horizonte" e "verdade polissêmica", segundo a fenomenologia.

Essa possibilidade de remover a simplificação encontrada atualmente em grande parte da literatura, entendendo que Filosofia da Experiência e Filosofia Fenomenológica seriam dois mundos não somente distintos, mas não-comunicáveis, pode fazer emergir um novo sentido mais abrangente e profundo para as ações na gestão, aproximando o agente do mundo das organizações humanas como ele realmente é, assumindo uma postura conseqüente e orientada, antes, para a autogestão.

Nessa trajetória, foi possível pressentir possíveis articulações entre a Filosofia da Experiência e a Filosofia Fenomenológica, que este estudo inicia, para ir tecendo os primeiros fios de um diálogo promissor para o humano e suas organizações.

Apesar das diferentes origens das duas posturas filosóficas, foi possível perceber que John Dewey e Anísio Teixeira, ambos orientados para a Filosofia da Experiência, revelam uma certa intuição, uma busca, um permanente remetimento para uma instância de natureza fenomenológica, transcendental, apesar do discurso ainda vinculado à instância empírica e ao método científico. Às possíveis reações a esta busca de condições na filosofia e no discurso educacional, para lidar com a gestão, fica aqui a seguinte questão: como se poderia conceber uma proposta, um projeto de Gestão pela Formação Humana, diante da escassez de fundamentos filosóficos na Administração?

A compreensão de que o referido diálogo seria possível, pelo menos em um estágio preliminar, baseado em indícios, exigiu um estudo exploratório do qual um resumo é apresentado em tópicos nas Notas Exploratórias no Apêndice deste livro. Essas reflexões preliminares foram importantes para a idéia central deste estudo, procurando mostrar que a fenomenologia pode realizar o que a Filosofia da Experiência sempre aspirou concretizar e que a Gestão pela Formação Humana clarifica com a postura a ser assumida no sentido de um estilo de vida ético.

Essa tentativa, pois, não foi uma mera decisão extravagante, mas um passo considerado necessário ao desenvolvimento deste ensaio que recebeu estímulos inestimáveis para a sua realização, como do iluminado Prof. Gerd Bornheim e do erudito Prof. Newton Sucupira, seguidos de discussões com colegas professores, pesquisadores, alunos de pós-graduação e administradores de empresa compartilhando preocupações.

A fenomenologia na concretude da gestão empresarial

No convívio com empresários, diante de seus desafios em situações e atividades críticas por natureza, quer em processo de fusão organizacional, quer na rotina de permanente cuidado na gestão em saúde ou na segurança preventiva, pela vida dos clientes no transporte aéreo, a postura fenomenológica reforçou o sentido da responsabilidade social autêntica, independentemente da organização ser pública ou privada. Cada um desses agentes, atores na gestão, em seu estilo próprio de agir e reagir, manifestou uma orientação para a Relevância do Humano, abrindo espaço para clientes internos e externos segundo o horizonte husserliano, somada a uma preocupação com a Legitimação de suas ações profissionais no Mundo da Vida, em busca de um porvir mais humano, na verdade, por uma formação co-humana na gestão.

Exemplos de gestão em que o sentido de busca por uma formação humana se manifestou – três organizações, uma pública e duas privadas de diferentes atividades – estão resumidos no Capítulo 2, com o objetivo de ilustrar possibilidades de as empresas estarem orientadas para uma postura competitiva, em co-humanidade, conseguindo equilíbrio entre os critérios de eficiência, eficácia, efetividade e relevância do humano, legitimando-os no mundo da vida ou não.

Prefácio à primeira edição

O presente trabalho da professora Valderez Fraga abraça três grandes revoluções paradigmáticas do pensar atual, efetivadas pelo movimento de pensamento denominado "fenomenologia" e que teve início em fins do século XIX, com o filósofo alemão Edmund Husserl: a introdução do fenômeno da "compreensão" como um saber próprio, distinto do saber científico, tal como foi concebido pela ciência moderna; a superação de todo subjetivismo racionalista na definição do mundo e do homem; o surgimento de uma filosofia que tem por essência mostrar a "carga historial" dos fatos, seus destinos, abrindo caminhos e perspectivas para aquele saber que governa as coisas existentes.

Em seu texto, a professora circula por inúmeros autores, mostrando uma leitura vasta e exaustiva, sem se ater, propositadamente, a diferenças que, muitas vezes, entre mestres e discípulos, se mostraram profundas, tal como entre os filósofos Husserl e Martin Heidegger, porque sua meta é recuperar os fios condutores que compõem o emergir de um pensar rigorosamente original, o fenomenológico, no seu configurar fundante. Pensar este que tantas implicações traz para as ciências humanas em geral e, no caso específico, para uma gestão administrativa responsável e conseqüente.

Na página 51 de seu texto, Fraga define claramente o propósito de seu trabalho como sendo o de uma abordagem fenomenológica que vai apreender "no mundo da vida, o homem concreto" e as relações deste homem com as organizações humanas "que ele cria e vivencia, em especial, na gestão". Discorre sobre o mundo da vida, "terreno" no qual se legitimariam atos e ações do agente na gestão, mostrando o seu caráter móvel e apontando para uma gestão aberta à "compreensão" da organização humana: "um permanente tornar-se segundo o fluxo das ações humanas dos que a constituem".

Em diferentes momentos, enfatiza esta importância da busca da "compreensão" e não apenas do entendimento, no que diz respeito às organizações. Assinala a importância de, além de pesquisar o significado de uma organização, apreender o seu sentido, perguntando: "para onde estão orientados os seus propósitos, os seus planejamentos, as suas estratégias de gestão?". Observa a necessidade de compreender razões, para que se esclareçam as circunstâncias (motivos) que moveram determinado fato em uma certa direção, propiciando o surgimento das causas (p. 22).

De fato, compreender não é conhecer. Conhecer é estabelecer causas, buscar resultados. Compreender é captar "razões", "sentido", direções", "modos de ver", "modos de ser", "estilos". Para compreender é preciso aprender a ver e a ouvir buscando o "sentido" das coisas e das situações. Artistas e poetas têm sido apontados por vários pensadores, inclusive por filósofos como Maurice Merleau-Ponty e Heidegger, como aqueles que nos ensinam a ver o "fenômeno" do mundo, do grego *phaenomenon,* que significa "o que se mostra". O que se mostra não se prova e nem se demonstra, se mostra *em pessoa,* na expressão de Husserl, ou *em si mesmo,* na palavra de Heidegger.

O primeiro a falar de "compreensão" como um saber próprio foi o filósofo alemão W. Dilthey, concebendo-a como uma "totalidade" de visão pressuposta, mas não captada expressamente. Husserl chamou tal totalidade de "mundo da vida", um "horizonte intencional" em que cada um vive, horizonte pessoal e, ao mesmo tempo, "em comum" com os outros que igualmente o experimentam pessoalmente. Essa totalidade de visão está baseada, ao mesmo tempo, em uma experiência originária de nós mesmos e de nossos estados de consciência (na percepção dita interna ou de si) e na percepção que temos dos outros por "intropatia", isto é, através de suas manifestações corporais.

Chego aos outros, diz Husserl, por uma existência recíproca "de um pelo outro", ou seja: da mesma maneira que o outro se encontra em meu campo de percepção, encontro-me igualmente no campo perceptivo do outro que me apreende tão imediatamente "como outro" quanto eu o apreendo. E apreendemos o outro "como estando entre outros", "outros" para ele, e, ao mesmo tempo, "outros" imediatamente para mim. Somos, assim, sujeitos de uma intercomunhão possível (HUSSERL, 1982, p. 110).

O que vale para mim, diz ainda o filósofo, vale também para os outros homens presentes em meu meio ambiente. Pela experiência que tenho deles enquanto homens, eu os compreendo e os acolho como sujeitos pessoais como eu mesmo o sou. Concebo o seu meio ambiente como sendo o mesmo meio ambiente meu, embora cada um receba as coisas de maneira diferente. O que é conhecido em comum, a título intersubjetivo, chega à consciência de maneira diferente, sob modos de apreensão singulares, em graus diversos de clareza. Apesar destas diferenças, conseguimos nos compreender e posicionamos, "em comum", uma realidade objetiva de ordem espaço-temporal que forma para todos nós o nosso ambiente de existência (p. 24). Esta é a instância do fenomenológico ou instância do "mundo da vida", um mundo não anônimo, mas partilhado com os outros, derivado não da simples experiência como tal, mas fundado em um saber imediato (intuição) do que é evidente, isto é, em uma vivência "do que se mostra em pessoa" e não através de recursos mediados pelo intelecto.

O "mundo da vida" consiste, pois, neste "sentido" que transparece na intersecção de nossas experiências e nas dos outros, compondo-se umas nas outras: retomo, nas minhas experiências presentes, minhas experiências passadas, na minha própria experiência, a experiência do outro. Trata-se de um mundo inseparável da subjetividade e da intersubjetividade. Nesta estruturação de apreensões e de percepções, todo fato ou coisa se dá a nós no seu modo de ser que é o de "nascer de um formar humano". Compreender, para Husserl, é estar consciente disto, de que todo fato implica uma "consciência solidária".

Todo o discurso de Fraga se dá dentro deste contexto do intersubjetivo, da existência solidária e compartilhada. A interpretação do agente da ação como ser-no-mundo, observa, é fundamental à gestão, porque "visa a existência em um mundo compartilhado", compreendendo toda subjetividade como intersubjetividade e concebendo toda ação não como intervenção, mas como liberdade engajada. Mais do que sujeito da ação, afirma, o agente é a história de um mundo intersubjetivo, dialeticamente vivido.

Merleau-Ponty situa, no que chama de "corpo virtual", o lugar onde se dá essa intersecção de impressões e percepções fundantes de toda evidência e verdade de nossa existência, da existência do mundo e de outros. Tenho a evidência, diz o filósofo, de que o outro existe quando serro a sua mão, porque neste contato o outro aparece como coextensivo a meu próprio corpo, assim como minhas duas mãos me são presentes como coexistentes porque são mãos de um mesmo corpo. O outro e eu "somos órgãos de uma só dimensão corpórea." Institui-se, assim, o "corpo-próprio" (p. 91) na ambigüidade desta relação de ser sujeito e objeto simultaneamente: ver e ser visto; sentir e ser sentido; tocar e ser tocado; estar dentro e estar fora; ser figura e ser fundo.

Fraga descreve aspectos fundamentais deste estatuto do "corpo próprio", mostrando a sua importância em uma fenomenologia da ação, no que se refere aos "possíveis usos do corpo como poder de articulação do sujeito com o outro na gestão" e às suas consequências concernentes a um sistema de avaliação de desempenho (p. 145). Com uma abordagem fenomenológica à Gestão pela formação humana, diz, a questão da instrumentalização para uma melhor qualidade de desempenho na vida profissional e humana não se reduz à aprendizagem de conceitos, conhecimentos e habilidades, mas refere-se à consideração, dentro de uma concepção mais compreensiva de desenvolvimento, de novos usos do corpo enquanto "corpo-próprio", visando o enriquecimento e a reorganização do "esquema corporal" (p. 145).

Mostra que a ação administrativa como "Gestão pela formação humana" implica maior complexidade do que a atuação sobre coisas ou pessoas, supõe atuação "com pessoas no nível de sua co-humanidade". Não é "intervenção", mas "inserção" que assume a "intersubjetividade". Intersubjetividade esta mais antiga do que o aprendizado, do que o convívio social e que vem de uma coexistência histórica, "da co-humanidade que o horizonte husserliano vai clarificar" (p. 16). Traz a questão da intersubjetividade no nível de uma interculturalidade, via o cultivo da forma básica da linguagem, que é o diálogo efetivo em que a linguagem deixa de ser instrumento para ser "uma revelação do ser íntimo e do laço psíquico que nos une ao mundo e a nossos semelhantes" (p. 25).

Com relação ao caráter abstrato e teórico do conhecimento científico e sua insuficiência para tratar dos problemas sociais em sua instância concreta, cita John Dewey, para quem os problemas sociais não são resolvidos pelo simples fato de "em teoria, a sociedade ser orgânica".

Dewey não se cansava de reagir ao idealismo, diz, considerando "impotente e inócuo qualquer ideal que fosse proclamado indiscriminadamente e em abstrato, descolado da existência concreta". Aqui encontramos um dos pontos mais originais deste livro, que é a aproximação da filosofia da experiência de Dewey com a fenomenologia. Embora, observa Fraga, a filosofia da experiência não tenha assumido radicalmente a instância fundante ou "sentido" das coisas, ambas, filosofia da experiência e fenomenologia, compreendem a relação do homem com o mundo e a associação entre os homens como "situadas".

Com relação ao caráter teórico do conhecimento e ao objetivismo da ciência moderna, a fenomenologia desenvolve uma análise crítica de longo alcance e originalidade. Husserl concorda com o filósofo francês Descartes, na medida em que funda toda evidência em uma subjetividade transcendental, porém, diferentemente de Descartes, não considera tal subjetividade como premissa do conhecimento objetivo, mas procede a uma explicitação rigorosa desta subjetividade, visando uma "ciência" especial de toda experiência transcendental efetiva ou possível. Para Descartes, só há verdade quando há certeza racional por parte de um sujeito. Este sujeito humano, concebido, essencialmente, como capacidade de transcender a coisa vista, baseado na evidência lógica, sob o modelo da razão matemática, é referência última de veracidade de tudo o que é percebido e visto. Neste movimento e direção, de visão do sujeito humano como "razão raciocinante", restrito ao autodesvelamento de si mesmo como pura operação racional, a verdade terminará por se configurar, na ciência moderna, como "objetividade pura", sem sujeito, sem mundo, sem história.

Tal "objetivismo" *realiza* seus próprios resultados, sob a forma de um "mundo existente em si", diz Merleau-Ponty. Realiza, isto é, confere aos seus resultados a consistência de "algo", de "coisa" a ser provada e demonstrada. Ora, continua o filósofo, a racionalidade não é algo desconhecido a ser provado ou demonstrado, ela nada mais é do que o fato das diferentes perspectivas se estruturarem a partir de apreensões diversas e das percepções se confirmarem em um significado aparente: "Nós assistimos a cada instante este prodígio da conexão das experiências e ninguém sabe melhor do que nós como ele se dá, porque somos o nó das relações" (MERLEAU-PONTY, 1976, p. XV-XVI).

Portanto, diferentemente do subjetivismo racional, trazido por Descartes, e da direção ou "sentido" objetivista assumido pela ciência moderna, a proposta fenomenológica de Husserl e de Merleau-Ponty se destina a postular toda identidade objetiva no nível de uma "intersubjetividade", no nível de uma pluralidade ilimitada de sujeitos em relação de "compreensão mútua", estruturada em um sistema de "protensões" e "retenções" que constituem a vivência enquanto tempo e história.

Embora, em Heidegger, a objetividade não seja concebida como a revelação de uma consciência intersubjetiva, mas consista em fundar toda verdade e evidência na "facticidade" humana, ou seja, neste "pôr-para-fora um sentido", um destino, uma história, que é o fenômeno da "existência", deixando que todo fato ou coisa seja realmente a "mostração" de um mundo próprio, cremos poder dizer que toda experiência, enquanto fundamento do ser das coisas, é concebida, na fenomenologia, apesar das diferenças entre seus autores, como um todo de compreensão concreta de si mesmo e do mundo. Um todo pressuposto, mas não expressamente consciente ou revelado, porque é essencialmente movimento, vir-a-ser. E o homem e sua humanidade são visualizados como "historicidade", seja na concepção de Merleau-Ponty como o lugar "onde todos os fatores cosmológicos mudam de sentido e tornam-se história, através de uma mutação que não termina nunca" (MERLEAU-PONTY, 1976, p. 52-3), seja, na expressão de Heidegger, como "clareira do ser", em que "o ser se mostra" "situado", como "destino".

Contrariamente ao subjetivismo radical de Descartes e à noção abstrata de objetividade da ciência moderna, a evidência ou a verdade se encontra, desta maneira, segundo a fenomenologia, na dimensão intra-histórica dos fatos, na história que os "motiva" e que é a fonte ou a razão que os torna "possíveis". A instância de abordagem do saber compreensivo é, conseqüentemente, a instância das "possibilidades", daquilo que torna possível as coisas e os fatos tais como são.

Este caráter de historicidade do fenômeno, por ser essencialmente estrutural, ou seja, uma articulação de eventos presentes em função de eventos passados assumidos à luz de uma só totalidade, nos permitirá compreender de maneira imediata cada evento singular, porque nele se dá ou se mostra, imediatamente, a totalidade histórica que o constitui enquanto "direção", "sentido", prenunciando coisas ou implicando conseqüências e apontando para além de si mesmo, configurando um espaço e um tempo próprios. Este mesmo caráter de historicidade do fenômeno nos impedirá, ao mesmo tempo, de controlar e de corrigir com "exatidão" o nosso mundo de compreensão, por estar este sempre inacabado e "em aberto". A "compreensão", portanto, não se define como sendo um saber "exato", como é o caso do conhecimento científico, mas como um saber "rigoroso", atento ao maior número possível de nuances de comportamentos e situações, desvelando preconceitos vindos de nossa própria história e da história do mundo.

Percorrendo os meandros do processo compreensivo, pelo qual toda gestão se efetiva em uma certa direção, Fraga vai configurando os fundamentos de um espaço e de um tempo organizacional fenomenológicos. Inspirada e fundamentada na obra de Merleau-Ponty, lembra que falar de organização é falar "do mundo concreto, das relações do indivíduo encarnado com o outro na existência humana, na qual as organizações são permanentemente espaço e tempo vividos" (p. 32).

Fala do caráter rigoroso do saber compreensivo e o reflexo disto na linguagem da gestão, do impacto da consideração rigorosa das vivências em suas nuances na fala dos líderes que sensibilizam e comovem por tocarem as pessoas na sua co-humanidade. É a essência do diálogo e "só será possível se estiver livre da exatidão que enrijece e empobrece a relação possível do encontro entre diferentes. A exatidão isola, exclui, mas o rigor é básico, para que a comunicação se dê em sua mutualidade" (p. 57).

Dentro do contexto de diálogo que estabelece entre Dewey e a fenomenologia, assinala o surgimento do critério da "relevância", "importante para a teoria da administração, porque desvela o sentido filosófico da ação administrativa". "A relevância do humano", diz, "sobre os resultados da experiência é o sentido buscado por ambas as posições filosóficas, cuja concepção de educação implica autodeterminação engajada e profundas discussões sobre a questão do outro e do social" (p. 44). Esclarece que o critério da relevância do humano significa, fundamentalmente, a valorização da "conseqüência" e não do simples "resultado". Lembra que a concepção de experiência de Dewey considera o "resultado", em si mesmo insatisfatório, preocupando-se com a "conseqüência" da ação que, reduzida ao resultado, descaracteriza o critério da relevância (p. 43).

Desenvolve vários aspectos referentes à ação administrativa, à luz deste critério. Na ação administrativa, diz: "o que aparece como objeto é o seu resultado, em decorrência de sua prederminação, de seu fechamento, mas o que se mostra é o fenômeno da conseqüência. [...] É a conseqüência e não o resultado que possibilita ainda perceber se a ação se legitima ou não no 'mundo da vida'" (p. 125). Observa que essa busca do fenômeno da conseqüência da ação e da omissão, segundo o critério da relevância do humano, torna uma Gestão pela formação humana mais compreensiva do que uma simples gestão de recursos humanos, porque introduz o humano como "direção" ou "sentido" da própria ação, não a limitando a diferentes dimensões do que significa ser uma entidade humana, tais como o psicológico, o sociológico, o cultural e o técnico-administrativo, ação esta que por mais eficiente que seja tende a circunscrever o humano dentro do contexto de meros procedimentos repetitivos (p. 5).

Ao trazer, deste modo, o critério da relevância do humano como o sentido filosófico da ação administrativa, Fraga abraça esta nova visão da filosofia trazida pela fenomenologia, a que nos referimos no início deste prefácio: "aquele saber que governa as coisas existentes". Isso porque o critério da relevância do humano, em essência, leva a um agir que se caracteriza por retomar, a cada vez, os fatos no esforço de pensá-los naquilo que "os motiva", na sua historicidade. Assume-se, desta maneira, uma filosofia que não se funda em uma idéia previamente concebida, mas que consiste, intrinsecamente, em "realizar" a verdade que possibilita a "mostração" do sentido das coisas e do mundo. Uma tal filosofia deixa de ser, diz Heidegger, como tradicionalmente tem sido, uma ordenação da totalidade dos entes em sistemas, preparando um quadro do mundo, dando uma orientação universal a tudo (p. 125). Deixa de ser, na observação de Merleau-Ponty, uma reflexão sobre um ser previamente dado, o reflexo de uma verdade prévia, para significar a própria fundação do ser ou a arte de realização de uma verdade. O único Logos que preexiste, continua, é o próprio mundo, e a filosofia é o que permite a manifestação da existência do mundo, pois nenhuma hipótese explicativa é mais clara do que o próprio ato pelo qual retomamos este mundo inacabado para tentar totalizá-lo e pensá-lo (MERLEAU-PONTY, 1976, p. XV-XVI).

É deste modo que a filosofia orienta, impregna e fundamenta este trabalho, na medida em que a proposta de uma Gestão pela formação humana não se define como um sistema de regras e orientações gerais fundado em idéias preestabelecidas, mas consiste, essencialmente, neste retomar os fatos na motivação essencial que os torna possíveis, o que significa dizer em suas "razões", através da descrição de seus campos de possibilidades (espaço fenomenológico) e de seus "engajamentos" ou conseqüências (tempo fenomenológico).

Muitas outras descobertas nos reserva este livro, para as quais convidamos o leitor. Parabenizamos a colega e amiga, Valderez Fraga, pela coragem pioneira e pela forte decisão que a moveu nesta sua tarefa. Esforço e determinação que nos lembram, mais uma vez, Merleau-Ponty, inspirador principal deste trabalho:

> *"Nós tomamos em mãos nossa sorte, nós nos tornamos responsáveis pela nossa história não só através da reflexão, mas também por uma decisão onde engajamos nossa vida, e nos dois casos trata-se de um ato violento que se verifica, se exercendo".* (MERLEAU-PONTY, 1945, p. XV - Tradução da autora)

Rio de Janeiro, maio de 2003
T. A. Donzelli
UERJ

Prefácio à segunda edição

Ocidente é uma palavra com origem grega que significa assassino do sol. Em vários momentos da história ocidental, por derivação do destino imposto pelo sentido desta palavra, decretamos a morte de algo, de alguém ou de um sistema de pensamento. Assim, foi decretada a morte de Deus, da metafísica, das ciências humanas e sociais e, desde o século XIX, da filosofia, assassinada pelo novo sol-ciência que tomou o seu lugar.

Esta ânsia de matar, no entanto, não é inteiramente bem-sucedida. O ocidente não é, por mais que pretenda ser, um ente esgotado em si e, em seu imperativo relacional, se vê obrigado ao diálogo com o tempo, com o registro mnemônico tangível ou intangível, com o sol que, depois de assassinado, teima em novamente nascer.

Valderez Fraga é uma pensadora ocidental. Após o decreto de assassinato do pensamento filosófico firmado pela ciência positiva, ela não concedeu o seu extermínio e o retornou como eixo estruturante para uma nova abordagem em gestão e administração.

A ressurreição do pensamento filosófico não é equivalente ao mesmo que se repete, como uma vez disse Heráclito de Efeso, o obscuro. Valderez Fraga associa, de maneira original e corajosa, a fenomenologia, a filosofia da experiência e o pensamento do grande educador Anísio Teixeira com gestão e administração, o que faz com que o mesmo não tenha *locus* para, de maneira fenomenológica, acontecer.

Há um discurso do senso comum, disseminado em muitas organizações e dirigentes públicos e privados, de que administração e gestão equivalem a bom senso sistematizado. Neste conceito está implícita uma visão preconceituosa e perigosa sobre a prática administrativa. A redução ao bom senso ou ao pensamento do senso comum pode estimular práticas que desconstruam o humano, situação que desde a morte de Sócrates determinou, no ocidente, o debate sobre o bom governo.

Valderez resgata o humanismo como paradigma para a constituição de novas formas de administração e gestão, e isto significa introduzir como principal dilema contemporâneo a questão ética. Assim, se no século passado a ciência transformada em tecnologia nos possibilitou como humanos um mundo novo imensurável com a resolução de quase (afinal a morte é inexorável) todos os problemas que enfrentamos, continuamos em estado de mal-estar. Os genocídios, as doenças evitáveis e as insistentes intolerâncias teimam em persistir, o que nos obriga a, de maneira esperançosa, manter a questão humana em ato.

Valderez não cede ao cinismo pós-moderno da inevitável tragédia humana e da desconstrução de si. Ela insiste no humano e isso permitirá ao leitor deste belo texto encontrar um libelo de esperança e de possibilidades. Nada está determinado se há processo, e esta é a centralidade fenomenológica de seu texto.

O leitor de Valderez vai encontrar neste texto um caminho corajoso, ousado e instigante. Aqui, a humanidade teima em se renovar.

Rio de Janeiro, agosto de 2008
Ricardo Vieiralves de Castro
Reitor da UERJ

Nota da autora

Neste ano, em que se comemora o centenário do nascimento de Merleau-Ponty, cujos ensinamentos da obra ultrapassam os desafios das conturbações encontradas em seu tempo, a trajetória deste ensaio conferiu, como um alento, a presença de fenomenólogos, no Brasil, pré-ocupados com o Outro e articulando-se, a partir de suas singularidades. Emergem no IFCS – UFRJ, no Ifen – Rio de Janeiro, bem como na Psicologia na UFF, na PUC do Rio de Janeiro, de São Paulo e do Rio Grande Sul, na USP, na USC de Bauru, na UFSC, na UFRGS, na UFPE, além de na Enfermagem, na Psicologia, na Geografia e na Filosofia da Uerj – a Universidade Estadual que privilegia a Formação Humana em seu programa de mestrado e doutorado em Políticas Públicas –, e na FGV-Ebape, que direciona o sentido fenomenológico à gestão, em especial com o Professor Doutor Hermano Thiry-Cherques e o ex-aluno e consultor Doutor Hélio Tadeu Martins. Esses exemplos confirmam o vigor do movimento fenomenológico livre de amarras de uma Escola Filosófica, orientado no sentido de um horizonte de acolhimento e compreensão, na diversidade que motivou debates e ações na vida ativa de Merleau-Ponty, sem omissões.

Rio de Janeiro, agosto de 2008
Valderez F. Fraga

1

Abordagem fenomenológica educacional à ação administrativa: postura do agente, considerando o Desenvolvimento Organizacional (DO) como pano de fundo

Propósito, referencial e busca

Este estudo realiza uma releitura da ação administrativa, removendo o agente da condição de Recurso Humano, visando à sua liberação das amarras de mero instrumento, possibilitando um assumir-se de acordo com a postura própria de sua "natureza" humana, para que, como pessoa-profissional, atue na gestão. O Desenvolvimento Organizacional (DO) é o pano de fundo dessa discussão, a partir de um estudo de caso realizado anteriormente (teoria e prática), em busca de maior abrangência para a Gestão[1], e que resultou na decisão de escrever este livro.

1 A prática do DO fez aparecer um problema e uma questão. O problema relaciona-se ao desafio de lidar com liberdade, autonomia e criatividade concretamente na gestão, e a questão diz respeito à relação entre o tempo e as pessoas que entram e saem da organização, onde o DO foi exercitado, e o chamado "espírito" daquela organização. As possibilidades da fenomenologia para a administração do problema giraram em

As dificuldades encontradas naquele percurso estimularam esta discussão à procura de um novo saber para enfrentar as questões humanas, como elas se apresentaram concretamente na gestão. Procurando embasar uma abordagem educacional à gestão, no sentido de uma Formação Humana, a opção foi recorrer à fenomenologia[2].

Embora este estudo esteja fundamentado especialmente em Merleau-Ponty e, em alguns momentos específicos, em Paul Ricoeur, introduzir uma breve descrição de fenomenologia segundo Husserl seria o mínimo de reconhecimento necessário ao fundador[3] desse movimento, tanto por sua obra quanto pelos recursos teóricos que ela oferece e que tornaram esta proposta possível. Para exemplificar, basta citar o mundo da vida, o sujeito transcendental e o horizonte.

Segundo Husserl, fenomenologia é o estudo das estruturas essenciais da consciência, considerando seus ego-sujeitos, seus atos e conteúdos, levados em conta com a completa suspensão das crenças existenciais (SPIEGELBERG, 1971, p. 152).

---

torno da liberdade enredada, de corpo-próprio e do engajamento ético, enquanto, no caso da questão, tempo e espaço, segundo a fenomenologia, foram primordiais para a compreensão da relação entre a dinâmica das pessoas e o espírito da organização.

2 Os primeiros indícios de possibilidades da fenomenologia na gestão apareceram no contato com a psicologia fenomenológica nas décadas de 1970-80. A saída dessa periferia da filosofia fenomenológica deve-se, em especial, às palestras da Profa. Dra. Telma A. Donzelli, na UFRJ-IFICS, no início da década de 1990, quando a leitura de Merleau-Ponty passou a ser intensa.

3 Ao falar em Husserl, nascido em 1859, e em sua obra, mais de 45 mil páginas manuscritas, não se deve ignorar o papel pioneiro de Kirkegaard, nascido em 1813, e suas contribuições à fase anterior ao reconhecimento de Husserl e de suas bases fenomenológicas, com Bretano, que nasceu em 1839, tornou-se sacerdote católico e depois, doutor pela universidade alemã de Tübingen e docente em Würzburg. Sua obra é extensa. Renunciou ao sacerdócio após seu parecer sobre a possível falibilidade do papa e foi lecionar em Viena. Husserl, judeu, mantinha correspondência com Bretano, com grande respeito e confiança em suas idéias.

A decisão de não delimitá-los pelos fenômenos psicológicos foi a reação de Husserl ao psicologismo do início do século XX, que considerava "todo o pensamento como resultado da ação das condições psicológicas do indivíduo", e "a ciência como conseqüência de atos psicológicos dos cientistas" (CAPALBO, s./d., p. 32-33).

A preocupação de Husserl era compreender o ponto de partida de sustentação da ciência. Daí considerar que toda a ciência se dá como fenômeno à consciência, e caberá à fenomenologia descrever o que se dá a conhecer, tal qual se dá a conhecer (CAPALBO, s./d., p. 33), isto é, "a coisa mesma".

A consciência humana que vai realizar a descrição caracteriza-se por ser intencional, isto é, consciência é sempre consciência de algo; ela visa a um objeto, e a fenomenologia analisa esse visar intencional e se preocupa com a maneira própria de algo se dar a conhecer, à consciência. A preocupação da fenomenologia não é pela consciência como algo, mas como consciência de algo. Se cada vivência é original, o objeto de estudo da fenomenologia é a maneira do dar-se comunicação entre as vivências.

Isso é importante porque compreender um ato humano é compreender o seu significado pleno, incluindo suas possibilidades, o vir a ser; que implica conexões, inter-relações com a totalidade, e a análise dessas conexões que faz aparecer a vida é vital à gestão.

Greuel enfatiza que, para Husserl, o conhecimento contextual, decorrente de uma perspectiva específica e orientado para fins úteis, é apenas opinião e que a filosofia começa quando o pensamento considera suas limitações. A filosofia passa a ser uma forma de vida, não uma teoria, e a razão para transgredir relaciona-se à elevação para uma forma abrangente de ver as coisas, assumindo responsabilidade para a vida, não para isso ou aquilo, mas para sua existência (1996, p. 12).

Neste estudo, a gestão e o agente na ação administrativa são intencionados, são objetos de apreensão, de significação e de análise. Com a postura fenomenológica, porém, mais do que objetos de entendimento, são objetos de compreensão; logo, sem fechamento, sem objetivação, pois, no momento em que são intencionados, visados, a relação sujeito/objeto passa a ser de implicação, sendo o sujeito tomado como parte do objeto intencionado[4]. Essa postura está na base da transgressão citada, da nova forma de ver o mundo e de assumir responsabilidade para uma existência com o mundo.

Quadro 1 Breve retrospectiva do movimento fenomenológico, no âmbito deste estudo

F E N O M E N O L O G I A	**Vestígios** ▶ Kierkegaard, 1813-1855 **Início formal** ▶ Husserl 1859-1938 **Desenvolvimentos** ▶ Heidegger, 1889-1976 ▶ Jaspers, 1883-1969 ▶ Merleau-Ponty, 1908-1961 ▶ Paul Ricoeur, 1913 ▶ Habermas, 1929 ▶ Gabrel Marcel, 1889-1973 ▶ Sartre, 1905-1980 ▶ António Muniz de Rezende, atual **Buscas** ▶ Hegel, 1770-1831 ▶ Dewey, 1859-1952	M O V I M E N T O

4 Um ato intencional, segundo Schutz, é qualquer ato no qual uma pessoa experiencia um objeto físico ou ideal. Com isso, o objeto é cognitivamente constituído. Esse objeto é visado e significado pelo indivíduo, é singularizado por sua **apercepção** cognitiva (*apperfectional cognition)* e sua **atenção** – livre ato de alerta. Isto é, o indivíduo interpreta o objeto espontaneamente, a partir de percepções sensoriais, experiências passadas e conhecimentos previamente adquiridos do objeto percebido (1970, p. 109).

Especificidade da ação humana na gestão

O estudo da ação, realizado por Paul Ricoeur (1988), facilita o desenvolvimento de uma abordagem filosófica à Ação Administrativa, a partir da apreensão da ação como atividade essencialmente humana.

Landsberg, discípulo de Max Scheler, já considerava a ação ligada, por essência, à corporeidade (LANDSBERG, 1968, p. 91), tornando-a compreensiva.

Essa abordagem é fundamental para rever a questão de o humano ser considerado um recurso, na teoria, o que vem reforçando a prática de uma gestão sobre o humano, um tratamento que, além de orientar o gestor no sentido de reduzir seu semelhante a mero recurso entre os demais, em uma organização, ainda o induz a se comportar, ele próprio, como esse mero recurso, submetendo-se a prescrições teóricas que desfiguram o que se constituiria em uma autêntica ação humana, como profissional.

Em busca das diferenças entre análise da linguagem ordinária e descrição fenomenológica, Paul Ricoeur, em *O Discurso da Ação*, destaca o que se pode considerar três diferentes níveis de compreensão, para encontrar a especificidade do humano na ação.

Este estudo se ocupa, também, dessa busca, a fim de possibilitar à teoria a inclusão do próprio humano na gestão, demovendo-a de um crônico estado de cristalização, resultante de uma precária interpretação de pessoas no trabalho como simples Recursos Humanos. Os objetivos desta reflexão vão desde a abertura de novas possibilidades para o ensino em gestão até o estímulo à reflexão por parte daqueles que exercem concretamente a gestão, na verdade, dos que, antes, se exercem na gestão, em qualquer nível, âmbito ou local, como agentes intencionais, conscientes e conseqüentes.

O agente que este estudo enfoca não se limita à determinada categoria funcional ou cargo, mas a pessoas em situação de trabalho com outras pessoas, independentemente de hierarquia ou atribuições.

Todavia, o reconhecimento da singularidade como um fundamento desta proposta de postura do agente na gestão não poderia deixar de reconhecer, também, as especificidades de cada situação funcional, articuladamente ao que é próprio da singularidade de cada agente.

Recorrer a Ricoeur, nesse momento, favorece o entendimento dos níveis citados, porque contribui para uma aproximação paulatina às origens da questão da relação entre agente e ação.

Nesse ponto, parece oportuno apresentar a ação como uma unidade, descrita por Scheler em "graus de conteúdo e os fatores causais que podem determinar variações nesses graus em casos concretos" (1948, p. 171).

> 1. A situação e o objeto da ação; 2. o conteúdo a ser realizado; 3. o querer esse conteúdo e seus graus, que vão da disposição de ânimo à intenção, à reflexão e a propósitos até a decisão; 4. os grupos de atividades enfocadas que exigem movimentos do organismo; 5. os estados de sensações e sentimentos enredados nessas atividades; 6. a realização vivida do conteúdo mesmo, isto é, a execução; 7. os estados e sentimentos causados pelo conteúdo realizado.

Ao apresentar essa estrutura da ação, Scheler deixa claro que a execução é apenas uma parte da ação, pertencente a essa unidade complexa. Aquele autor também esclarece que querer não é um mero tender nem apenas mero desejar, pois em ambos os casos não há o objetivo de realizar um conteúdo. Tender e desejar são "vontades" muito distintas de "querer fazer." Querer fazer algo, afirma Scheler, é uma forma muito distinta de querer (1948, p. 173-174), o que na gestão é querer concretizar algo, como um plano, aplicar uma norma, um novo procedimento...

Retornando ao estudo de Ricoeur sobre os três níveis de compreensão da ação em busca de sua especificidade humana,o primeiro nível retoma o silogismo prático ou inferência lógica de Aristóteles (RICOEUR, 1988, p. 126), que fala em termos de desejo, de intenção, a qual, como começo de ação, tem uma base não-contingencial com o seu acabamento. É uma "disposição para" que está implícita, a qual, porém, não está contida na forma de uma lei de um sistema (RICOEUR, 1988, p. 59-60).

O segundo nível, a explicação teleológica, enuncia a forma de uma lei de um sistema, explicitando a intenção que está implícita na linguagem ordinária. É a explicação pelo fim, não a explicação pelo antecedente. Para ser teleologicamente explicável, o comportamento deve, antes, ser intencional (RICOEUR, 1988, p. 127). Há, então, referência a um caráter da experiência da ação, a "disposição para", acrescentada à explicação teleológica[5].

A descrição fenomenológica é o terceiro nível e compreende o caráter fenomenológico da experiência da ação[6]. Ela acrescenta a experiência humana à explicação por um fim, vai além da invocação de uma lei, localiza o núcleo intencional da ação conscientemente orientada, que é um agente capaz de reconhecer-se como sujeito de seus atos (RICOEUR, 1988, p. 60).

---

5 A explicação teleológica enuncia a lei em função da qual se reconhece a aparição de um acontecimento como dependente de outro acontecimento e que tem, como característica, ser exigido para algum fim. Não é um inobservável, mas a descrição de um estado de sistema, o que é observável. Por exemplo: o animal à espreita para capturar a presa e matar a fome. É um tipo de explicação mais complexa do que a tradicional explicação causal, é a explicação da ciência pré-galileiana; logo, é também mais primitiva do que aquela (RICOEUR, 1988, p. 110-117).

6 A leitura das reflexões de Max Scheler sobre ética material e ética de resultados representa uma possibilidade de aprofundar a compreensão da questão disposicional da ação que este estudo apenas levanta. Criticando Kant e analisando profundamente o conceito de "disposição de ânimo" como "distinta de uma intenção", Max Scheler chega à polêmica questão das possibilidades da educação quanto a "influir ou mudar as disposições de ânimo" (1948, p. 165, v. 1) Além disso, levanta agudas questões de método, como é o caso do que se pode esperar da "verificação" para identificar o equívoco de que ela pudesse "substituir, de algum modo, a evidência da disposição de ânimo antes da ação", como supõe o pragmatismo (p. 169, v. 1). Essas são questões tratadas ainda incipientemente neste estudo e deverão merecer uma futura retomada. Ver Max Scheler. Ética. Buenos Aires, "Revista de Ocidente Argentina", 1948. Tomo 1. Tradução para o Espanhol do original em Alemão: *Der formalismus in der ethik die mareriale wertethik.*

Resumindo os passos seguidos, encontram-se os três níveis abaixo:

- silogismo prático – traz uma intenção, uma "disposição para", implicitamente;
- explicação teleológica – explicita essa intenção sob a forma de uma lei de um sistema, explicação pelo fim;
- descrição fenomenológica – apreende nessa intenção o agente consciente, entendido como uma rede de intencionalidades.

Implicações da ação essencialmente humana para teoria da administração

As implicações serão abordadas quanto:

- ao agente;
- à formação humana;
- ao tempo e ao espaço;
- à concepção de organização;
- à questão do outro, do público e de Deus;
- ao resultado, à conseqüência, à relevância do humano e à legitimação da ação.

O agente na gestão

Segundo Ricoeur, a base conceptual da ação está na convicção de que certas mudanças somente ocorrem quando agimos; daí poder dizer-se que a ação é um movimento consciente, investido de intencionalidade pelo agente.

Intencionar um objeto é percebê-lo e torná-lo significativo (CAPALBO, s./d., p. 18). O agente predica a ação e acrescenta a experiência humana ao movimento, tornando-o intencional. Agente é, pois, aquele que é capaz de reconhecer-se como sujeito de seu ato, como responsável pela ação que pratica, sem ser causa.

Seria mais preciso dizer que a razão funda as causas. Compreender a razão de uma ação é importante para que as causas se esclareçam, porque elas são circunstâncias na história das organizações. Motivos podem ser as razões de uma ação que movem para que algo seja causado.

A primeira implicação dessa abordagem na ação administrativa refere-se a sua configuração, seu conteúdo técnico-administrativo, seus fundamentos, procedimentos, base funcional e normativa e que aparecerão a partir de sua base conceptual, estudada por Ricoeur, ou seja, um agente consciente, intencional e que se reconhece como responsável por seu ato.

Em segundo lugar, o agente como sujeito consciente que se reconhece responsável por seus atos e que é – para a fenomenologia – um poder de articulação, não é compatível com a concepção de sujeito e de outro como coisas, mas como subjetividades que são mais intersubjetividade.

Nesses termos, clarifica-se a relação entre sujeito e objeto como sendo aquela entre dois pólos correlativos da relação intencional da consciência, não uma relação entre duas realidades exteriores independentes (CAPALBO, s./d., p. 19).

Neste ponto, Schutz enfatiza a linguagem como indissociável do sujeito em sua cultura. Por exemplo, como interpretar o que é demoníaco, para Goethe, sem conhecer sua obra ou como compreender o que é civilização para um francês sem conhecer sua história (SCHUTZ, 1979, p. 108-9).

Pela redução constituinte[7], o agente se reconhece como responsável pelo sentido dos fenômenos, pois ele é fonte de significações (CAPALBO, s./d., p. 19). Esse poder de significar vai à significação de mundo que não é obra de um só sujeito, mas de vários, como uma relação intersubjetiva de uma comunidade de pessoas.

A leitura de Bernstein sobre Schutz apresenta a preocupação própria do último, em seu estudo fenomenológico, como sendo centrada no mundo cultural. Nessa abordagem, emprega expressões como o mundo do senso comum, o mundo cotidiano ou o "mundo da vida", como queria Husserl, para referir-se ao mundo intersubjetivo que cada homem, em sua amplamente "aberta e alerta experiência de consciência, participa em sua vida diária". Orienta seu estudo para o que Husserl chamou de *atitude natural*, isto é, o humano voltado a "interesses práticos, por problemas à mão". Estudar as manifestações da intersubjetividade no mundo da vida compreendido dessa maneira é o permanente trabalho de Schutz, em busca de compreensão sobre "como interpretamos e somos interpretados pelos outros" no contexto social, em termos de nossas ações, na complexidade das interações humanas (BERNSTEIN, 1973, p. 141).

---

7 A redução fenomenológica está incluída no método husserliano em busca da "fonte universal de toda a significação", clarificando "quais são as estruturas universais da vida intencional". A redução coloca "entre parênteses a consciência natural, imediata. "Quando o fato é colocado entre parênteses, surge o sentido. Porém, com essa redução, o mundo não fica reduzido a uma idéia, porque as essências que emergem com a redução trazem o vivido, fazendo aparecer o mundo como ele é". Assim, "pela redução fenomenológica ou transcendental, o mundo é visto como correlato da consciência". Não se trata aqui da transcendência kantiana, isto é, a que considera o mundo imanente ao sujeito. Trata-se da transcendência husserliana, que entreve o sujeito situado e o mundo como constituído pela consciência não de acordo com o idealismo, mas como objeto significativo, como vivência objetiva (CAPALBO, s./d., p. 17-8).

Quanto à significação de mundo não ser obra de um só sujeito, é também abordada por Schutz na discussão sobre a construção de modelo ideal de ação humana que, ao ser desempenhada na realidade concreta individual, seja inteligível não somente pelo ator, mas também pelos homens em geral, no senso comum da vida diária. Nesses termos, o autor afirma que a concordância com a consistência do postulado lógico assegura a validade objetiva do constructo do cientista social e que, por outro lado, a concordância com o postulado de adequação garante a compatibilidade com o constructo da vida diária (apud BERNSTEIN, 1973, p. 140-1).

Quadro 2 Princípios básicos da formação humana

- O ser do humano é em aberto
- Formação e desenvolvimento coincidem
- Saber que nunca irá alcançar a plenitude
- Não deixar de buscar, no sentido da ética
- Educar é viver, inclui gestão/autogestão permanentemente

Ação administrativa

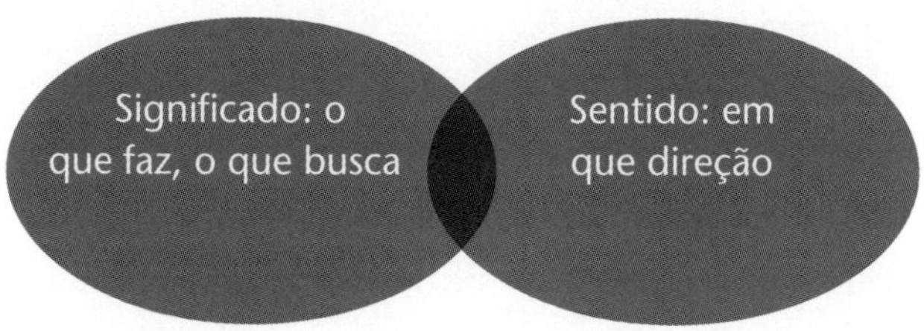

Essa leitura de Bernstein em estudos de Schutz faz aparecer a construção do mundo como ele a compreende: em diferentes dimensões a partir do exemplo do cientista social, isto é, como cidadão comum, que é parte do mundo da vida e, ainda, como membro da comunidade científica, preocupado com representar o mundo, quando é tão submetido ao conhecimento científico quanto os naturalistas em busca de supostas invariantes. Porém, a teoria objetivada diz respeito a atores do dia-a-dia, concreto (BERNSTEIN, 1973, p. 140-1). Logo, a construção do mundo da vida é obra de todos, e o mundo da vida é tanto o originário que torna o conhecimento possível, quanto é, também, a permanente possibilidade de validá-lo.

Essa discussão de Schutz, cujo sentido é a questão dos problemas humanos, facilita, também, uma melhor compreensão do que Merleau-Ponty diz de problemas: "não há problemas dominantes e problemas subordinados: todos os problemas são concêntricos" (1996, p. 550). A construção intersubjetiva do mundo é coerente com essa propriedade dos problemas que faz aparecer o mundo em sua extrema complexidade[8]. Embora seja possível contar com mais e mais conhecimento para administrá-los, tão rápida e explosivamente quanto novos problemas se apresentam ao administrador, o risco de simplificar os problemas objetivando-os como se fossem tão ideais quanto as propostas de solução, é uma ingenuidade imperdoável no mundo concreto da gestão.

Merleau-Ponty (1996) expressa sua compreensão sobre essa questão afirmando que o mundo não é o que se pensa, é o que se vive.

O agente que assume essa postura na gestão pode enriquecer a prática do DO com uma abordagem filosófica educacional, considerando o homem concreto de acordo com o sentido de agir que este estudo propõe. (Quadro 3)

Essa postura significa o homem retornando ao seu sentido próprio, a compreensão de si mesmo e da sua co-humanidade, uma tarefa filosófica sobre a qual Dartigues questiona: "seria possível conceber uma humanidade digna sem filósofos?" (DARTIGUES, 1973, p. 89). E o que também motivou a seguinte pergunta à gestão: seria suficiente uma base teórica para a prática da gestão na qual fundamentos filosóficos estivessem faltando?

Em continuidade, é importante lembrar que a humanidade está aí, mostrando-se veladamente, e a co-humanidade é a expressão escolhida

8 A questão da complexidade ganha espaço distinto na obra de Edgar Morin, em especial, em *Ciência com Consciência*, quando trata da complexidade como desafio com a da inseparabilidade da ordem e da desordem, chega ao que chama de mandamentos da complexidade para denunciar "o mundo da vida, do *lebenswelt*, da realidade humana que é biocultural" (2000, p. 279). Nesse ponto, uma retomada de Morin para reler Dewey surge como uma expectativa promissora.

Quadro 3 Agente/ação: administrar e educar

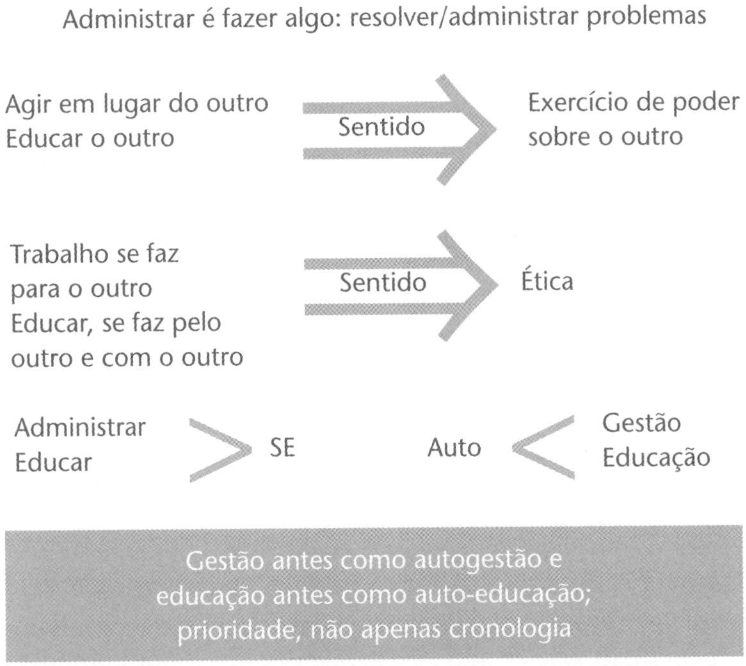

para que ela se desvele como a decisão consciente de o ser humano assumir-se como ele já é, em seu modo de ser mais próprio, isto é, singular e com o mundo.

Formação humana: agente-ação

A ação administrativa, como Gestão pela Formação Humana, implica maior complexidade do que atuação sobre coisas, maior desafio do que atuação sobre pessoas; implica, mais precisamente, ação com pessoas e com o mundo, não sobre coisas ou pessoas que possam ser reduzidas a conceitos generalizáveis e nem descolando-se do mundo. Além disso, com pessoas não apenas no sentido sociológico de associação, mas no sentido filosófico fenomenológico da co-humanidade originária, fundante do ser e que considera a singularidade. Neste ponto, reportar-se a Heidegger leva ao que ele chama de "co-presenças", porque "mundo é também presença" (2006, p. 174). A pregnância ao mundo não é uma opção ao ser humano, é uma necessidade que, se não for considerada na ação, gera conseqüências nefastas: coisifica as pessoas e impossibilita a humanização do mundo, exclui a possibilidade de um mundo da vida.

Nesses termos, a ação administrativa não pode ser um movimento violento de intervenção, mas uma inserção que assume a intersubjetividade. O incômodo da denominação das ações do DO como "intervenção", que o torna incongruente com seus propósitos de administração democrática, participativa, só pode ser resolvido com uma nova postura filosófica, que seja coerente com tais expectativas. Nesse ponto, compreensão assume o seu sentido mais próprio à postura fenomenológica na gestão: uma inclusão.

Por essa razão, este estudo estimula a uma maior compreensão do próprio conceito de democracia como forma de representação, procurando retirá-lo de um modelo que legaliza a exclusão, para que se presentifique como uma possibilidade de participação autêntica.

Além disso, este estudo aborda, dentro dos limites propostos para este trabalho, uma concepção de educação sem objetivos e sem subordinação, uma posição deweyniana, que torna discutível interpretá-lo como simplesmente pragmatista.

É oportuno alertar que se está falando de educação, não apenas de ensino.

Em decorrência, a filosofia da ação não pode ser reduzida a uma estratégia, porque a ação humana não se reduz a um mero processo (REZENDE, 1990, p. 56); não corresponde à teleologia[9] como lei, nem tampouco a um ato voluntário puro.

9 Teleologia é o termo que, segundo Christian Wolf, designa a ciência que trata de fins, da finalidade das coisas, considerando seu sentido e não as suas causas. Considera que tanto certos comportamentos quanto certos fenômenos não podem ser entendidos simplesmente como causas, mas poderiam ser determinados por propósitos ou fins a que se destinam (JAPIASSÚ e MARCONDES, 1998, p. 258). Como será argumentado neste estudo, para a fenomenologia o agente pode ser responsável por uma ação, sem ser causa.

Nesse ponto, a compreensão da questão da liberdade do agente na gestão é fundamental à compreensão da própria gestão. Para a fenomenologia, a liberdade compreende uma pregnância que faz aparecer a intersubjetividade, a qual não anula o estilo do agente nem o do outro em suas singularidades. Essa ambigüidade é descrita por Cassirer nos seguintes termos:

> Na relação com o todo, o singular não perde a sua determinação e as suas limitações concretas; insere-se na soma total dos fenômenos e, ao mesmo tempo, defronta-se com essa totalidade como algo independente e próprio (2000, p. 107).

Daí o estilo do gestor estar protegido em sua integralidade e em sua dinâmica, ou, mais precisamente, em sua permanente possibilidade de metamorfose, termo que Cassirer emprega em seu ensaio sobre Goethe. O todo é o que torna a singularidade inteligível e, simultaneamente, a singularidade humana é o todo, porque é viva, pois "não há nada no âmbito do que é vivo que não esteja relacionado com o todo" (CASSIRER, 2000, p. 45-46).

O fundamento para cada ato livre, segundo Merleau-Ponty, é formado pela história (SPIEGELBERG, 1971, p. 555); daí, a pregnância. A posição do filósofo francês diante da questão da liberdade fica esclarecida como um fenômeno que se mostra entre o determinismo objetivista e a liberdade absoluta do idealismo, como uma liberdade condicionada, dentro de um certo estilo de vida dado. O homem, em seu envolvimento essencial, vivendo com o mundo, mesmo antes de qualquer escolha, já vive uma situação que significa e que ele tem possibilidade de mudar, mas não de ignorar (1971, p. 554).

Pensar em situações, em um exemplo, pode facilitar o entendimento da distinção entre a posição marxista objetivista, a sartreana e a de Merleau-Ponty – que Spiegelberg apresenta, e que é importante na gestão. O exemplo se refere ao caso especial das relações sindicais, quando o desenvolvimento da consciência de classes costuma aparecer mais fortemente. O Marxismo considera o surgimento dessa consciência como determinação estrita; Sartre a vê como um projeto inteiramente livre, enquanto Merleau-Ponty compreende que há um acordar de indivíduos diante de uma situação em que eles próprios se vêem como trabalhadores em sua típica comunicação com o mundo à sua volta. Nesse caso, não haveria nenhuma escolha envolvida, apenas a experiência de uma certa maneira de estar no mundo. Essa consciência emergiria de uma solidariedade entre esses trabalhadores e outros em situações similares. A co-existência é que poderia levar a um projeto revolucionário.Assim, um projeto dessa natureza não surgiria de objetivos deliberadamente propostos e explicitados (SPIEGELBERG, 1971, p. 554-555). Poderíamos acrescentar que emergiria do vivido, do convivido.

Esse exemplo de situação, segundo a fenomenologia, começa a indicar novas perspectivas ao DO, a fim de que se oriente para as suas aspirações mais nobres de democracia, no sentido deweyniano dessa palavra, isto é, não como mero modelo político, mas como compartilhamento, como busca de intersubjetividade.

A pregnância, com a qual a liberdade se enraíza no mundo, assim como faz surgir a condição humana, também desvela esse ser originário de uma subjetividade, que é uma intersubjetividade, mais antiga do que o aprendizado, do que a vontade e do que a decisão ideal, do que a impregnação pelo convívio social, embora venha a favorecer esse convívio atual. Essa pregnância vem de uma coexistência histórica, mas, também essencial, da co-humanidade que o horizonte husserliano vai clarificar.

Merleau-Ponty, com o estatuto do "corpo-próprio" (1971a, p. 362), em sua pregnância ao mundo, isto é, nem separa sujeito e objeto, nem escolhe entre subjetividade ou intersubjetividade, assume a negação dessas alternativas. Reconhece, todavia, que

> há uma certa escolha no exercício da liberdade, cujo engajamento no mundo a presentifica como uma certa forma de exercer o poder do agente, que é o seu tempo e espaço fenomenológico, com a intencionalidade operante que o institui em aberto (1996, p. 378).

Essa é uma descrição resumida, porém suficientemente elucidativa para clarificar a relação sujeito e mundo, segundo a fenomenologia, por tratar-se de um fundamento que é próprio da compreensão de mundo que a singulariza. Por essa razão, entendimento dessa base teórica é indispensável à uma melhor apreensão do que é uma proposta pela formação humana, na teoria e na prática.

Tanto Gabriel Marcel, o filósofo existencialista cristão, quanto Merleau-Ponty, segundo Spiegelberg, empregam uma expressão simples para descrever a densidade da relação sujeito e mundo: "*être-au-monde*", indicando a inserção do homem no mundo e a presença do mundo no homem (1971a, p. 522).

Heidegger, em "Ser e tempo", discute ampla e profundamente a questão de presença, em toda a sua complexidade e significância, como fundamento fenomenológico. O filósofo alemão considera a morte um impendente – algo iminente – próprio para a presença, e explica que, enquanto ser-no-mundo, há muitas impendências para a presença que fazem parte na rotina, como uma tempestade ou uma visita, entes simplesmente dados "à mão ou co-presentes". Além disso, afirma Heidegger, uma impendência "pode ser ainda o que a própria presença pode ser" e exemplifica com uma renúncia e com uma discussão. O que há de diferente, no caso da morte, é que ela é uma possibilidade ontológica, a morte é a possibilidade do não-mais-estar presente da presença. No caso da morte, a presença é arrancada de seu poder ser mais próprio, "a morte é, em última instância, a possibilidade da impossibilidade absoluta de presença". Com ela, a própria presença é impendente (HEIDEGGER, 1990, p. 32).

Na verdade, essa discussão é importante para alertar sobre a retomada com a qual o ser sai da impessoalidade de meramente estar presente para ser presença, com o tempo que acaba por confundir-se com o ser e com o espaço para espacializar-se, para situar-se como ser consciente.

Ao discutir a questão fundamental da presença para a fenomenologia, Heidegger, em seu estilo muito próprio de discorrer – que Spiegelberg comenta como tendo sido, por vezes, fonte de admiração, mas também, de crítica sobre poder ser mera preocupação com retórica – fala o que reporta à retomada: "A decisão conduz o ser do pré à existência de sua situação" (HEIDEGGER, 1990, p. 90), isto é, à possibilidade de assumir-se em sua plenitude. A esse fenômeno, Rodrigues, seguindo a fenomenologia heideggeriana, chama de "decisão de escolher poder ser si mesmo, assumindo o que lhe é próprio" (2006, p. 63).

Mas, porque este estudo está se encaminhando para a questão da ação, da gestão do agente, é preciso alertar para as dificuldades quase inarredáveis e que estão na base dessas questões. Hanna Arendt fala da "frustração e a notória impossibilidade filosófica de se chegar a uma definição de homem", que acaba sendo comparado a outros seres vivos em lugar de procurar quem ele é (2003, p. 194). A autora enfatiza tanto a perplexidade filosófica, diante dessa grande questão, quanto suas implicações para o que ela chama de "esfera dos negócios humanos", na qual incluímos a gestão. Neste ponto, Arendt recorre a Xenofonte[10], para lembrar que, no que tange a negócios humanos, não há certeza alguma. Certeza valeria apenas para o que, à época se chamava artes e ofícios (p. 195), na verdade, o que segundo Heráclito, apenas dava a entender (p. 194) porque não se trata de mediação com coisas, mas de mediação direta entre os homens.

O que Arendt procura mostrar é que, mesmo quando os homens falam e agem entre si sobre coisas objetivas, processos, procedimentos, haverá uma dimensão de mediação subjetiva que é inerente às suas palavras e ações, segundo a singularidade de cada um. Por essa razão, nessa relação, não há o que possa se tornar tangível, embora possa trazer resultados tangíveis, decorrentes dos propósitos estratégicos dessas relações. Diante dessa questão, torna-se irresistível reportar-se ao agir comunicativo de Habermas, à possibilidade de comunicação mais profunda e ampla de, se não de alcançar intangibilidade da relação, pelo menos reconhecer sua complexidade e desafio, para alertar o homem quanto ao que lhe é próprio, a sua responsabilidade como ser-no-mundo que o

10 Ver nota de rodapé n. 7 em Hanna Arendt. *A condição Humana*. Tradução de Roberto Raposo. Rio de Janeiro: Editora Forense Universitária, 2003. p. 195. Cap. 23.

possibilita propor questões, inovar, recriar, desconstruir e reificar idéias e obras como sujeito livre de relações assimétricas.

Essa condição humana desconfortável leva ao que Dewey chamou de *quest for certainty* e a uma tendência, a ela relacionada, que se mostra freqüentemente na teoria e na prática da gestão, quando se coisifica o humano em recursos – RH – uma forma de conseguir conforto a qualquer preço, para falar e agir em relação ao que Arendt chama de "essência viva da pessoa" (2003, p. 194).

Nessa decisão é que se reconhece a compreensão do aclamar (HEIDEGGER, 1990, p. 90), isto é, o discurso autêntico, porque manifesta intencionalmente o clamor silencioso da consciência.

Pausa para tempo e espaço

É preciso esclarecer que o tempo do qual se está falando é o fenomenológico, com seus movimentos e dimensões próprios. Nesse tempo, segundo Husserl, há uma "multidão de retenções e protensões". O tempo é contínuo, mas não é uma sucessão de agoras (MERLEAU-PONTY, 1996, p. 556). Não é, segundo Heidegger, "a irresistível fileira de um após outro" (1990, p. 239). Ao contrário, cada presente reafirma a presença do todo. O presente não está fechado em si mesmo, ele é denso com o passado e com as possibilidades do porvir.

Logo, o presente transcende no sentido de um futuro e de um passado (MERLEAU-PONTY, 1971a, p. 422-423).

É próprio do tempo não parar de passar, mas o tempo não possibilitaria uma permanente formação do sujeito sem o movimento estrutural interno da "síntese de transição" (MERLEAU-PONTY, 1996, p.562) quando, simultaneamente, o presente passa a ser passado, o que era o passado recente passa a ser mais antigo e o futuro passa a ser o presente, já sendo possível uma expectativa sobre um novo futuro. Questionando como a síntese de transição é possível, responde o filósofo citado: "A única maneira de efetuar a síntese de transição é vivendo a vida" (1996, p. 567).

Essa resposta faz aparecer a íntima relação sujeito e tempo, favorecendo a compreensão de que o permanente formar-se do tempo e o permanente formar-se do sujeito coincidem. O sentido que circula no tempo e no sujeito é o da permanente impermanência, que não é uma imperfeição, mas possibilidade de uma formação essencialmente humana, isto é, no sentido da ética e segundo a condição humana.

O que a fenomenologia possibilita é uma melhor compreensão do tempo, porque ele, conforme alerta Heidegger, continua a passar como acontecia antes de um homem entrar na vida. O entendimento de tempo não deve ficar tão incompleto, sendo visto apenas como público, impessoalmente, um tempo que simplesmente "nivela e que pertence a todo o mundo, isto é, a ninguém" (1990, p. 238). A singularidade devolve ao tempo-sujeito o que lhe é próprio. É a partir desse permanente formar-se, segundo o qual tempo e sujeito coincidem, que o agente – na ação administrativa – pode encontrar seu poder e seu saber de transformação, na dimensão da auto-gestão e da gestão.

Essa possibilidade está implicada na essência do tempo que é o fazer ver. Ter um sentido é existir, e tempo e sentido são a mesma coisa (MERLEAU-PONTY, 1996, p. 571).

Merleau-Ponty considera sujeito o tempo que permanece na síntese de transição. Sobre essa possibilidade, diz Merleau-Ponty: "meu corpo é uma matriz provisória do meu ser total" (1945, p. 23). Essa provisoriedade é plena possibilidade, não é uma precariedade; com ela, o tempo mostra a pregnância do sujeito e do mundo.

É nessa condição de enredamento que as organizações se espacializam no mundo e se transformam permanentemente com a síntese de transição do tempo. Porém, a sua presença só é autêntica com a ação intencional e conseqüente da retomada, e não apenas como decorrência do movimento natural. A autenticidade aparece com o reconhecimento da co-humanidade, do ser com o outro. É nessa condição que uma organização autenticamente é.

Com a ação de retomada, as pessoas e as suas organizações articulam seu conhecimento e saber para se redirecionarem no mundo.

Para Heidegger: "somente a decisão de si mesmo coloca a presença[11] na possibilidade de, sendo com o outro, se deixar ser em seu poder-ser mais próprio [...]" (1990, p. 88), em inclusão.

O espaço fenomenológico, por sua vez, também precisa ser compreendido como tal. É na experiência da noite, exemplifica o filósofo francês, enquanto vivida por cada um, que o espaço se mostra em seu caráter próprio, não como um objeto, não apenas como um lugar onde coisas estão dispostas - espaço físico - mas como o que possibilita essa disposição. Na "noite, [...] eu me espacializo nela, [...] ela me envolve" (MERLEAU-PONTY, 1996, p. 380).

Quando o filósofo afirma que enquanto é próprio do tempo seu eterno formar-se, contudo, nunca estar totalmente constituído, diz também que, em contraste, o espaço deve estar sempre já constituído. Ele nos ensina que tempo e espaço, embora distintos, andam juntos e são sempre intercomunicáveis. "As coisas coexistem no espaço", diz Merleau-Ponty, "porque estão presentes ao mesmo sujeito perceptivo e envolvidas em uma mesma onda temporal" (1996, p. 371).

"Toda a percepção supõe sempre um certo passado do sujeito que percebe" - temporalidade - "e, a percepção no encontro de objetos, implica o ato de elaboração de nosso ambiente" (1996, p. 378) - espaço -, o qual, pelo fato de já estar constituído, possibilita essa elaboração.

Essas questões que, à primeira vista, podem parecer muito distantes do cotidiano das pessoas, na verdade, impactam todas, em qualquer organização humana. Isso porque as conseqüências de ações presentes e passadas vão sendo dispostas pelas ações e se dispondo pelo movimento natural na organização, construindo e reconstruindo seu tempo e contribuindo com a vontade dos envolvidos, no sentido de agregá-los ou desagregá-los na orientação desejada para o futuro. Nesse ponto, a percepção humana é fundamental.

11 Presença heideggeriana, ver Heidegger, 1990, p. 64.

Merleau-Ponty também alerta sobre o movimento não ser uma mera hipótese, uma idealização, mas um fato que o espaço torna possível, e ainda lembra que um acontecimento, por ser passado, não deixa de existir, porque ser e passar são sinônimos (MERLEAU-PONTY, 1996, p. 563). Assim, prossegue o filósofo francês, "além da distância física que existe entre eu e as coisas, uma distância vivida me liga às coisas que contam e existem em mim; essa distância mede, a cada momento, a amplidão da minha vida" (1996, p. 384). Trata-se aqui de tempo e espaço fenomenológicos coincidindo e instituindo o sujeito.

Enquanto o presente é espesso com passado e futuro, o movimento é o que faz aparecer a implicação espacial e temporal (1996, p. 371). Cada um, cada pessoa é essa espessura, cada um é a espessura própria de seu tempo, único, singular, instituindo-se com o passado, o presente e as próprias possibilidades futuras. As organizações, por serem humanas, corpo e espírito, não apenas organismos com movimento, mas com ações intencionais com sentido próprio, são extremamente complexas. São, como diria Dewey, pessoas em permanente possibilidade de *growth* - conceito com o qual apresentava a peculiaridade do humano. Daí a necessidade da busca de compreensão, não simplesmente de entendimento das mesmas. Trata-se da necessidade de, além de pesquisar seu significado, apreender o seu sentido, quando se pergunta para onde estão orientados os seus propósitos, os seus planejamentos, as suas estratégias de gestão, com decisões e ações que, fatalmente, impactam as pessoas e o mundo.

As possibilidades das organizações humanas encontram-se exatamente nas singularidades das ações, na trama das singularidades, das diversidades. É aí, nesse saber do singular, que estarão, simultaneamente, os problemas e as suas soluções.

O temor das diferenças, a visão da singularidade como um perigo, muitas vezes como uma ameaça, é a percepção de mundo que, além de cega ao mundo, de negação do mundo mesmo como ele se mostra, é uma fonte de empecilhos a quaisquer tentativas de organização humana pelo humano. É a fixação no impessoal. É a força que arrasta para o não-assumir-se, é a igualdade apenas ideal da impessoalidade que Heidegger encontra na determinação (1993, p. 182, 229) que impele para a submissão. Trata-se da massificação exercida pelo poder econômico, em especial quando controla os meios de comunicação ou favorece a tendência às alternativas, às excludências, quer na amplitude da globalização, quer nos limites de uma organização.

A concepção deweyniana de democracia, de comunidade e do papel da comunicação pode contribuir para tornar essa discussão mais promissora.

Democracia é algo mais amplo e profundo do que um regime político, do que um método de conduzir o governo, de fazer leis e de administrar através de sufrágio universal e eleição de representantes. Democracia depende de que se pratique o princípio segundo o qual nenhum homem ou grupo humano é suficientemente sábio para regulamentar a vida de outros sem o consentimento dos mesmos. Logo, só há democracia quando os que são afetados pelas instituições sociais compartilham da produção da mesma e de sua administração (DEWEY, 1939, p. 401).

Essa é uma reflexão que está na base da verdade polissêmica, segundo a fenomenologia. Ela também reporta à verdade, segundo Habermas, aberta ao futuro, já que "não é possível a nós, seres falíveis, situados no mundo da vida, a 'certificação' da verdade" (2002, p. 53).

Neste ponto, a comunicação assume um papel vital ao espírito humano, porque, "quando ela ocorre, todos os eventos são submetidos à reconsideração e à revisão" (DEWEY, 1939, p. 385). Comunicação é pré-requisito para uma sociedade democrática, porque com ela os eventos se tornam significativos e não apenas naturais (1939, p. 385). Novamente, as idéias habermasianas relacionadas ao agir comunicativo surgem no horizonte, conceito caro à Husserl. Fazendo uso da expressão em que Habermas cita Gadamer para descrever "posições de partida hermenêuticas a cada vez diferentes e chegar a concepções partilhadas sobre uma coisa disputada"(HABERMAS, 2002, p. 57) isso seria uma "fusão de horizontes" (apud GADAMER, 1994).

Seres humanos combinam comportamentos tão diretamente quanto corpos estelares e células, mas não é dessa forma que se constituem as comunidades. Não se pode negar a origem orgânica da associação humana, mas ela só assume sentido humano quando as conseqüências dessa associação, ao serem conhecidas, são consideradas (DEWEY, 1939, p. 387). Neste ponto, é possível concluir que a questão das conseqüências só pode ser apreciada e considerada nas decisões que contam com uma comunicação autenticamente participativa.

A questão da conseqüência, central no pensamento deweyniano, já aparecia na filosofia grega e é foco de atenção de Heller e Fehér que, para debater, apresentam dois tipos de responsabilidade que chama de 'X' e "Y". O primeiro tipo de responsabilidade quer dizer que devemos nos responsabilizar segundo normas, leis, princípios gerais, mas que, também, somos responsáveis pelo segundo tipo, isto é, pelo dano causado, melhor ainda, pelas conseqüências de nossos atos, pelos julgamentos errados que fazemos. Heller e Fehér continuam dizendo que a responsabilidade do segundo tipo é referente a estar no comando (2002, p. 95) e, também, que essa responsabilidade tem maior peso no ato político (p. 94) não só por questões quantitativas, mas por implicações globais. Enfatizam a necessidade de clarificar boas e más conseqüências políticas, o que se tornou extremamente complexo, no atual mundo globalizado, em que responsabilidades políticas extrapolam, há muito, os limites nacionais, quando o que ambos chamam de conseqüências benéficas, da mesma forma que Dewey, passa ser o que Rezende (1990) chama de u-tópica, a ser permanentemente buscada, perseguida. Após profícuo debate, levantam a seguinte questão: "há princípios que, se observados e aplicados na prática, tornariam possível enfrentar as exigências duais da ação política", conseqüências positivas e negativas; quer dizer, "evitar um acerto de contas final (que hoje seria de fato final), e mudar o nosso mundo para melhor em cooperação com os povos com os quais partilhamos esse mundo?" (p. 101). Neste ponto, é quase inevitável reportar aos "Setes saberes para a educação do Futuro" de Edgar Morin, a suas reflexões, expectativas, esperanças e sabedoria.

Com a fenomenologia, a participação é questionada quanto à sua autenticidade, quando a comunicação está incluída, e isso é fundamental para organizações humanas e ao agente na gestão. Compreender e assumir a palavra com as suas possibilidades, na gestão, é estar alerta ao fato de que

> [...] o homem se serve da palavra para estabelecer relações vivas com ele mesmo e com seus semelhantes, a linguagem não é mais um instrumento, não é mais um meio, é uma manifestação, uma revelação de ser íntimo e do laço psíquico que nos une ao mundo e a nossos semelhantes (MERLEAU-PONTY, 1971a, p. 206).

Nesse ponto, o agente na gestão, precisa estar permanentemente alerta para o fato de que, com a palavra, as suas intenções, como diria Merleau-Ponty, "se constituem e se deslocam para fora" (1971a, p. 206), quando as conseqüências darão testemunho de eficiência, de eficácia, de efetividade, de relevância do humano e de postura ética de sua fala, emergindo no mundo da organização ou não.

É por essa razão que Rezende enfatiza a pertinência do discurso que, segundo ele, intensifica e explicita a significância do fenômeno em descrição, distinguindo-o como aquele fenômeno em específico e não outro qualquer. A pertinência é inimiga do reducionismo e do fenomenismo, dois perigos tanto na teoria quanto na prática da comunicação na educação e na gestão. O reducionismo, porque insiste em um aspecto em detrimento de outro, e o fenomenismo, porque acumula toda e qualquer informação sem o devido discernimento quanto à sua "significância" e "relevância (1990, p. 21). Esses termos carregam conceitos básicos à formação humana, os quais assumem papel fundamental às práticas dos gestores dispostos à permanente auto-educação e autogestão. Da significância do que é dito no convívio cotidiano com as pessoas no trabalho e da relevância discernida de cada situação na gestão, dependerá, em boa parte, a possibilidade de uma formação humana que leve justa gratificação pessoal a todos os envolvidos enquanto buscam resultados produtivos condizentes com seus dignos compromissos laborais e sociais.

Retomando a questão tempo e espaço, a partir da relação entre o objeto percebido e a percepção, Merleau-Ponty não encontra a percepção ligada no tempo e fora do espaço, ele a encontra em contemporaneidade. As dimensões aqui e ali, e passado, presente e futuro é que instituem o campo de presença que a percepção dá (1996, p. 357).

Ao presente, porém, é preciso dedicar toda a atenção na gestão, porque "ele é a zona na qual o ser e a consciência coincidem" (MERLEAU-PONTY, 1996, p. 568), mas a consciência não está fechada no presente (1996, p. 554) porque ela desdobra o tempo para adiante e para o passado. Na densidade do presente, se é passado e futuro também, tudo ocorre simultaneamente, o que reforça o poder de intuição e do aprendizado com o vivido, diante da ação.

A subjetividade como intersubjetividade não é, pois, uma questão de escolha plena ou de uma determinação exterior, é uma questão ontológica. Conforme Merleau-Ponty, a subjetividade intersubjetiva "recebeu o mundo em partilha" (1971a, p. 456-457). É a questão de estar "misturado no mundo", trazendo em si o projeto de todo o ser possível (1971a, p. 361) e que pode renovar-se a cada síntese de transição do tempo, que é, também, o sujeito.

Spiegelberg também aponta a significância da característica estrutural da hermenêutica fenomenológica do ser ao mundo, segundo a qual o ser existe inserido no mundo, contudo, não se trata do mundo compreendido como uma "caixa", onde o ser esteja dentro, mas de uma relação na qual um só é possível com o outro. Sobre essa discussão, Spiegelberg cita Heidegger, cujo método de investigação primeiro estuda esses elementos em separado, o mundo, o que está no mundo, a relação de estar em (1971, p. 328).

Husserl considera a entropia, isto é, a capacidade da consciência de constituir outros eus idênticos, o que possibilitará fundamentar a intersubjetividade, o nós intersubjetivo, o caráter do social e do histórico do homem (CAPALBO, s./d., p. 34). Schutz, por sua vez, quando considera a preexistência do mundo ao homem que nasce em dado momento o descreve como "não meramente físico, mas também, sociocultural":

> [...] é um mundo pré-constituído e pré-organizado cuja estrutura particular é o resultado de um processo histórico, conseqüentemente

> diferente em cada cultura ou sociedade.[...] Certos padrões, porém, são comuns a todos os mundos sociais, porque eles estão enraizados na condição humana (SCHUTZ, 1970, p. 79).

Segundo Hegel, "cada ser leva consigo mais do que sua identidade; ele é seu outro. O outro é, de certa forma, o não-outro" (apud CAPALBO, s./d., p. 32). Logo, cada eu precisa do outro para ser. A co-humanidade é o ser pleno.

Essa subjetividade engajada, com sua liberdade enredada no tempo, no espaço, na pregnância, na intersubjetividade, com seus recursos para exercer-se na ação, contrasta com a natureza que surge como limitação ou como obstáculo à liberdade, que conflita com os recursos da vivência do agente, embora também seja parte deles.

A fenomenologia faz aparecer o sujeito, não apenas como agente que pratica uma ação, mas como o agente que, em última instância, é a ação que ele pratica. A compreensão da subjetividade como intersubjetividade não é compatível com a ação como intervenção, pois esse movimento violento realiza a dicotomia sujeito/objeto, o agente e o outro. A ação como inserção, porém, realiza a liberdade na maneira intersubjetiva de estar no mundo, isto é, com o outro. Para Husserl, a questão subjetividade/intersubjetividade foi considerada fundamental e desafiadora, e encaminhou sua reflexão para o que ele chamou de *sujeito transcendental.*

Nessa rota de estudos, a radicalização da redução, que "isolava o eu transcendental dentro de seu imediato presente", trouxe o problema do solipsismo[12], isto é, o isolamento da consciência individual em si mesma, que exigiu clarificação (SPIEGELBERG, 1971, p. 153). Nesse ponto, intersubjetividade passou a ser tamanha preocupação para Husserl que, diante dessa questão, ele próprio, – em tom que Spiegelberg interpreta como modéstia e orgulho – classifica-se como "um verdadeiro iniciante", o qual, quem sabe, algum dia, com idade ainda mais avançada, pudesse vir a ser chamado de filósofo (1971, p. 154).

---

12 Ver p. 552. Com o *cógito* cartesiano, solipsismo só é superado com a existência de Deus. (JAPIASSÚ e MARCONDES, 1998)

A estrutura hermenêutica do ser ao mundo que faz aparecer a intersubjetividade é fundamental para a gestão porque trata da existência humana como existência social em um mundo compartilhado (SPIEGELBERG, 1971, p. 329).

A Gestão pela Formação Humana implica, pois, essa inserção, essa liberdade engajada, esse agente-ação, que é concreto e cuja intencionalidade opera-se no sentido da formação da intersubjetividade, do engajamento e da situação com o outro.

A ação educadora na gestão exige a abrangência, o dinamismo e a profundidade que Mendes sugere: "[...] atravessar a espuma da contingência para superar, depois, a realidade constituída" (1985, p. 177).

Nesse ponto, a permanente transformação do sujeito com o tempo é a possibilidade de uma gestão antes como autogestão.

A organização: implicações de definição no desenvolvimento organizacional (DO)

Definir organização apenas pela característica de ser dotada de capacidade teleológica que a orienta para a consecução de objetivos é destacar a lei de um sistema em detrimento da explicitação de um agente, destituindo a ação de seu sentido de ato consciente, de responsabilidade, para o sentido de um movimento de "disposição para" no anonimato. Quando a organização é definida como "um conjunto de pessoas voltadas para a obtenção de objetivos comuns" (FOGUEL e SOUZA, 1989, p. 93), a manutenção da ênfase na explicação teleológica reduz a organização ao resultado de um tipo de causalidade, a causalidade teleológica. Esse é o primeiro problema do Desenvolvimento Organizacional que este estudo vai desvelar.

A linguagem relativa aos resultados manifesta um pragmatismo tecnicista, mas a teleologia, segundo a fenomenologia, pelo fato de poder inserir o sujeito-ação, introduz o indeterminado no determinismo (REZENDE, 1990, p. 57), o que não quer dizer o anonimato, mas o oposto, quer dizer o sujeito responsável pela própria ação.

Ricoeur, ao apresentar a diferença entre explicação causal e explicação teleológica, a primeira explicando acontecimentos naturais e a segunda explicando ações, já interpretadas como intencionais, considera a descrição fenomenológica mais compreensiva, justamente devido à explicitação de um agente intencionalmente consciente e responsável por seu ato. Ricoeur somente considera ação o movimento que estiver investido de intencionalidade (1988, p. 127-8).

Uma implicação importante desses níveis de compreensão para a definição de organização refere-se a evitar o risco de enfraquecê-la quanto à experiência humana, deixando a última apenas implícita na forma de uma lei que relaciona meios e fins. Essa limitação faz surgir o que Gregori, em "Cibernética Social", chama de Símbolo Ilusionismo, isto é, o fenômeno de comunicação social que cria entidades poderosas e autônomas que se desvinculam da ação e da responsabilidade humanas (GREGORI, 1984, p. 31, 168-9). Por exemplo: o "mercado", que ao invés de grupos de pessoas responsáveis por transações substitui-as por leis impessoais. Além disso, no caso da organização, a ênfase à explicação teleológica em sua definição (FOGUEL e SOUZA, 1989, p. 93-5) pode mascarar o ato humano, descaracterizando-o como exercício compartilhado da liberdade, investido de força intencional e consciente, para reduzi-lo a um movimento anônimo que facilita discursos como: o "governo" decidiu, a "universidade" deliberou, a "empresa" concluiu, contribuindo para um possível velamento do humano como agente. Não é que uma organização não tenha direito a uma voz, mas essa precisa ser própria, ser identificável, responsável. Uma organização não pode servir de esconderijo para deliberações e ações ilegítimas.

Diante desse risco, fica aqui o reconhecimento da importância de se assumir, em estudo futuro, uma leitura atenta de Crawford (1994), Davenport (1999), Theodore Schultz (1994), Vincenzi (1988) e outros que tratem do chamado Capital Humano – um confessado incômodo – visando ao melhor entendimento tanto do conceito quanto, em especial, do sentido de sua formulação, bem como das razões da opção pelo termo capital para uma descrição do humano. Essa investigação poderia esclarecer se o símbolo ilusionismo estaria ou não implicado nessa proposta terminológica, teórica e prática, na gestão e na educação.

A descrição fenomenológica apresenta-se como abordagem fundamental à gestão por fazer aparecer o ato humano que, se por um lado interfere no processo transformando a teleologia com a ação de um agente, por outro, não interfere, mas se insere no curso da ação com o outro, compartilhando a instituição da organização.

Para a fenomenologia, diz Rezende, a teleologia "é uma fenda aberta que o sujeito abre no processo, exercendo sua liberdade, sua intenção e não um determinismo" (1990, p. 81). Desse modo, a fenomenologia compreende a teleologia não na forma de uma lei geral, mas sim como a ação de um sujeito.

Essa ação de inserção singulariza a postura fenomenológica na gestão, a qual, não negando o social e o cultural, é mais compreensiva, é uma questão ontológica. Não que a fenomenologia negue a cultura, ao contrário, ela é recorrente entre os fenomenólogos. Bello, em sua leitura fenomenológica de cultura, descreve-a como a espiritualização da natureza (1998, p. 43). Anísio Teixeira, sintonizado com a Filosofia da Experiência - com a qual a abordagem fenomenológica deste estudo tenta dialogar[13] - coloca a cultura em contraste com a natureza, mas no sentido de ser simultaneamente uma condição e um produto, sobretudo da linguagem, algo próprio da ação humana, que é o poder único de simbolizar (1964, p. 19).

A fenomenologia também encontra a cultura no nível da experiência, mas reconhece a significância do fenômeno cultural e, segundo a leitura

13 Esta tentativa de diálogo também foi uma decorrência da prática do DO já citada. Os fundamentos educacionais e de administração da educação, segundo Anísio Teixeira, orientaram práticas e discussões para a solução de problemas concretos, e sua base demingniana inspirou vários debates e sugestões organizacionais. Quando o estudo de caso começou a ser realizado, a necessidade de investigar a possibilidade de diálogo com a fenomenologia delineou uma questão teórica retomada neste estudo. A busca preliminar, nesta direção, encontra-se nas Notas anexas.

que Spiegelberg faz de Merleau-Ponty, a cultura é compreendida como, "pelo menos, uma dessas pontes" importantes entre o eu, o outro e o mundo, em especial no caso do corpo. E a mais importante das pontes culturais indicadas por Merleau-Ponty é a linguagem, quando o trabalho de Saussure é considerado pelo primeiro como fundamental. Ele encontra a forma básica da linguagem no diálogo, quando o pensamento do eu e do outro insere cada um deles em um terreno comum e, de tal forma, que já não se sabe quem está falando e quem está ouvindo (SPIEGELBERG, 1971, p. 555). A linguagem, diz Gadamer, é o meio onde eu e o mundo nos juntamos, ou melhor, onde se manifesta a situação em que originariamente estamos juntos (GADAMER, 1994, p. 474).

Percebe-se que há, conforme expressa Merleau-Ponty, esse *social mais antigo*, que se situa no nível da instância fundante que reporta à presença no mundo. Além disso, há a questão que Nietzsche levanta, e para a qual uma Gestão pela Formação Humana precisa estar permanentemente alerta: "não basta utilizarmos as mesmas palavras para nos entendermos uns aos outros [...] é preciso enfim, ter a experiência *em comum*" (1991, p. 182), isto é, a experiência segundo o sujeito transcendental de Husserl.

O homem, pois, é social por haver recebido em partilha a possibilidade de co-humanidade a ser permanentemente conquistada, não apenas pela sua espécie. O desenvolvimento do poder de conquista da própria humanidade, que é essa co-humanidade, é o sentido da vida.

Mas isso não quer dizer que aconteça ou que seja praticado. Nas organizações humanas, com seus conflitos, práticas discriminatórias, omissões e outras violências, a co-humanidade aparece recorrentemente como o sentido que está faltando.

Para a fenomenologia, o homem é um ser social, não apenas pela "vontade" de associar-se, pelo "instinto" de associação, pela aprendizagem da cultura, pela sintonia de valores culturais; o homem é um ser social não somente por uma questão axiológica, mas por uma questão ontológica, essencial, mais antiga do que a cultura, mais compreensiva do que a "natureza humana".

Sobre essa questão da associação humana, a seguinte reflexão de Dewey pode ser oportuna:

> Não há mistério sobre o fato da associação, de uma ação interconectada que afeta a atividade de elementos singulares. Não há lógica em perguntar como os indivíduos tornam-se associados. Eles existem e operam em associação. Se há algum mistério sobre a matéria, é o mistério de que o universo é da maneira como ele é. Tal mistério não pode ser explicado sem ir para fora do universo. E, se alguém fosse para uma fonte fora, buscando compreendê-lo – algum lógico – ele surgiria para argumentar que aquele que estivesse do lado de fora teria que estar conectado com o universo a fim de considerar qualquer coisa sobre ele. Nós ainda deveríamos estar exatamente onde começamos, isto é, com a conexão como um fato a ser aceito (DEWEY, 1939, p. 365).

Reportar à fenomenologia para compreender o que Dewey disse resultaria no seguinte: não há interior e exterior, tudo está enredado no mundo e não há possibilidade de sair fora dele. Para compreender a relação entre homem e mundo e a associação entre os homens é preciso estar situado.

Na verdade, é possível afirmar que o homem é social por ser encarnado e por ser, também, espírito. Assim, desvelar as possibilidades do espírito humano nas organizações é parte desta proposta de Gestão pela Formação Humana.

Falar de organização, pois, é falar do objeto de preocupação de Merleau-Ponty, isto é, do mundo concreto, das relações do indivíduo encarnado com o outro na existência humana, na qual as organizações são permanentemente espaço e tempo vividos.

Essa questão da concretude também preocupou profundamente Dewey, que a contrastava com o racionalismo lógico para indicar a razão dos problemas sociais continuarem a existir, argumentando que "eles não serão magicamente banidos" das organizações humanas pelo simples fato de, "em teoria, a sociedade ser orgânica" (1954, p. 151)[14].

O outro: desafio humano e a questão de Deus

Em primeiro lugar, há uma questão fundamental para a gestão que Capalbo traz à tona: o mundo que encontro já aí, desde as primeiras percepções, é impregnado de outros. Tanto gerações passadas quanto a "presença presente do outro" aparecem como obstáculo, ameaça ou como companheiro, ou mesmo como necessário ao compartilhamento que dá e recebe. O outro passa a exigir tolerância; surge como uma alteridade que solicita respeito (s./d., p. 100). O segundo passo questiona onde encontrar a solução para a questão do outro.

Nem a Fenomenologia, segundo Husserl ou Merleau-Ponty, nem a Filosofia da Experiência deweyniana buscaram a solução da questão do outro em Deus. Contudo, Dartigues alerta para o fato de que o desencanto pelo positivismo teria atraído vários pensadores para os estudos de Husserl, fazendo aparecer diversas descrições fenomenológicas do mundo, incluindo direções religiosas, como é o caso de Scheler (DARTIGUES, 1973, p. 33), a tendência de Landsberg e o existencialismo cristão de G. Marcel, para citar alguns.

Spiegelberg fala sobre Marcel não como um expoente da fenomenologia, mas como um adepto; argumenta que o mesmo raramente utilizou o termo em seus escritos. Considera Sartre como o grande antagonista de Marcel e revela uma tentativa de aproximação de Marcel a Heidegger,

---

14 Merece análise futura uma possível relação da busca de Gabriel Marcel por uma "filosofia concreta" (SPIEGELBERG, 1971, p. 427) com a atração deweyniana pela questão do concreto. Um estudo, à luz do método fenomenológico, enquanto investigação orientada para o homem concreto, poderá retomar o discurso e a vida de ambos para apreender o sentido que os moveu nessa direção e destacar possíveis diálogos e preocupações comuns.

comentando que a admiração pelo filósofo alemão era ambígua, considerando aquele filósofo alemão como brilhante, porém, difícil e frágil no sentido de formulações claras para os jovens que recorriam a ele em busca de orientação (SPIEGELBERG, 1971, p. 422).

Quanto a Husserl, Bello investiga a obra do pai da fenomenologia, em relação à questão de Deus, observando que, em várias ocasiões, ele próprio havia esclarecido que seus estudos não seguiam essa direção, chegando a descrever seu caminho como o de um ateu. Por outro lado, Bello encontra o que chama de vestígios de preocupações teológicas de Husserl, embora ele próprio, tenha se colocado em total oposição à tradição escolástica. A autora refere-se, em especial, à análise das cartas husserlianas ao filósofo teológico Przywara e a Otto, que ela considera ser um fenomenólogo religioso "à sua maneira" (1998, p. 104). O último é autor de "O sagrado", livro que foi entregue a Husserl por Heidegger e por Oxner, enquanto eram seus jovens discípulos. Sobre Oxner, Husserl comentou tratar-se de uma promessa para a pesquisa no campo religioso (1998, p. 105).

Devido a suas imersões tanto na obra quanto nas citadas cartas de Husserl, Bello conclui que o filósofo, embora não tenha realizado investigações profundas no campo religioso, tenha identificado um caminho fenomenológico rumo à religião (1998, p. 97-107).

Não dogmático, Husserl não compreendia como poderia haver algo válido sem autonomia para pensar, como crer pelas mãos de outro, pelas idéias de outros, pelas crenças de outros. Referia-se peremptoriamente a uma "absoluta autonomia filosófica" (SPIEGELBERG, 1971, p. 87). Contudo Husserl correspondia-se com estudiosos de religião, inclusive católicos, de várias partes do mundo. Nasceu na tradição judaica, tornou-se protestante e estudou o novo testamento. Não foi um praticante, o que era comum em sua época. Manteve "sua mente aberta ao fenômeno religioso da mesma forma que a qualquer experiência genuína" (SPIEGELBERG, 1971, p. 86).

Quanto a essa sua devoção por autonomia, descreve-a com primordial responsabilidade por si mesmo, pela ciência, pela filosofia e pela cultura, como "um inescapável dever" (SPIEGELBERG, 1971, p. 84). A natureza essencial da filosofia é, para ele, sinônimo da "mais radical autonomia" (1971, p. 87), porém, não como um compromisso meramente individual, mas social (1971, p. 85).

Sua rejeição a dogmas não somente não o impediu de inspirar teólogos como também levou-o à expectativa de que sua fenomenologia pudesse contribuir nesse sentido. Porém, talvez referindo-se à disponibilidade ou a possibilidades de seu próprio trabalho nessa direção, comentava: "Seria bom se eu já tivesse ido tão longe" (SPIEGELBERG, 1971, p. 86).

Leituras de Bello e de Spiegelberg sobre Husserl levam a inferir que, embora ele ainda não se houvesse ocupado, não de religião, mas de Deus, não significa que isso não tivesse sido possível. O desafio que Husserl reconhece no *sujeito transcendental* pode ser encontrado no que ele chamou de "amor ético", do qual, segundo Bello, o amor de Cristo é o exemplo (1998, p. 102-3).

Esse é um problema humano presente e desafiador em qualquer dimensão, seja entre duas pessoas, equipes organizacionais, organizações entre si, grupos nacionais e internacionais.

Ao discutir a questão da intersubjetividade entre diferentes países no mundo, Dewey argumenta que há ações que nem precisam chegar ao extremo das guerras – o que corresponde, na fenomenologia, à suspensão da ética – para perceber-se o quanto as relações internacionais estão afastadas de princípios éticos. Na verdade, diz Dewey, diante dessa realidade, o engajamento ético parece "tão utópico quanto os ensinamentos de Jesus" (DEWEY, 1939, p. 481).

Se ética não se limita a princípios morais ditados por uma cultura em específico, se ela diz respeito ao humano, à co-humanidade, então, a postura dos agentes na gestão internacional precisa avançar muito, porque, sobre os exemplos das atitudes observadas nos grandes colóquios internacionais do início deste milênio, cabe ainda o questionamento deweyniano das primeiras décadas do século XX ,de acordo com as suas reflexões, a seguir.

Há uma grande eficácia das idéias sobre o bem-estar social ser a própria fonte de recursos para regras e obrigações morais, quando se trata de problemas domésticos. Em contraste, pergunta Dewey, "para aonde se deve olhar a fim de encontrar traços dessa influência sobre a moralidade internacional?" (DEWEY, 1939, p. 481).

Além desse questionamento, cabe, ainda hoje, a seguinte dura constatação de Dewey: "Tratados para fazer guerra têm, ao que parece, uma irresistível atração e força de ligação; tratados não destinados a fazer guerra são, em toda a sua probabilidade, papel descartável" (DEWEY, 1939, p. 547).

Lamentavelmente, esses problemas dramáticos e de postura irracional abarrotam a história da humanidade e são absolutamente atuais.

Pré-ocupação com o público além do próprio quintal

As raízes das fragilidades anteriormente citadas podem estar relacionadas, em boa parte, ao pensar e a práticas de gestão diante da questão do público e do privado.

Deixar de abordá-las, pelo menos para clarificar uma outra dimensão filosófica da gestão que embasa amplas decisões políticas seria, por si só, incidir na postura de gestão isolacionista criticada por Dewey, como se fosse possível o que os Estados fundamentalistas, que misturam Deus com governo, parecem acreditar: que o isolamento seja viável no mundo. Contudo, trata-se de um problema ainda mais preocupante, quando se observa que, em suas práticas globalizantes, os países industrializados agem de forma similar.

Segundo Dewey, o que distingue público e privado não é o objetivo social. O social não é privilégio de nenhum dos dois setores ou atores. Uma pessoa, uma organização ou uma nação podem desenvolver ações tipicamente sociais, da mesma maneira que ações públicas podem assumir formas profundamente anti-sociais (DEWEY, 1939, p. 368).

Além disso, a interação entre pessoas e organizações pode ser social, mas não mais estar situada no âmbito privado, pelo fato de interessar, de dizer respeito não somente aos diretamente envolvidos (DEWEY, 1939, p. 366-7). O que pode distinguir o público do privado são as implicações, em especial para os indiretamente envolvidos, isto é, as conseqüências para todos, das decisões, omissões ou ações de poucos.

Pelo menos, diz Dewey, esse mero início de discussão de uma questão muito complexa já orienta para as primeiras decisões sobre "do que um Estado deve ocupar-se": o "controle", a "inibição" ou a "promoção de ações" cujas conseqüências impactam pessoas, mesmo que não diretamente envolvidas. O Estado, por meio de seus oficiais, deve "preservar os interesses das pessoas", dos representados pelos membros eleitos ou indicados legalmente (DEWEY, 1939, p. 369-70). "O patrimônio é a *res publica*" [...] e, "o público", declara Dewey, é o que "enquanto organizado por meio de seus oficiais e agências" deve "cuidar das conseqüências extensivas e resistentes das transações entre as pessoas do *Populus*, mesmo que elas sejam indiretas" (DEWEY, 1939, p. 370).

Na década de 1930, quando a idéia de globalização ainda era um embrião, Dewey já se antecipava aos problemas que hoje se mostram, fazendo pelo menos duas críticas. Em primeiro lugar, enfatiza que questões políticas ainda não ultrapassaram os quintais, e lamenta, "salvo as guerras".

Em segundo lugar, deixa clara a sua interpretação de que há displicência em tratar dessa questão tão complexa, a ponto de parecer que o esperado sobre o desenvolvimento dessas relações entre nações é que "caia do céu por descuido". Conclui que "a razão universal" seria "impotente para subir uma colina" ou que ela seria "impedida pelo curso de um rio" (DEWEY, 1939, p. 371). Essa reflexão leva o recordar à conclusão de Pascal, citada por Bollinger e Hofstede no seguinte sentido: se os que estão do lado de cá chegassem lá do outro lado, dos Pirineus, por exemplo, encontrariam uma outra verdade, a verdade do lado de lá (apud FRAGA, 1989, p. 114).

Nestes tempos em que "conselhos" de autores como Harris e Moran (1979) sobre começar em casa, quando se trata de compreender diferenças culturais mutuamente, bem como os apelos de Senge de que "*Precisamos compreender-nos uns aos outros*", em *Human Dynamics,* de Seagal e Horne, ainda não foram sequer praticados em quintais, a proposta de uma Gestão pela Formação Humana assume dimensões desafiadoras.

Merleau-Ponty já alertava para a inautenticidade do Humanismo ocidental, que subordina a humanidade de fato a uma certa idéia de homem e de instituições que aprovam essa idéia. Considerando-o um "humanismo em intenção", uma mera "senha" para um grupo de instituições, cita exemplos sobre as intervenções da Inglaterra na Indonésia e da França na Indochina, que ele pontua na década de 1960, sobre os quais se pode dizer que apenas assumiram outras feições, na atualidade com outras formas de dominar (MERLEAU-PONTY, 1964, p. 227-8). E, ao analisar o sentido dos acordos internacionais, Merleau-Ponty cita Montaigne: "Cá entre nós, eu tenho sempre assistido a marcantes acordos entre opiniões supercelestiais e moral subterrânea" (1964, p. 222).

À medida que se realiza uma leitura da história da humanidade por meio das preocupações dos filósofos e que se lança um olhar sobre esse momento do mundo em que vivemos – independentemente do grupo humano ser uma equipe de trabalho, uma grande organização, um país ou o mundo – fica mais fácil compreender a perplexidade de Husserl diante da expectativa de viver-se em co-humanidade.

Sobre esse desafio e, diante da expressão *amor ético*, Husserl recorre ao *racional*, que não deve ser confundido com a "fria racionalidade da ciência", diz Bello, mas com a intenção consciente sobre o bem do outro (BELLO, 1998, p. 103).

Merleau-Ponty apresenta uma discussão husserliana sobre a questão de leis do pensamento humano e a suposição de pensamentos "super-humanos, divinos, angelicais", sobre a qual conclui: "a fim de encontrar significados" nos mesmos, teríamos que submetê-los às nossas leis de pensar (MERLEAU-PONTY, 1985, p. 50). Husserl manifestou recorrentemente sua posição sobre a solução para a questão de o outro ser justamente aquela que julgava verdadeiramente desafiadora: a intersubjetividade. Em seus últimos anos, ele declarou que a subjetividade filosófica última, radical, "que em linguagem fenomenológica se chama subjetividade transcendental é uma intersubjetividade" (1985, p. 51).

A grande preocupação com a intersubjetividade que aparece na obra de Husserl como uma necessidade u-tópica ilustra sua própria vida como mestre, como filósofo, como pessoa, quando ele se compreende distante dessa possível co-humanidade. Se, por um lado, era ávido por encontrar quem desse continuidade aos seus estudos, percebia perfeitamente seu agudo senso crítico e sua necessidade de crítica e de autocrítica, contando, por exemplo, com a ajuda de Fink, seu assistente, para fazer o papel de advogado do diabo, diante de novas ou velhas questões intrigantes. Todavia, Husserl sentia que esses esforços por "filosofar juntos" ficavam reduzidos a uma parceria (SPIEGELBERG, 1971, p. 89).

O termo parceria pode parecer muito adequado na literatura da gestão, quando, em uma leitura fenomenológica aparece como uma expectativa medíocre, uma relação precária, que pode a qualquer momento manifestar-se como mera tolerância, para obter vantagens unilaterais, isto é, algo muito distante de um compartilhamento autêntico. Uma vez mantida a separação dos sujeitos, esses agem em parceria por interesses individuais.

Sobre essas dificuldades, Husserl dialoga com seu mestre Bretano, fazendo uma severa autocrítica nos seguintes termos: descreve o que chama de os dois lados de sua personalidade, um lado da qual o leva a respeitar, a reverenciar os que ama e a segui-los, enquanto o outro – que é caracterizado por um "indomável senso crítico" – o leva, friamente, a "cruelmente rejeitar" o que parecer insustentável. Revela, além disso, sua angústia diante do tempo e da missão que se propunha, em contraste com a lentidão para conseguir mínimos avanços, quando já deveria estar "nas alturas", comenta, ainda, permanecer na necessidade de sempre rever as próprias posições (SPIEGELBERG, 1971, p. 89). O sentido de um constante recomeçar da obra husserliana, segundo as palavras do próprio autor, leva a perceber que Husserl viveu fenomenologicamente.

Viveu conscientemente a impermanência humana. A leitura de seu temperamento, segundo sua própria análise, a partir do que confidenciou a Bretano, leva à compreensão de sua própria busca por uma vivência como sujeito transcendental.

Embora a Filosofia da Experiência não tenha chegado à radical postura fenomenológica, apresenta uma certa intuição e um permanente remetimento à instância fundante, para um sentido que a fenomenologia assume.

A abordagem fenomenológica à questão da formação humana, além de fazer aparecer o agente humano, faz aparecer o social, mas como dimensão de um sujeito humano orientado para uma intersubjetividade, isto é, compreendendo o outro.

Esses desvelamentos trazem implicações fundamentais para o estudo da gestão, além dos já apresentados até aqui, porque a diferença entre a dimensão social do ser humano e a sua subjetividade, como intersubjetividade, implica uma postura do agente como sujeito consciente de sua ontologia, exercendo-se como dimensão social e como intersubjetividade, em um ato intencional de inserção no curso da ação.

Essa postura, que não é alienante para o sujeito, porque, pelo fato de ser essencialmente humana, implica a intersubjetividade, o compartilhamento autêntico, é ato de retomar-se. Essa é uma postura mais compreensiva do que a interdependência, porque enquanto a última mantém a separação sujeito e objeto, aquela passa ao "ser em comum".

Merleau-Ponty discute o problema da recíproca transformação em objeto na relação entre o eu e o outro, alertando para a negação recíproca de ambos, o que ocorre se os dois olham um ao outro de "modo inumano", quando substituem uma possível compreensão por mútua observação "como as ações de um inseto" (1996, p. 484). Nesse momento, se dá a intervenção violenta que anula, que domina o outro. Em contraste, a transformação intersubjetiva reside na possibilidade de desestruturação do outro como objeto de dominação e do sujeito como agente dominador. A postura intersubjetiva do agente na gestão inicia-se com o olhar humano de inserção no movimento próprio do outro em seu trabalho, quer se trate de uma única pessoa, de uma equipe ou de muitas em uma grande organização.

Esta abordagem à questão do outro não encaminha a busca de solução do problema da intersubjetividade em Deus. Merleau-Ponty explicitou a solução desse problema no sentido que Dewey tentava encontrar. "O homem somente amará seus inimigos quando ele deixar de ter inimigos" (DEWEY, 1949, p. 308), antes disso, seria preciso que o amor por Deus não viesse do homem, que fosse, "como disse Spinoza, o amor com o qual Deus se ama a si mesmo através de mim, [...] não sou Deus, só tenho uma pretensão à divindade" (MERLEAU-PONTY, 1971a, p. 362). Ambos buscaram a solução do problema na co-humanidade, no ser em comum, em uma autêntica e u-tópica comunidade.

Ao abordar a questão do outro, que é o centro da atenção e da tensão do agente na ação administrativa, não se pode negligenciar a questão do estilo pessoal. Uma ação como inserção faz aparecer a intersubjetividade sem anular a subjetividade, o estilo de cada um.

A questão do estilo remete à singularidade. Dartigues aborda a singularidade dizendo que "singular sou eu, é você, é cada cultura, concretamente". Além disso, aquele autor enfoca a propriedade de ser singular sob um aspecto fundamental à compreensão do agente administrativo, na fenomenologia. Ele aponta "a relação de cada pessoa com o mundo como tão singular quanto o é cada pessoa". Esclarece, ainda, que há um mútuo enriquecimento entre a multiplicidade das singularidades e o mundo comum. Assumida desta maneira, a postura do agente na ação administrativa pode fortalecer o compartilhamento autêntico, na direção de uma administração participativa, segundo a expectativa do DO, no sentido de ampliar suas possibilidades. Porém, não somente baseada em princípios universais abstratos, mas na retomada da co-humanidade com o "mútuo respeito" pela "co-responsabilidade", concretamente (DARTIGUES, 1973, p. 151).

Capalbo, ao abordar a relação entre compreensão e o outro, traz uma contribuição muito significativa para a gestão. Essa autora afirma que só há compreensão quando o sujeito reconhece e convive com uma vida exterior à sua, considerando a possibilidade de compreensão do outro, devido a ele objetivar-se, e pelo fato dessa objetivação ser plena de sentido (s./d., p. 93). Sim, porque compreender algo é apreender-lhe o sentido.

A gestão somente poderá contribuir para a formação humana contando com a compreensão, porque o entendimento apenas intelectual não está orientado para relações que tornem possível uma abordagem educacional à gestão.

Interrompendo temporariamente a abordagem específica ao outro, essa questão central à gestão orientada para a formação humana – a qual será reencontrada com o conceito husserliano de mundo da vida – tornase ainda oportuno, neste momento, enfocar uma declaração instigante de Dartigues. Trata-se de uma antecipação a novas possíveis discussões fundamentais para a gestão. Diz aquele autor: "as coisas mesmas, às quais cumpre voltar, é o outro", por isso, a fenomenologia é uma opção pela ética (1992, p. 158), sobre o que cabe perguntar: seria possível buscar a formação humana fora da ética?

Na verdade, essa não é uma pergunta somente instigante, mas necessária nas organizações humanas, em especial, nesta era de explosão informativa freqüentemente travestida de conhecimento, caso se pretenda serem autenticamente humanas, porque: o "total conhecimento do homem", diz Jaspers, proclama o direito de governá-lo, por meio de técnicas de trabalho, de administração, tanto sobre higiene física quanto mental, manipulando-o, domando-o, "por via de um conhecimento degradante do homem" (1965, p. 93).

2

Resultado e conseqüência: relevância, justificação, legitimação no mundo da vida

Paul Ricoeur, em o *Discurso da Ação*, sustenta que a relação de causalidade não está situada entre a ação e o resultado, mas entre o resultado e a conseqüência. Dewey, embora não tenha explicitado a estrutura de ação, de resultado e de conseqüência, havia percebido essa questão, manifestando essa preocupação em sua obra, especialmente em *The Quest for Certainty*, quando, além de considerar o resultado da experiência insuficiente para justificar a ação, sugere a extensão da experiência para além do resultado. Segundo Dewey, o resultado desempenharia uma função instrumental, exigindo apreenderem-se possíveis implicações do resultado na aplicação à prática.

Essa questão aproxima a Filosofia da Experiência da Filosofia Fenomenológica. A extensão do resultado à conseqüência, em Dewey, manifesta-se no mesmo sentido – no significado fenomenológico de sentido – que é a busca pela legitimação da ação no mundo da vida, a qual Donzelli (1991) destaca a partir da obra de Husserl.

Além disso, essa aproximação ocorre quando os dois pensamentos filosóficos preocupam-se com resultado e conseqüência, enquanto relacionados a método. A Filosofia da Experiência utiliza-se do pensamento científico, mas questiona a concepção tradicional de método científico, quando não se satisfaz com o resultado da experiência e, seguindo em direção às conseqüências dos resultados sobre a prática, vai em busca de articulação entre método experimental científico e valor.

Diante da questão de método, é oportuno recorrer a Husserl, citado por Dartigues, e ainda a Max Scheler, para colocar alguma luz sobre a relação entre positivismo e fenomenologia.

Segundo Husserl, os fenomenólogos seriam os verdadeiros positivistas, caso positivismo fosse entendido como "um esforço absolutamente livre de preconceito, para fundar todas as ciências [...] sobre o que é suscetível de ser captado de maneira originária" (DARTIGUES, s./d., 7. ed., p. 25).

A Fenomenologia, embora deixando clara sua própria concepção de método – não um caminho a ser seguido, *a priori*, mas o das coisas em si mesmas, em uma inserção no movimento do acontecer –, distingue a tradicional justificativa da ação de sua legitimação no mundo da vida, implicando o imbricamento entre fato e valor.

Essa possibilidade de diálogo entre a Filosofia da Experiência e a Fenomenologia é importante para a teoria da administração, porque faz aparecer o critério da Relevância, que desvela o sentido filosófico da ação administrativa. Esta, além de intencional, consciente e essencialmente humana, passa a ser mais compreensiva do que uma mera justificativa pelos resultados, buscando legitimação somente após a consideração das implicações de sua aplicação à prática, no "mundo da vida". A relevância do humano sobre os resultados da experiência é o sentido buscado por ambas as posições filosóficas, cuja concepção de educação implica autodeterminação engajada e profundas discussões sobre a questão do outro e do social.

A relevância é, justamente, o critério cujo nível na ação administrativa, por ser mais compreensivo, exige abordagem educacional à administração, considerando as conseqüências dessa ação para o humano, para sua formação.

Quadro 4 Paradigma multidimensional de administração da educação

Critério da Relevância Dimensão Humana	Critério da Eficiência Dimensão Pedagógica
Critério da Efetividade Dimensão Sociopolítica	Critério da Eficácia Dimensão Econômica

Fonte: adaptado de Sander (1982, p. 34).

O paradigma multidimensional da administração da educação (de Benno Sander, mostrado no Quadro 4) é o referencial escolhido para esboçar a retomada da questão da relevância do humano na ação administrativa por três razões principais, que nem mesmo a necessidade de uma revisão preliminar conseguiria desfigurar. Dentre essas razões, é preciso citar:

- a relevância é distinguida pelo autor como o critério mais nobre e mais abrangente dentre os demais, pelo fato de dizer respeito ao humano;
- a questão da relevância na prática da gestão, na teoria da administração e no ensino da administração é considerada central, sendo, em relação ao ensino, enfatizada a preocupação de Reis Vieira (1980) sobre a necessidade de desenvolvimento de fundamentação teórica, para aprofundar a compreensão da relevância no trabalho acadêmico;
- a relevância é concebida como critério de natureza eminentemente filosófica.

Este estudo, que faz uma revisão do referido paradigma, a inicia exatamente pela relevância – que se refere ao humano – na dimensão correspondente à mesma. Uma vez que as demais dimensões são classificadas por áreas de conhecimento, é coerente substituir-se a dimensão humana, conforme o paradigma de Sander, pela dimensão filosófica, seguindo o mesmo critério de categorização.

Partindo-se do pressuposto de que filosofar é inerente ao humano, na verdade, ao viver, e reconhecendo-se que a clarificação e o rigor caibam também no filosofar, não seria lúcido ignorar a dimensão filosófica da investigação na gestão que possibilita, por exemplo, questionar: para que existe uma organização humana, independentemente da natureza de sua atividade ser educação, pesquisa, serviços ou produção, visando a encontrar o sentido da vida em cada uma dessas situações.

Por essa razão, esta revisão tem objetivos mais amplos do que dar coerência lógica aos critérios dimensionais entre si e do que simplesmente deixar expressa a natureza filosófica da relevância. Ela evita, em especial, a limitação do humano às áreas apresentadas no paradigma: a social, a política, a econômica e a pedagógica, não reduzindo o humano a uma área, isolando-o em uma das dimensões.

Conseqüentemente, essa revisão faz aparecer cada uma das dimensões com seus próprios meios para determinados fins, com seus métodos específicos de gestão para cada natureza de atribuição: o cuidado com a eficiência técnica, tecnológica, científica, com a gestão financeira, com a socioeconomia, com as estratégias de gestão, e, assim, mantendo uma postura filosófica nessas ações.

Libertando o humano dos limites de uma dimensão para encontrá-lo em sua origem, ilumina-se a situação do humano como ela realmente é: nunca um meio. Em contraste, os meios das dimensões não são fins em si mesmos, mas meios para fins.

Neste ponto, o fim último começa a emergir orientado para o ser do humano em seu dever ser ético, do qual uma Gestão pela Formação Humana se ocupa.

Além disso, a explicitação do fundamento filosófico no paradigma abre, para o humano, a mais ampla compreensão, que vai do nível da experiência à instância fundante, da qual a Filosofia Fenomenológica se ocupa.

Mas as etapas de revisão propostas ainda não são suficientes, pois, além da Relevância, é preciso rever a questão da dimensão educacional, a qual está representada pela pedagogia no paradigma proposto por Sander.

Na verdade, tanto uma abordagem educacional à gestão, quanto à administração da educação, especificamente, precisa considerar o critério da eficiência em relação a uma dimensão, cuja amplitude possa compreender a formação humana em sua abrangência e em sua complexidade crescentes, que envolve desde a aprendizagem do conhecimento até à ética.

Este estudo, porém, não tem como foco a administração da educação especificamente, mas a gestão organizacional em geral, em busca de uma abordagem educacional autêntica a essa gestão; logo, em busca de uma postura filosófica diante da gestão.

O Quadro 5, que aplica o referido paradigma à administração, começa a mostrar as revisões. Antes, porém, é oportuno apresentar-se o referencial como originalmente é.

A multidimensionalidade desse referencial de Sander foi uma base inspiradora para a busca realizada neste estudo. Logo, apresentá-lo é tanto um gesto de reconhecimento quanto um esclarecimento de ponto de partida para uma abordagem fenomenológica que visa a recuperar, no originário, a essencialidade humana que possibilita uma relação autêntica entre as pessoas/profissionais em uma organização.

Trata-se de uma relação mais compreensiva e mais íntima do que a cooperação e do que a interdependência. É a relação em busca do "em comum" que uma postura fenomenológica possibilita viver. Com ela, cada um traz a sua singularidade, assumindo-a para contribuir, reconhecendo-se já enredado no outro, no tecido do humano com o do mundo.

É provável que a extrema dificuldade de cada um assumir-se nessa direção, na gestão, leve a confundir essa proposta com idealismo, interpretá-la como romântica ou ingênua. Há que considerar, ainda, o perigo de ser apenas um discurso que, se apresentado em estilo elegante, possa velar o sentido de uma fuga da responsabilidade, um desastre cuja amplitude e complexidade é a do mundo da vida.

Esse é o desafio da retomada, fundamental para uma "gestão pela formação humana", e que a leitura de Heidegger leva a perceber como única saída para um viver autêntico. Segundo o filósofo alemão, retomar constantemente a si mesmo é a maneira de contrariar as caprichosas forças de inautenticidade em direção à consciência da própria situação existencial e da situação do outro (1993, p. 128).

Quadro 5 Revisão: paradigma multidimensional em direção à administração em geral

Critério da Relevância Dimensão Filosófica	Critério da Eficiência Dimensão Técnica especializada*
Critério da Efetividade Dimensão Social, política e estratégica	Critério da Eficácia Dimensão Econômico-financeira

* Em uma abordagem educacional à administração, como é o caso da gestão pela formação humana neste trabalho, a dimensão técnica especializada será a própria abordagem educacional à administração.

Antes de retomar os critérios do paradigma revisto, para desenvolvê-lo em uma abordagem educacional à gestão, é necessário clarificar as características da ação administrativa, quanto à sua natureza e dimensões, no que diz respeito ao seu compromisso.

Os esquemas a seguir, Quadros 6 e 7, partindo da revisão do paradigma multidimensional de administração da educação proposto por Sander, para incluir o critério da relevância na dimensão filosófica, iniciam uma trajetória em busca de fundamentos para a Gestão pela Formação Humana, na direção do critério fenomenológico da legitimação da ação no "mundo da vida".

Quadro 6 Rumo às dimensões filosóficas

Ação administrativa / Características — Critérios	Natureza	Diz respeito a	Compromisso com
Eficiência	Técnica especializada	Aplicação de conhecimento técnico especializado; método; gestão	Desempenho técnico-profissional
Eficácia	Econômico-financeira	Racionalização/otimização de recursos e meios na gestão de serviços, produção, pesquisa ou educação	Resultados econômico-financeiros, objetivos e metas do negócio
Efetividade	Sociopolítica	Objetivos e metas sociais e políticos	Estratégias políticas para objetivos e metas sociais
Relevância	Filosófica	Valores humanos na co-humanidade. Ao ser do humano	Objetivos e metas orientados para a humanidade do ser

Quadro 7 Em busca da legitimação

Ação administrativa com abordagem educacional / Critérios	Dimensões	Diz respeito a	Compromisso com
Eficiência	Técnica e Filosófica	Aplicação do conhecimento técnico especializado e postura educacional do agente administrativo na formação, no desenvolvimento técnico e humano na gestão	Desempenho técnico e humano
Eficácia	Financeira, Econômica e Social	Responsabilidade social pela racionalização e otimização de recursos e meios na gestão de serviços, produção, pesquisa e educação	Resultados econômico-financeiros e sociais
Efetividade	Social, Política e Estratégica	Objetivos e metas sociais e políticos. O Fim Social	Fim social, desenvolvimento social e político. Cidadania
Relevância	Filosófica	O sentido da ação e de suas conseqüências para o humano, postura moral e ética na gestão	Humanização da gestão. Qualidade das pessoas. Ser do humano, co-humanidade

O MUNDO DA VIDA E O MUNDO SEM VIDA

Falar de mundo, na gestão, é falar do "mundo da vida", porque a vida mental e a cultura emprestam suas estruturas à vida, ao mundo natural. Além disso, o sujeito que pensa está fundamentado no sujeito encarnado (MERLEAU-PONTY, 1971a, p. 204). Assim, afirma Merleau-Ponty, "a simples presença de um ser vivo transforma o mundo físico"; logo, muito mais transformação traz a presença do homem (1971, p. 200), com o pensar, a simbolização, a cultura.

Kelkel e Schérer, a partir da obra husserliana "*Die Krisis*", apresentam "o mundo da vida" como "o que é comum a todos nós", quer "sejamos homens da prática ou sábios". O mundo nos é pré-dado naturalmente, uma vez que "somos pessoas que vivem no horizonte de nossa co-humanidade" (1982, p. 104). Esse é o mundo para a fenomenologia.

Em contraste, Dartigues alerta para o que chama de "mundo sem vida, inabitado e inabitável", o mundo das representações da ciência, da objetividade, exigindo abstração dos sujeitos como pessoas, de sua vida pessoal, do que for espiritual, cultural e da ação humana, também (1973, p. 77).

Enquanto a ciência pratica a exclusão de predicados culturais, axiológicos, práticos, a reflexão fenomenológica não é uma alternativa exclusivista, porque procura reintegrar a vida ao mundo científico (DARTIGUES, 1973, p. 77).

A proposta deste estudo, reconhecendo os critérios científicos na gestão, articula-os a critérios filosóficos que devolvem à ciência os desafios concretos da gestão, para intencioná-los, tornando-os significativos. Enquanto a ciência da gestão trata do homem abstrato, uma abordagem fenomenológica vai apreender, no mundo da vida, o homem concreto.

Nesses termos, este estudo trata das relações desse homem concreto com as organizações humanas que ele cria e vivencia, em especial, na gestão.

A partir de uma concepção idealista, diz Merleau-Ponty, "o mundo é isto mesmo que nós nos representamos, não como homens ou como sujeitos empíricos, mas enquanto somos uma única luz e enquanto participamos do uno, sem o dividir" (1996, p. 8).

Mas o mundo não é simplesmente o pensado, não é substituível pela significação de mundo, ele é o vivido. O verdadeiro cogito não é aquele que "desvaloriza a percepção de um outro, [...] que me definia pelo pensamento que tenho de mim mesmo". Eu não sou apenas o que penso de mim mesmo. Então, o "verdadeiro cogito", diz Merleau-Ponty, elimina qualquer idealismo e me revela como "ser ao mundo". Pelo fato de o cogito revelar-me em situação, aparece a única condição sob a qual a subjetividade transcendental poderá ser uma intersubjetividade (1996, p. 9).

Husserl fala do *Unwelt*, o mundo circundante, o qual considera conexo ao *Lebenswelt*, "o mundo da vida", que descreve como complexo de atos, momentos e aspectos de nossa existência, e que é, ao mesmo tempo, pessoal e coletivo, o mundo em que vivemos (BELLO, 1998, p. 38).

Esse coletivo, porém, não é sinônimo do inconsciente coletivo junguiano; este, por ser um conceito, é fechado, enquanto o segundo se refere ao horizonte husserliano, isto é, aquele que, como a percepção, é único a cada momento. Greuel descreve a percepção como "sempre única" e "irrepetível", pois se trata de um fenômeno singular, de uma pessoa singular e que a cada vez é diferente, "Mesmo olhando para o mesmo objeto as percepções são diferentes" (1996, p. 15).

Reconhecer o mundo da vida implica reconhecer o horizonte husserliano, um fundamento vital à interpretação fenomenológica, para captar a maneira pela qual toda a intencionalidade limitada dos significados se funde na continuidade fundamental do todo (GADAMER, 1994, p. 245). Além disso, horizonte não se confunde com uma fronteira delimitada definitivamente, mas algo que se move com o ser e que o solicita para ir avançando. A delimitação corresponderia ao fechamento do mundo, ao seu acabamento, à sua coisificação, à sua morte. Na verdade, estaria em contraposição à própria percepção que sempre pode avançar para algo diferente, da mesma forma que o horizonte.

Essa questão merece tanto a reflexão dos pesquisadores – neste caso, na gestão – quanto dos que agem na gestão, como pessoas da prática, pois esse desconforto de não poder contar com um mundo estático é a única possibilidade de não descolar-se dele, enquanto realidade concreta, de não pesquisar ou trabalhar com base em uma mera idealização.

O horizonte intencional, que constitui a unidade do fluxo de experiência, é dado em termos de um mundo e, além disso, traz com ele o horizonte do mundo (GADAMER, 1994, p. 245).

O "mundo da vida", ou o *Lebenswelt*, é – segundo Siebeneichler – o mundo no qual nós sempre vivemos, e que constitui o chão ou terreno para toda e qualquer realização do conhecimento e para toda determinação científica (1983, p. 11).

Por isso, há uma questão de método implicada, que precisa ser clarificada sobre o dado e o pensado. Scheler dedica o primeiro capítulo da segunda seção de *Ética* a esse ponto fundamental para a fenomenologia, pontuando:

> Mas a experiência fenomenológica é aquela em que não cabe nenhuma separação entre o pensado e o dado, de modo que, [...] também: nela, nada é pensado que não seja dado e nada é dado fora do que é pensado [...] neste encaixe, no ponto de coincidência entre o pensado e o dado aparece o fenômeno (SCHELER, 1848, p. 86-7).

Logo, para Scheler, se o dado sobrepassar o pensado e se o pensado não for dado, a experiência fenomenológica não se dá.

Nesse ponto, é importante reportar ao pré-dado para compreender a sua relação como o mundo da vida. O mundo da vida é aquele no qual estamos imersos em atitude natural, é o que nunca se torna objeto como tal para nós, mas representa a base pré-dada de toda a ciência, é o seu fundante. Como um fenômeno horizonte, o mundo é essencialmente relacionado à subjetividade, e essa relação significa, também, que ele existe em "transição". O mundo da vida existe em um constante movimento de relativa validade (GADAMER, 1994, p. 246-7). Segundo Merleau-Ponty, o sujeito e o mundo são sempre provisórios.

Schutz, citado por Bernstein, apresenta essa questão da relativa validade subjacentemente ao reportar-se à atitude do homem diante do mundo, dizendo que: quando se visa o mundo como completamente constituído e óbvio, está-se abdicando das operações da própria consciência que dão significado ao mundo; por outro lado, um olhar direcionado à intencionalidade operacional da consciência, aquele mundo já completamente constituído, é substituído por um mundo que só está sendo constituído naquele momento, ou melhor, por um mundo que nunca estará definitivamente constituído. Na verdade, aquele mundo dado, um mundo do ser, se abre para um permanente tornar-se, para o que Schutz chama de um "mundo emergente" (apud BERNSTEIN, 1979, p. 142).

Essa postura de alerta quanto às operações de significação do mundo é fundamental para a gestão, para que não se assuma diante das organizações o conforto de uma interpretação fatalista de mundo, mas o contrário. A gestão exercitada como abertura para compreender a organização humana como ela realmente é: uma permanente possibilidade de tornar-se, segundo o fluxo das ações co-humanas dos que a constituem e no sentido da relevância do ser do humano.

Nesse ponto, a compreensão do horizonte passa a ser fundamental, mas não somente enquanto referencial teórico que objetive o que pode ser, mas como uma possibilidade de prática, de assumir, de viver uma autêntica gestão.

O horizonte husserliano é, pois, o fundamento que possibilita que cada um, além de perceber-se e sentir-se participando, seja ele mesmo quem está contribuindo com o mundo e simultaneamente – empregando uma expressão que Merleau-Ponty freqüentemente utiliza –, *sofrendo o mundo*. Isso quer dizer que todos somos parte desse mesmo mundo da vida com a possibilidade de contribuir para a plenitude do mundo, não para a sua finitude. Pelo fato de o mundo e de o ser serem compreendidos em aberto, não se pode falar de finitude. Porém, essa incompletude que pode parecer uma limitação, um defeito, é, na verdade, mais possibilidades, para o porvir de gerações.

Percebe-se que a exatidão não deixa de ser uma simplificação que Dartigues chama de "idealizante do dado". Os conceitos das ciências humanas "são inexatos por essência e não por acaso", mas são rigorosos. Por isso, esses conceitos devem exprimir as vivências em todas as suas nuanças, as essências morfológicas ou inexatas.

"As ciências exatas, por sua vez, encontram o rigor no acabamento, e as ciências humanas são descrições cujo rigor provém da fidelidade ao dado, considerando seu caráter vago e fluente" (DARTIGUES, 1973, p. 35), suas permanentes possibilidades de mais sentido. Cabe aqui recorrer a Cassirer, mesmo que brevemente, quando trata da exatidão do que chama de "duro poder real das palavras" (2000, p. 116) reduzidas a meros signos conceituais (2000, p. 114), que Vigotski, por seu turno, chama de "o significado dicionarizado de uma palavra" (1996, p. 125). Essa discussão reporta à linguagem na gestão para alertar sobre sua importância, em especial, para perceber que, quando se fala em administração como arte também se está possibilitando abertura à linguagem, para que não se renuncie à intuição. Segundo Cassirer,

> o reino do espírito que possibilita a constante renovação da palavra é a arte, quando [...] o espírito vive na palavra [...], o espírito se move livremente e sem obstáculos [...], puro sentimento atinge a expressão e, assim, a sua plena e concreta atualidade (2000, p. 155-6).

Além disso, é importante neste momento recorrer a Humboldt quanto aos seus estudos sobre comunicação e arte. Segundo aquele autor, a poesia é inseparável da música e a prosa é inseparável da linguagem (apud VIGOTSKI, 1996, p. 122).

Essa distinção entre poesia e prosa tem sido muito discutida e ainda vai exigir muito mais atenção. Com isso, é possível que a distinção deixe de correr o risco de se transformar em uma separação simplificadora.

Esse é um aspecto do qual a gestão faz emergir vestígios, quando se observa os líderes tentando compreender o impacto de suas falas e de suas ações e, em especial, as reações que elas estimulam nas pessoas. Na gestão, os líderes não se apresentam simplesmente como pessoas que difundem, trocam informações e orientam, mas como as que inspiram. E isso, vale tanto para os que dirigem grandes organizações, como o explosivo sucesso do atual Jack Welch, quanto para a liderança nacional e internacional de Mahatma Gandhi.

É possível inferir que esses exemplos contrastantes sejam captados em culturas diferentes por meio não somente dos seus valores, mas também, de sonoridades familiares nas falas que despertam sensibilidades nas pessoas que estão sintonizadas com um tom comum, no diapasão que as leva a ouvirem o som do mundo em um determinado tom que as harmoniza.

Quando Welch mobilizou as pessoas de uma grande organização dizendo que "os negócios são globais, não as organizações" e que, por outro lado, declarou; "nossos funcionários devem sentir-se tão bem em Dehli e Seul quanto em Louiseville ou Schenectady" (apud SLATER, 1999, p. 128), não somente falou a linguagem do equilíbrio, no tom da harmonia tradicional da importância de uma "passárgada", onde cada um se sinta "o filho do rei" – um sentimento tão caro ao nacionalismo norte-americano – mas apresentou, também, o mundo multicultural, onde, entre gritantes diferenças de linguagens e sons, o único sentido comum possível é a co-humanidade. A saída sugerida é, antes de assumirem essa condição funcional, lembrarem-se de que, em se tratando de pessoas com sensibilidade e inevitavelmente pelo mundo, envolvidas com a dispersão rotineira de americanos do norte, busquem o auto-conhecimento, a auto-compreensão, preparando-se para o convívio com o outro diferente.

Enquanto Gandhi falava ao seu povo pela liberdade, de corpo e alma, usando a palavra pecado para indicar o violento domínio econômico e social ao qual estavam submetidos, além de discursar e agir segundo a "melodia" de sua própria cultura, com a lógica singular de uma partitura indiana – estranha ao ocidente reativo a "pecados" em ações políticas – acabou articulando o mundo ao redor de sua linguagem, porque, seu sentido era concretamente ético. Em verdade, o sentido que a fenomenologia chamaria de uma u-tópica do espírito humano.

> A economia que fere o bem-estar moral de um indivíduo ou de uma nação é imoral e, conseqüentemente, pecaminosa. Logo, uma economia que permite a um país lucrar vitimando outro é imoral. É pecado comprar e usar produtos do trabalho suado (PRABHU, 1977, p. 78).

Em situações como essas, não parece tão simples destacar poesia de prosa, e não é uma mera questão de estrutura gramatical ou de hábito ouvir o que, no idioma inglês se considera *awkward,* nem de rimas ou regras estruturais, mas de inspiração, de um toque mágico no corpo-espírito dos homens e que Pascal chamou de *coração.*

A significância dessa reflexão para a gestão está, em especial, na questão da inspiração que o convívio pode ajudar a despertar quando for autêntico. Na abertura para o outro, na eqüidade eu e outro, para a qual a comunicação é fundamental, a inspiração pode estar dispersa, mas disponível ao poder catalisador, que é próprio do humano. Em contraste, o não reconhecimento do outro implicaria o não reconhecimento de si próprio, pois, com o horizonte, todos são parte do passado, do presente e do futuro das organizações humanas como elas foram, são e virão a ser.

Para a compreensão entre sujeitos – que são o tempo que permanece na síntese de transição – de modo impermanente, isto é, em constante possibilidade de transformação, o diálogo é necessário e só será possível se estiver livre da exatidão que enrijece e empobrece a relação possível do encontro entre diferentes. A exatidão[1] isola, exclui, mas o rigor é básico, para que a comunicação se dê em sua mutualidade. E como imaginar uma gestão sem comunicação? Propor a formação humana sem favorecer a transformação? Confiar em uma ação humana destituída de espírito?

1 Exatidão, nesse caso, é sinônimo de conceitual, de fechamento, não de rigorosa precisão que previne equívocos.

O mundo da vida, pois, é a antítese de todo o objetivismo. É aquele que Gadamer apresenta como essencialmente histórico, mas que não se refere a um universo do ser, a um mundo existente, porque o mundo é compreendido como uma possibilidade, há uma experiência de mundo. A ontologia do mundo da vida, segundo Husserl, diz Gadamer – e é possível dizer-se que segundo a fenomenologia –, é muito diferente daquela ontologia que o mundo da ciência pode idealmente alcançar. Por essa razão, apresenta-se como uma tarefa filosófica cujo objeto é a estrutura essencial do mundo e, simultaneamente, significa "o todo em que vivemos como criaturas históricas" (GADAMER, 1994, p. 247).

A fenomenologia, no momento em que coloca entre parênteses toda a objetividade do ser, possibilita a investigação dos modos subjetivos de dar-se. Com a investigação fenomenológica, não se está explorando a percepção interior ou o eu real, nem uma mera reconstrução da consciência, isto é, a relação de continuidade da consciência para um pólo, eu transcendental, mas é o tema altamente diferenciado da reflexão transcendental (GADAMER, 1994, p. 244-5).

Essa questão deve ser considerada na pesquisa porque, em contraste com o dado do fenômeno da consciência objetiva, um dar-se na experiência intencional é uma reflexão que constitui uma nova dimensão de investigação (1994, p. 245). Essa nova possibilidade decorre de cada experiência ter horizontes implícitos do antes e do depois, que se fundem em um *continuum* da experiência presente, no antes e no depois, para formar o unificado fluxo da experiência.

Essa é, para a fenomenologia, a maneira de ser do tempo também, não uma sucessão de momentos, mas um permanente formar-se, tornando o sujeito simultaneamente impermanente, enquanto é o que permanece na síntese de transição: futuro – presente, e presente – passado.

Nesse ponto, é necessário esclarecer que Husserl distingue consciência segundo a psicologia, isto é, uma associação de imagens que o mundo evoca, da consciência como experiência intencional, que já não é mais objeto, passando a ser uma coordenação. Essa conclusão é fundamental para superar o objetivismo (GADAMER, 1994, p. 244).

Na leitura de Merleau-Ponty percebe-se que o sujeito é compreendido com o termo consciência, nesse mesmo sentido que ele chama de um poder de articulação.

Heidegger aborda a questão da consciência para alertar quanto ao seu silêncio próprio, dizendo que "o clamor é um silêncio" e que, por isso, "o discurso da consciência nunca chega a articular-se"; logo, que "a consciência só clama em silêncio". Nesse ponto, aquele autor também apresenta a tendência a imputar à consciência, ou melhor, à inconsciência, a ausência de clamação, porque a busca de compreensão baseada apenas em fatos, devido à concepção comum de consciência, leva a considerar o impessoal, o qual não pode escutar o clamor da consciência que é singular (1990, p. 86).

Uma vez escutado o clamor da consciência singular, a ação tem possibilidades de ser autêntica. Esse estado de alerta, no sentido de ouvir o que a consciência clama em silêncio pode ser traduzido para a linguagem da gestão como uma competência do agente: a competência de dar ouvidos à ética.

Para Gadamer, no momento em que Husserl não enfatiza mais a consciência, nem a subjetividade, nem a vida, ele vai em direção à universalidade. O todo entre parênteses do horizonte do mundo é constituído de uma intencionalidade fundamentalmente autônoma, porque não é alcançado por nenhuma pessoa em separado. A validade do mundo, o que ele chamou de mundo da vida, é encontrado nessa universalidade (GADAMER, 1994, p. 244-246). Essa universalidade da qual fala Husserl, porém, não se relaciona ao geral científico, nem à universalidade ideal de Kant, nem ao conhecimento abstrato; ao contrário, relaciona-se ao concreto porque está implicada no mundo da vida.

O mundo da vida então é "o solo permanente de toda a validade", a fonte das "evidências naturais", "disponíveis" a nós (KELKEL e SCHÉRER, s./d., p. 103-4) ao que se pode acrescentar: o mundo da vida é o terreno no qual se podem legitimar as ações no sentido dessa co-humanidade, que é o ser do humano.

Aqui, o mundo da vida se mostra fundamental para a gestão, porque é o "*terreno*" no qual se pode avaliar se os propósitos e os atos do agente na gestão, se suas ações têm possibilidade de atender o beneficiário, ou melhor, de serem legitimados. Além disso, Bello encontra em Husserl a preocupação em prestar atenção às experiências vivenciais que, nesse estudo, se referem à gestão, ao gestor em ação, porque elas constituem o "mundo da vida" (BELLO, 1998, p. 83).

Neste ponto da discussão, há uma implicação que não pode ser relegada: sendo o mundo pré-dado, somos ligados ao social simplesmente "pelo fato de existirmos, muito antes de qualquer objetivação". Por isso, não se pode tratar o social como objeto, ele só pode ser tratado como "sujeito-objeto" (MERLEAU-PONTY, 1945, p. 415). É justamente nesse social concreto, originário, que as conseqüências da ação administrativa se mostram e poderão vir ou não a legitimar-se.

O mundo, pois, não é somente um conjunto de elementos físicos, de objetos, ele é feito de experiências vivenciais que cada um desenvolve e compartilha com os outros, com os grupos humanos dos quais fazem parte: família, vizinhança, organização, nação... Esse nosso mundo é um complexo cultural, no qual estamos enredados e no qual vivemos nossas experiências "pessoais e coletivas" (BELLO, 1998, p. 38).

À experiência coletiva pertencem as organizações que se mostram cada vez mais complexas, dinâmicas, desafiadoras e, nessa era tecnológica, mais aproximadas pela parafernália das comunicações, porém, sob o risco de entendimento carente de compreensão e de relacionamento social e profissional, carentes de ética.

Nesse panorama, a gestão precisa engajar-se em ações cujas conseqüências possam legitimá-la no "mundo da vida", neste mundo comum, em que o homem, com sabedoria, deveria humanizar a natureza ao invés de dominá-la.

NATUREZA HUMANIZADA, ESPIRITUALIZADA, VIOLENTADA, DEGRADADA?

A velha história da postura do homem diante da natureza está de volta com um discurso telúrico simbolizado pelo verde, mas que precisa ser autêntico. Os apelos do conhecimento tecnológico, com suas possibilidades de solução de problemas operacionais, oferecendo resultados em curto prazo, têm freqüentemente calado o questionamento sobre possíveis conseqüências estarem sendo negligenciadas. Na ansiedade por farta distribuição de águas para industrializar mais produtos tecnológicos, por exemplo, essas incontestáveis facilidades imediatas da modernidade conseguiram gerar áreas desérticas e, provavelmente, irrecuperáveis.

A preocupação de Dewey com as conseqüências do emprego das descobertas científicas assemelha-se à preocupação de Gabriel Marcel em "Os homens contra o Homem", em especial a partir de idéias que ainda mantêm a relevância em comparação com o atual discurso de Hebert Simon[2] sobre o uso do conhecimento tecnológico. Cada um desses agudos alertas a seu tempo, mas todos com expectativas sobre uma formação humana pela co-humanidade, se manifestam mais fortemente no final do milênio com a preocupação ambiental.

A linha fenomenológica do estudo da geografia está e poderá continuar a contribuir com a implementação de um convívio autêntico entre homem e natureza[3]. Apresenta essa posição em uma síntese admirável: "A cultura", que é a presença humana, "é o agente, a área é o meio, a paisagem cultural, o resultado" (2004, p. 59).

---

2 Ver Hebert Simon, Technology and enviroment. In: Luthans, Fred. *Contemporary reading in organizational behaviour.* New York: McGraw'Hill, 1977 e *The Sciences of the artificial.* Cambridge: Massachusetts: MIT Press, 1969.

3 A Geografia humana e cultural seguida pelos pesquisadores da Universidade Estadual do Rio de Janeiro –UERJ coordenados por Roberto Lobato Corrêa e Zeny Rosendahl, pode ser encontrado no livro "Paisagens,Tempo e Cultura", listado nas referências bibliográficas ao final.

Os estudiosos da área, como Sauer (2004, p. 29), consideram, da mesma forma que Vidal de la Blache (apud 1922, p. 6), que "a geografia humana não se opõe à uma geografia da qual o homem está excluído" e Sauer cita Spengler (1999, p. 128) para fundamentar essa posição, afirmando que "tal geografia não existiu a não ser nas mentes de alguns especialistas" (SAUER, 2004, p. 71). Com a nova leitura geográfica de paisagem, a posição do homem e de suas realizações constituem explicitamente o último e mais importante fator de formas de paisagem. Gadamer (1994) considerava Herder o precursor da aproximação do conceito de paisagem ao homem, antes ligado aos acidentes geográficos. Merleau-Ponty (1971a, p. 352-4), também usa o termo paisagens referindo-se ao humano.

Recorrendo à Vidal, Sauer salienta que "adaptação" se dá com o auxílio das "sugestões que o homem aprendeu a partir da natureza", talvez subconscientemente, atingindo "sentimento de harmonia entre o *habitat* humano e a paisagem com a qual se mistura de forma tão adequada" (2004, p. 59).

A postura assumida pelos geógrafos como Rosendahal é a de que "a paisagem é a expressão fenomênica mais contundente"(SAUER, 2004, p. 9) e reporta ao engajamento ético do agente na ação, na pesquisa e na gestão ao estilo do indígena brasileiro, isto é, do homem em comunidade com a natureza (KRENAK, 1996)[4], zeloso pela vida, em contraste com a relação de dominação, que deixa marcas indeléveis do uso violento do conhecimento pela espécie humana, sobre a Terra, em busca de conforto imediatista e inconseqüente com as futuras gerações.

Neste tempo e neste espaço, é oportuno voltar a falar em agente e não simplesmente em organização, para não praticar o "símbolo ilusionismo" que, segundo Gregori (1984, p. 31), mantém no anonimato de conceitos abstratos os responsáveis pela substituição do mundo da vida por representações, o que leva ao "mundo sem vida" de Dartigues.

Em contraste, as organizações humanas que desenvolverem a cultura da relevância do humano poderão, como sugere Bello, espiritualizar a natureza.

---

4 Tanto a percepção de mundo quanto a terminologia fenomenológica manifestam-se fortemente no texto do autor.

Critérios a caminho da legitimação da ação administrativa

O Quadro 8 apresenta graus de abrangência das dimensões da ação administrativa em relação aos critérios correspondentes, conforme propostos neste estudo, em uma escala que vai dos resultados a possíveis conseqüências, partindo da postura científica em direção a uma postura filosófica.

Quadro 8 Critérios e dimensões da ação na gestão

Ação administrativa	Resultados Busca científica			Conseqüências Preocupação filosófica	
Critérios / Dimensões	Eficiência	Eficácia	Efetividade	Relevância do humano	Legitimação no "mundo da vida"
Técnicas especializadas	→				
Econômico-financeira	—	→			
Sociopolítica e estratégica	—	—	→		
Filosófica	—	—	—	→	
Abordagem fenomenológica	—	—	—	—	→

Uma abordagem educacional filosófica fenomenológica à gestão precisa esclarecer que tanto a Filosofia da Experiência quanto a Fenomenologia não reduzem a educação a uma estratégia, logo:

- o nível estratégico é o do ensino/aprendizagem, do conhecimento, da profissionalização;
- o nível filosófico é o da formação e do desenvolvimento humano.

Além disso, essa abordagem fenomenológica à gestão:

- concebe educação com um significado filosófico, isto é, como uma teoria da formação e do desenvolvimento humano, não intervencionista;
- encontra a educação além da obtenção de resultados técnicos e do conhecimento científico, compreende conseqüências para o ser do humano;
- destaca que resultados são considerados possibilidades, em tese, para a legitimação da ação no "mundo da vida", a qual se mostra em suas conseqüências.

A aplicação do Paradigma Multidimensional da Administração a uma abordagem educacional à administração – à Gestão pela Formação Humana – sobre uma escala que vai dos resultados às conseqüências é apresentada no Quadro 9.

Quadro 9 Escala de resultados a conseqüências na ação

ESCALA	RESULTADOS	CONSEQÜÊNCIAS
Dimensões	Econômica, Social, Política e Estratégica	Técnica em Administração Filosófica com abordagem educacional
Critérios	Eficácia*	Efetividade e Relevância**

* Critérios instrumentais.

** Critérios sociofilosóficos.

O Quadro 9 distribui as dimensões e os critérios propostos, entre resultados e conseqüências na ação administrativa, fazendo aparecer a presença dos mesmos de ponta à ponta.

O Quadro 10 apresenta resultado e conseqüência polarizados em relação a seis diferentes fatores.

Quadro 10 Competências – técnica/resultados, humana/conseqüência

Escala	Resultados		Conseqüências
Níveis	Experiências predeterminadas	↔	Vivências próprias no movimento do acontecer
Dimensões	Técnica, Financeira, Social, Política, Filosófica, Abstrata	↔	Organizações Humanas Concretas. Filosofia assumida
Critérios	Eficiência, Eficácia, Efetividade, Relevância dos Recursos Humanos, Instrumentais do Negócio	↔	Legitimação dos recursos do humano no "mundo da vida". Agente-objetivo-fim último
Movimentos do agente	Comportamentos Normas e padrões	↔	Ações. Conscientes, responsáveis, conseqüentes
Estilo	Posição teórica	↔	Postura assumida
Contribui-ções, avaliação de desempenho	Medidas. Valores culturais. Normas. Generalizações	↔	Ética. Universalidade concreta das pessoas, não a abstrata dos princípios segundo Kant

Desenvolvimento do paradigma multidimensional da administração: uma proposta de gestão pela formação humana, partindo da experiência do desenvolvimento organizacional (DO)

O Quadro 11 procura descrever o avanço da discussão até agora estabelecida a partir do Quadro 4 de autoria de Sander. O humano aparece não mais reduzido a um fator – linguagem científica – nem a uma das dimensões propostas por Sander. Aparece como ser do humano, como uma possibilidade para tornar autênticas as dimensões técnicas e filosóficas. A relevância do ser do humano vai presentificar-se na legitimação no "mundo da vida", concretamente e aberta a novas possibilidades. Desse modo, a ação na gestão não se satisfaz mais apenas com o resultado, passando a incluir a conseqüência.

Essas implicações, para o agente, são de naturezas distintas, a saber: há uma exigência relacionada à ampliação de sua responsabilidade e, ainda, à ampliação da consideração do impacto de sua ação, que aparece, além do resultado, no fenômeno da conseqüência.

Trajetória em busca de uma autêntica relevância do humano na ação administrativa: uma seqüência de quadros descritivos

O humano, tomado como dimensão, é linguagem científica: fator humano, reduzido a um dos fatores na organização, o qual, mesmo quando hierarquizado como elemento ou fator mais valioso, não passa de instrumental.

Este estudo avançou no sentido de clarificar que o humano não pode ser considerado apenas um fator ou uma dimensão, ao contrário, o humano é o que torna possíveis as demais dimensões da gestão.

Quando Merleau-Ponty apresenta a conclusão óbvia, porém tão desconsiderada na aplicação à prática da gestão, de que "o cubo não existe

Quadro 11 Estrutura da ação, critérios, dimensões, objetivos, sentido

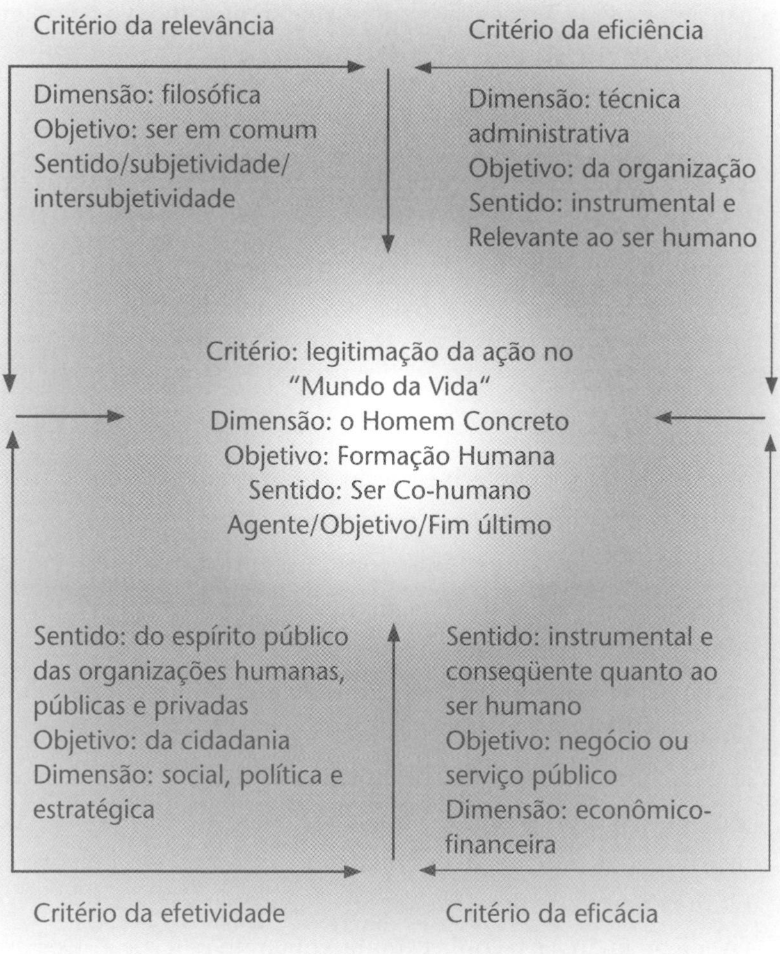

para si porque ele é um objeto" (1971a, p. 211), esse é exatamente o sentido que está faltando na consideração do humano que não existe apenas para si, mas para a co-humanidade. Porém, é tratado como recurso na teoria da administração, mais recentemente como capital humano e, historicamente, tem sido entendido como instrumental, objeto manipulável.

Neste ponto, vale refletir sobre o seguinte: é própria do humano a possibilidade única de poder:

- dar significado e sentido aos critérios que constituem o paradigma;
- estabelecer critérios científicos e filosóficos;
- propor e buscar objetivos;
- clarificar as dimensões correspondentes a cada critério;
- avaliar as ações enquanto fundadas em critérios científicos em relação à relevância do humano;
- analisar a dimensão filosófica quanto à sua postura orientada para ser em comum e apreender o sentido fenomenológico da postura do agente e de sua ação em busca de uma subjetividade também como intersubjetividade;
- retomar-se e retomar o "mundo da vida", orientando-se para o humano concreto, e conferir na ação, como agente administrativo, se os critérios foram respeitados, as dimensões consideradas e o sentido fenomenológico apreendido como autenticamente direcionado, não somente para resultados, mas para a consideração de possíveis conseqüências para o ser do humano;
- encontrar o humano presente em todo e qualquer critério, dimensão ou objetivo apresentado no referencial, fazendo-o aparecer na gestão como agente conscientemente responsável por suas ações – sem ignorar a pregnância – em substituição à condição de recurso instrumental, porém, ao mesmo tempo, como agente, objetivo e fim último de tudo o que se fizer sobre a Terra;
- viver a pregnância, reconhecer que, enquanto percebe, é inseparável do percebido, quando a subjetividade assume a "inerência à experiência do mundo" (SPIEGELBERG, 1971, p. 550);
- agir, apesar da liberdade enredada no mundo, porque "não é unicamente a questão de escolhermos o mundo, é mais uma questão de o mundo nos escolher" (SPIEGELBERG, 1971, p. 554), o que implica a ação humana nessa condição.

Mostração do mundo como realmente é para ser assumido na gestão

O Quadro 11 resume e explicita uma questão fundamental deste estudo: as implicações do engajamento pela relevância do humano, independentemente de a dimensão da ação administrativa ser técnica, econômico-financeira, social, política e estratégica ou filosófica e, além disso, independentemente de os objetivos serem da organização, do negócio, da cidadania, do ser em comum. O sentido da ação administrativa, na Gestão pela Formação Humana, é sempre o ser do humano, isto é, orientado para o ser humano em seu autêntico dever ser co-humano e, como diria Husserl, intersubjetivo.

Dessa forma, as manifestações desse sentido se encontram:

- no critério da *eficiência*, tomado como método na *dimensão técnico-administrativa*, cujo *objetivo* é a atividade-fim da *organização*, com seus objetivos e metas específicos, empregado como *instrumental em sentido relevante ao ser do humano*;
- no critério da *eficácia*, tomado como método na *dimensão econômico-financeira* da gestão, cujo *objetivo é o negócio* ou o *serviço público*, com suas peculiaridades, empregado como *instrumental em sentido conseqüente quanto ao ser do humano*;
- no critério da *efetividade*, tomado como método na *dimensão social, política e estratégica* da gestão, cujo *objetivo é a cidadania*, empregado como *instrumental no sentido do exercício do espírito público nas organizações, independentemente de sua natureza ser pública ou privada*;
- no critério de *relevância do humano*, tomada como método na dimensão filosófica, cujo objetivo é a prática do *ser em comum*, no *sentido da subjetividade como intersubjetividade*;
- no critério da *legitimação da ação no mundo da vida*, tomada como *abordagem fenomenológica na dimensão do homem concreto*, cujo *objetivo é o retorno* ao *terreno originário para validação*, no *sentido do ser do humano como agente/objetivo/fim-último*.

Neste ponto, as palavras de Heller e Fehér (2002) são providenciais:

> Os que estão satisfeitos com sua vida não se verão como meros meios para alcançar uma meta num futuro distante. Contudo, tampouco vêem a si mesmos ou o seu destino como metas finais. A vida deles é um fim, exatamente porque tem um objetivo além da auto-realização do indivíduo (p. 59).

Rodrigues, ao tratar de culpa e angústia existencial a partir de referencial heideggeriano, contribui para iluminar a discussão dessa questão. Por um lado, ele mostra que culpa e o estar em débito heideggeriano podem ser entendidos como sinônimos (2006, p. 105). A isso acrescenta-se o que a experiência empírica nas organizações humanas nos revela: o homem como eterno insatisfeito. O importante é que a análise de Rodrigues subjacentemente sugere bases dessa insatisfação: "o homem é um eterno vir a ser, ele se encontra sempre em débito, já que jamais será capaz de abarcar a totalidade de suas possibilidades. Como pastor, o homem está em débito para com tudo aquilo que depende dele para que se dê" (p. 97), ao que acrescentamos, enquanto pessoa que partilha essa realidade concreta: a tendência que se mostra é a de não deixar de buscar.

Essa é a razão fundamental para se acreditar nas possibilidades da gestão, isto é, a dependência de um gestor para que as organizações sejam administradas, para que as ações tenham um sentido e, segundo a postura esperada da prática fenomenológica, para que o sentido das ações seja ético.

Resumos de três casos organizacionais, não meros acasos

Quando se encontram organizações orientadas para o outro, em que pesem todas as dificuldades, limitações e desafios, há esperança de que o motivo não seja apenas o dever, mas a consciência da própria situação em co-humanidade, no mundo do trabalho e da vida. Nesses momentos, a reação é a de retomar as palavras de Merleau-Ponty, quando citou Maquiavel, porém, positivamente, isto é: o que encoraja é acreditar que os homens não são imutáveis.

Os exemplos a seguir, extraídos da realidade concreta da gestão, são constatações de que é possível uma gestão pelo humano, sem discriminação entre clientela interna ou externa, sem mesmo limitar as preocupações e as considerações das conseqüências aos clientes atuais ou potenciais, para reconhecer a responsabilidade das organizações humanas no mundo e pelo mundo, que é co-humano.

Há atividades que, pela sua própria natureza, podem gerar situações críticas e até dramáticas, se a postura pelo humano não for um princípio cotidiano no trabalho. Nesse caso, estão incluídas três tipos, aqui ilustradas com energia nuclear, a área da saúde e o transporte aéreo.

O convívio intenso e extenso com empresas, nessas atividades específicas, possibilitou resumir os três casos a seguir, apreendidos durante trabalho de consultoria, mais como assessoria, em uma postura de co-responsabilidade.

O exemplo da Eletronuclear: o desafio de uma fusão e o rumo da nova organização

Em primeiro lugar, a antecipação dos dirigentes de cada uma das empresas em provável processo de fusão, no período que antecedeu a legalização da cisão-fusão organizacional, no sentido de administrar os impactos sobre as pessoas, já possibilitou perceber a postura de ambos quanto à relevância do humano. Em decorrência, a percepção de que as empresas são, em última instância, as pessoas e para as pessoas, orientou suas ações pró-articulação e mútua compreensão.

As discussões sobre a nova empresa, a nova visão, os novos rumos e valores envolvidos, em que pesem todas as dificuldades e conflitos, geraram uma postura própria diante das ações na gestão, conforme está apresentada na aplicação do Quadro 12, a seguir.

Quadro 12 Eletronuclear: Aplicação do Quadro 11 a Estrutura da Ação, Critérios, Dimensões, Objetivos, Sentido

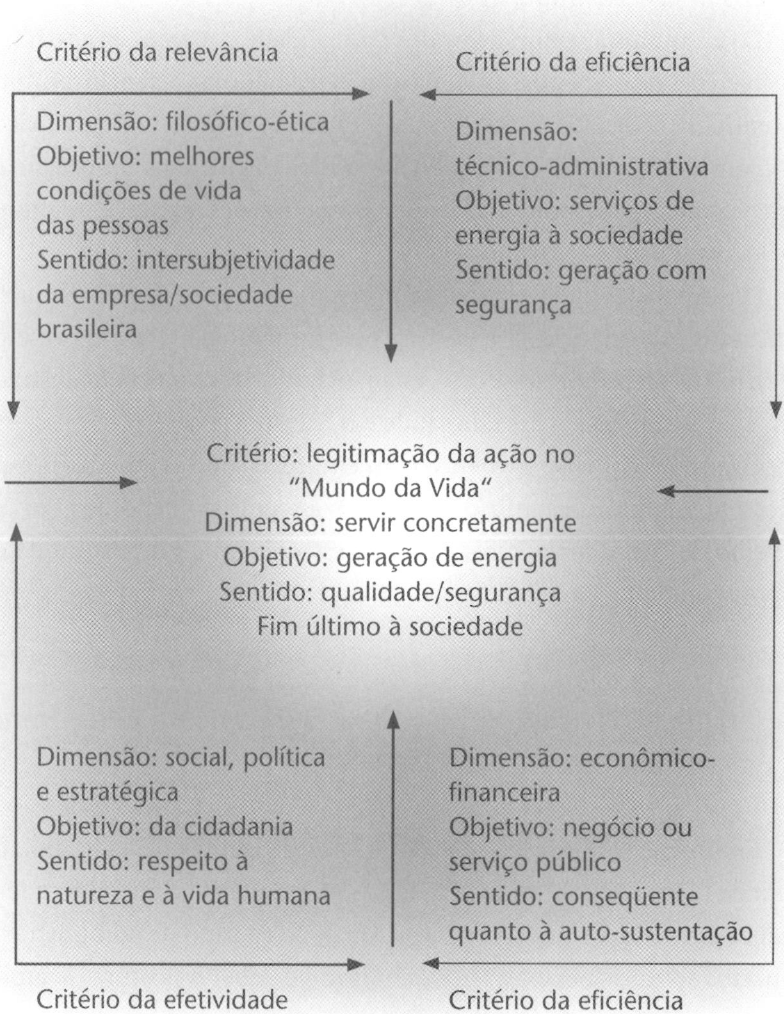

Fonte: pesquisa institucional realizada em consultoria pelo autor entre 1998-2000.

A questão da *SEGURANÇA* surgiu como uma preocupação da empresa responsável pelas atividades de operação – no início do processo de fusão organizacional – em relação à empresa responsável por projetos, no sentido da priorização da *SEGURANÇA*, como princípio. Por outro lado, a suposta "impertinência" dos projetistas emergiu, na verdade, na mesma direção, transformando a preocupação com a *SEGURANÇA* em pólo de convergência de ambas as organizações.

Essa percepção de interdependência estimulou o engajamento em todos os níveis e naturezas de atividades da nova empresa em torno do valor segurança, como responsabilidade pela população nacional, obviamente em graus variados. Mesmo assim, essa postura manifestou-se desde as discussões técnicas e planejamentos de toda a natureza, até os procedimentos mais rotineiros.

Além disso, a responsabilidade social da empresa foi ganhando adeptos à media que as duas organizações se articulavam e que projetos ambientais de apoio a populações indígenas e a habitantes rurais em seus entornos, mesmo os mais remotos, somados aos esforços pela educação de jovens estudantes, em termos de reconhecimento das diversas origens de geração de energia, preservação ambiental e consumo racional de energia, foram sendo reconhecidos internamente. Projetos sociais são muito antigos para serem considerados modismo e encontram-se em permanente renovação. Por exemplo: projetos e convênios educacionais, desde alfabetização até técnico-científicas – IFSC; formação profissional artesanal; POMAR *Coquille Saint Jacques* (http://www.iedbig.com.br/htm/pomar.htm); Fazenda Marinha; mútua cooperação SES, Defesa Civil e Corpo de Bombeiros; ações culturais e comunitárias – indígenas e quilombolas – ações em saúde, prevenção e atendimento, em busca de convívio de mútuo respeito.

O desenvolvimento da consciência social das pessoas das antigas empresas continuou na nova organização, contribuindo para estimular o orgulho de pertencer e a gratificação de poder ***praticar o servir público autêntico***, um valor individual e organizacional destacado na pesquisa de valores realizada durante o processo de fusão, ao lado da ênfase ao valor *SEGURANÇA*.

Passados onze anos, equacionados os problemas característicos do crítico e longo período de gestão do processo de cisão/fusão, muito foi superado. A nova estrutura está consolidada e novos desafios emergem desse fortalecimento, além da possibilidade iminente de uma nova usina. Um número elevado de profissionais não somente qualificados, mas fortemente sintonizados com a cultura e a natureza das atividades da organização, está às portas da aposentadoria por tempo de serviço. Pelo fato de a empresa já ter experimentado impactos com o recebimento de mais de mil novos funcionários repentinamente, com a fusão, compreende perfeitamente os desafios que aguardam por suas iniciativas criativas, diante das limitações da administração pública, em contraste com o grau de exigência que extrapola a alta especialização, necessitando de uma formação humana aprimorada que possa compreender o que a natureza da atividade da empresa significa em termos de responsabilidade individual, social, nacional e internacional. Neste ponto, a mesma palavra-chave ecoa como um *mantra; SEGURANÇA*.

O exemplo da Clínica de Diagnóstico por Imagem (CDPI), uma empresa da área da saúde

A alta tecnologia de imagem na área de saúde, apesar dos indiscutíveis benefícios que pode trazer ao ser humano é, simultaneamente, um risco que ronda o bom atendimento aos pacientes como um fantasma, porque a representação em imagens de alta precisão pode passar a ser percebida como tão valiosa que acabe por desviar o foco de atenção do homem concreto para o virtual. No convívio intenso e extenso com especialistas das diversas áreas da organização, constata-se a significância dessa implicação.

Depoimentos

Imunidade ao domínio da pura representação

Uma paciente comentou: — *Depois de três tentativas para resolver um problema de fratura, o médico que apalpou a região com problema, que verificou a temperatura, as condições circulatórias no local afetado e verificou o edema, surpreendentemente foi o médico especialista em diagnóstico por imagem.* ***Paciente da CDPI em 2002***

O contato concreto com a paciente surgiu, justamente, daquele profissional cuja prática diária é lidar com representações, isto é, com diagnósticos por imagem.

Um Diretor presente e compartilhador

Circulando pela clínica, com a mesma naturalidade com que se dirige aos colegas, recolhe eventuais pedaços de esparadrapo esquecidos em suporte de equipamento. Apaixonado pela profissão, declara: - *Administrar não é só necessário, é inevitável; há sempre o que fazer em qualquer direção que você olhe ou pense. Mesmo que todos trabalhem bem e muito, há dias em que as responsabilidades de gestão não deixam tempo para laudos e, confesso, isso é frustrante.* ***Romeu*** *(Médico)*

Relação médico-técnico-paciente: segundo um médico gerente de uma área especializada:

— *Nós não podemos esquecer de que, lamentavelmente, invadimos a intimidade dos pacientes e que não podemos contribuir para que se sintam humilhados. É nosso dever tratá-los com o mais profundo respeito.* ***Rômulo*** *(Médico)*

Risco da representação

Preocupação com o descolamento da realidade. — *Fascinados pela ciência, pela tecnologia, pelo avanço dos equipamentos, corre-se o risco de esquecer que atrás daquelas imagens que se utilizam para diagnosticar problemas de saúde, estão pessoas, muitas vezes em situações críticas.* ***Yugiro*** *(Médico)*

A consciência da necessidade de ser em comum com o cliente

Autocrítica de um médico especialista. — *Quando se observa um técnico tão preocupado em obter um bom resultado de um exame, porque assim é exigido dele e quando, ainda, é possível observar que seu perfeccionismo pode estar trazendo sofrimento ao paciente, imediatamente vem à consciência a seguinte pergunta: quantas vezes eu próprio não tenho contribuído para gerar essa situação?* ***Caminha*** *(Médico)*

Escassez de relevância do humano no mercado de trabalho: fatos, ações e reações

A gerente de RH ouve de uma empregada contratada há quatro meses a notícia de que ela está grávida. O semblante de tensão da empregada levou a gerente a imaginar que houvesse algum problema grave, relacionado ao assunto. Questionada, a funcionária respondeu que gostaria de saber quando iria ser dispensada do emprego, pois estava *com muito pouco tempo de empresa e engravidara.*

Apesar da experiência profissional, a gerente foi apanhada de surpresa e de certa perplexidade diante do contexto nacional que leva uma empregada a uma reação de abdicação de seus direitos. A empregada, ao ser informada pela gerente de RH de que *essa não é uma prática da empresa,* também reagiu com surpresa, alívio e gratidão.

Meses depois, ao despedir-se para licença maternidade, ainda manifestou esses sentimentos de surpresa e satisfação ao constatar o respeito aos seus direitos e ao ouvir da gerente um amistoso: – *Não esqueça de dar notícias suas e do neném. Boa sorte.* ***Lúcia Helena*** *(Administradora)*

Sentido organizacional e perfil na gestão

A profissional escolhida para administrar grande parte da área feminina, já na primeira entrevista, descreveu sua situação: — *Não tenho experiência administrativa, mas vou me empenhar para aprender, porque o que ocorre comigo é que não consigo deixar de ver o que está acontecendo à minha volta e, muito menos, esquecer de que preciso fazer alguma coisa a respeito.* ***Adriana N.*** *(Médica)*

Aspiração de ser justo

O membro mais antigo do corpo médico, ao solicitar a elaboração de um plano de cargos e salários, estratégias de bonificação, prêmios e benefícios explicou: — *As pessoas aqui são muito boas em termos profissionais e pessoais, não é preciso fiscalizá-las, ao contrário, precisamos maneiras de assegurar que estamos sendo justos com elas.* ***José D.*** *(Médico)*

Pequenos pacientes:

— *Aqui, neste meu mundo infantil, o cuidado é duplo: os pequenos pacientes e os pais, com uma atenção especial às mães, da chegada à saída.* ***Pedro D.*** *(Médico)*

Apreendendo o sentido da CDPI

A preocupação da Assessoria de Desenvolvimento Organizacional em deixar explícita a postura que a organização vem assumindo com sua clientela interna e externa, e para onde orienta o seu dever ser futuro, levou-a a coordenar um levantamento e uma discussão de Princípios. — *Minha expectativa é de um discurso autêntico que não apareça nas paredes da organização como uma mensagem vinda de outro planeta, mas uma formulação verdadeira.* ***Julienne*** *(Advogada)*

Desafios de 2008, segundo o diretor médico executivo

> *Qualidade é a nossa busca que precisa acompanhar a quantidade de, atualmente, 35.000 exames-mês, em nossas clínicas. Entre os desafios, nada supera as questões humanas, porque as pessoas podem ser um dos problemas, mas sempre caberá a elas qualquer tipo de solução. Aprendemos cedo que as dificuldades técnicas e tecnológicas são menos difíceis de vencer, pois, com as pessoas, tudo é mais complexo e inesperado. O mais comum é não haver um padrão de comportamento e há necessidade permanente de se acolher os mais diversos tipos de talentos.* ***Romeu*** *(Diretor Médico-Executivo)*

Breve retrospectiva 2008: — *Ao rever este processo que vivemos até agora, parei para pensar sobre quanta coisa aconteceu, quantas decisões difíceis, mas necessárias, quantas conquistas, etapas ultrapassadas e sobre a sensação de que ainda há muito a fazer.* ***Julienne*** *(Assessora Advogada da Direção)*

Quadro 13 Missão e princípios

Esclarecer obscuridades da doença através da excelência de diagnósticos por imagem, contribuindo com os clientes médicos e com a saúde dos pacientes.

CDPI

Princípios norteadores das Ações

- Orientar-se para a excelência científica dos resultados.
- Considerar possíveis conseqüências.
- Trabalhar pela precisão, segurança, coerência entre discurso e ação, probidade e humanização das relações com os pacientes.
- Praticar a eqüidade no tratamento de clientes internos e externos.
- Administrar, com austeridade, recursos e meios de ponta.
- Atualizar, permanentemente, conhecimentos e recursos em geral.
- Servir concretamente aos pacientes e aos seus médicos.

Em que pesem todas as dificuldades e desafios, neste ponto, é possível dizer que o sentido que circula na gestão da CDPI é o da co-humanidade. As pessoas que realizam os trabalhos mais simples, agem como quem sente prazer em servir, e a alta administração age como quem acredita que ética é um bom negócio e, especialmente que, na área da saúde, como costumam repetir os dirigentes *"não há outra alternativa"*, isto é: ciência, tecnologia, gestão e respeito ao outro, direta ou indiretamente envolvido, devem seguir o mesmo sentido.

Porém, se o desafio já era imenso para uma organização pequena que rapidamente alcançou o médio porte, atualmente, com sua explosiva ampliação, permanente remodelação, atualização científica – 9 artigos aprovados em 2007 e 21 aceitos em 2008 pela RSNA – e, também, a sofisticação tecnológica não somente em aquisição de equipamentos, mas na contribuição para testes de inovações alemãs – *work in progress* – e apresentação de trabalhos nos *MAGNETOM World Summit, o desafio* tornou-se inerente à rotina. A pesquisa intensificada gerou exigências de rigor, superações e orgulho de pertencer. Manter o equilíbrio entre sucesso e **responsabilidade social passou a ser vital para a imagem de bom atendimento** já **conquistado e à expectativa de uma gestão justa que são as formas da Relevância do Humano aparecer na gestão da CDPI.**

O projeto de atendimento à população que não pode manter um plano de saúde saiu do nível das idéias para a ação e é entendido como prática da cidadania. Porém, essa unidade somou maior complexidade à gestão, em todas as dimensões que esse conceito engloba, incluindo finanças, imagem e espírito... E a postura da Gestão pela Formação Humana – GFH continua na base da organização.

O exemplo do caso Varig: desenvolvimento intra e intercultural

No caso Varig, o sentido fenomenológico foi a *SEGURANÇA*.

Ver, a seguir, exemplos de situações e relações em que o sentido da *SEGURANÇA* se manifestava.

Quadro 14 O caso da Varig: aplicação do Quadro 11

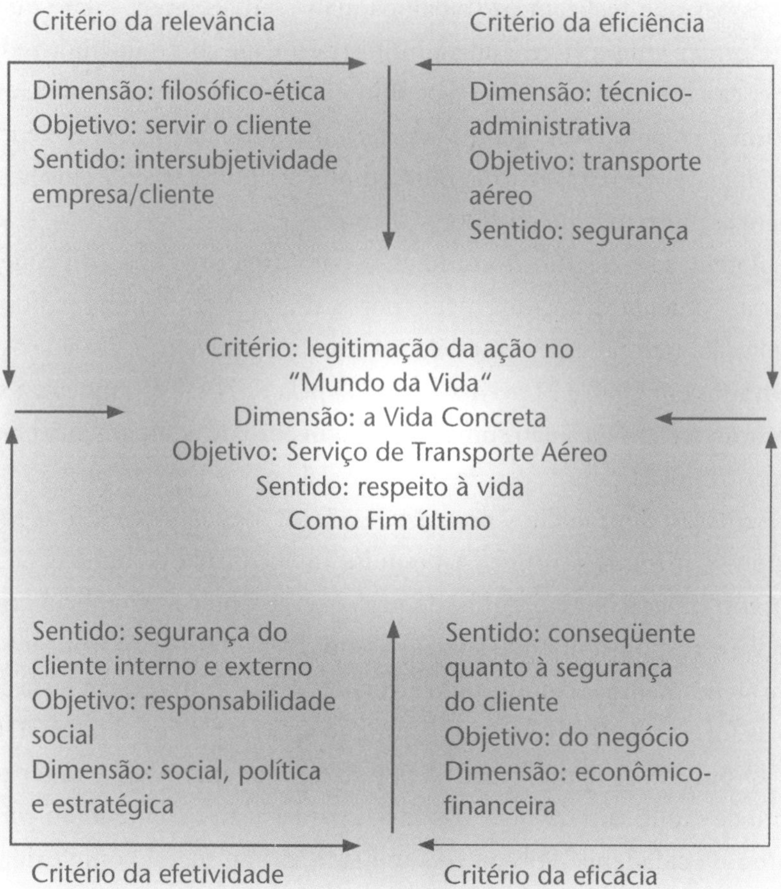

Fonte: pesquisa institucional realizada em consultoria pela autora entre 1998-2000.

- SEGURANÇA em terra e a bordo. Gestão das atividades em geral.
- Decisões sobre custos com manutenção, produtos, serviços terceirizados, treinamento, ênfase em pessoal de bordo: *SEGURANÇA*.
- Investimento em centros de treinamento bem equipados e especializados. Por exemplo, incêndio a bordo. *SEGURANÇA*.

- Treinamentos teóricos, operacionais, e simulações de situações críticas, extrapolando do legal para *SEGURANÇA* como princípio. Postura.
- Treinamento e manutenção: conforto com prioridade em *SEGURANÇA*. Priorização.
- Estabelecimento e operação de Sala de Crise, gerenciada por especialistas, com a colaboração de funcionários voluntários. Candidatos em número tão elevado que, freqüentemente, se encerravam as inscrições.

Relações em parceria

- Fornecedores, terceirizados – produtos, postura, atitudes e comportamentos sob o valor *SEGURANÇA*. Relações de entorno.
- Empresa – eventuais dificuldades no diálogo, alta administração e empregados não atingem a questão da *SEGURANÇA*, ao contrário, surgem como ponto pacífico, como uma questão de princípio: o RESPEITO À VIDA. Diálogo mais fluente entre a empresa e os empregados em geral, sempre gira em torno da *SEGURANÇA*. Relações internas.
- Órgãos de controle/normas internacionais – reconhecida tradição de *SEGURANÇA*.

Relações com organizações oficiais

- Sociedade – Imagem da empresa no mercado: confiável quanto à *SEGURANÇA*. Reação da empresa: zelo pela confiança conquistada. Relações com a clientela global.
- Estrito cumprimento da regulamentação: tripulação/*SEGURANÇA*.
- Involução da situação financeira, afastamento do mercado. Quebra da *SEGURANÇA*.
- Dificuldades a ponto do risco de sua manutenção no mercado, do qual foi excluída: muito estudo será ainda necessário até ser possível

esclarecer esse processo conflituoso, confuso, amplo, com graves impactos sobre empregados, sistema de transporte aéreo no país, no exterior e clientela em geral. Além das questões financeiras internas à organização, da conjuntura nacional, de questões políticas e do contexto adverso para o transporte aéreo internacional, especialmente à época, somado aos custos elevados da tecnologia de aeronaves em decorrência da crescente sofisticação do conhecimento – o custo desse "fervor pela segurança" – não apenas observado, mas vivenciado em trabalho de desenvolvimento intercultural, além de constatado em pesquisa científica institucional (VALORE-RH, 1998), pode ter contribuído para a inviabilidade financeira da empresa, quanto a suportar as exigências decorrentes dessa postura, diante dos fatores indicados (VALORE-RH, 1998). A fragilidade da dimensão econômico-financeira em contraste com o sentido da segurança é de tal incongruência, especialmente em uma organização pioneira, ícone nacional e de respeitabilidade internacional, que dificilmente seja esclarecida por uma simples interpretação de *mismanagement*. Pesquisas deverão explicar como o alto nível de espiritualidade encontrado no caso da Varig (MOURA, 2007) pode ser compreendido nesse desequilíbrio da referida dimensão em relação à competência nas demais.

A LINGUAGEM DAS POSSIBILIDADES

Em que pesem as dificuldades das empresas citadas, tanto as decorrentes dos impactos internacionais, que se agigantam no contexto dos países emergentes, quanto aquelas decorrentes de situações e exigência de competências peculiares a cada uma delas, e que serão desafios permanentes, os exemplos revelam o que foi conseguido.

Indícios de um futuro de mais possibilidades se evidenciam na expansão e na crescente sofisticação e qualidade das duas primeiras organizações, isso tanto em termos de tecnologia quanto de desenvolvimento de pessoal, quanto de visibilidade por premiação internacional, no caso da energia nuclear, e da preferência da clientela, quer pessoas físicas quer jurídicas, e significativas parcerias, no caso da organização de saúde. Além disso, o engajamento de ambas as organizações em programas sociais por iniciativa própria e de visível eficiência e efetividade social abre possibilidades de gratificação dos envolvidos internamente e significativos benefícios para a sociedade em geral.

Em relação à empresa extinta, fica a expectativa de pesquisas que consigam explicar o caso e que tanto os erros quanto a sua história de pioneirismo e construção do forte espírito[5] organizacional que ainda circula entre as pessoas, embora fisicamente dispersas, sejam rigorosamente descritos, a fim de que esses dois "produtos" raros de encontrar e difíceis de construir deixem algum ensinamento.

Voltando a um conceito recorrente em fenomenologia, isto é, à possibilidade, vale observar que o termo gera as mais diversas reações e situações. Para os sonhadores, é um risco a extrapolações fantasiosas; aos ingênuos pode apresentar-se como expectativas impossíveis; os cientificistas em busca de exatidão podem desinteressar-se, devido a "incertezas". Para os que se encontram consigo mesmos e com o mundo, em um estilo fenomenológico que apreende a realidade concretamente, no mundo da vida das organizações humanas, falar em possibilidades é, justamente, falar do mundo como ele é, em aberto e:

- incerto, na posição deweyniana;
- em impermanência, diria Heidegger;

5 Ao leitor interessado na questão da espiritualidade organizacional, a partir de um estudo de caso da Varig, sugere-se a leitura de: MOURA, 2007.

- complexo, nas preocupações de Morin;
- polissêmico, conforme insiste Rezende;
- um horizonte, na expressão de Husserl;
- aquele já aí, ao qual somos lançados e que podemos retomar para transformação mútua, como o apresenta Merleau-Ponty;
- concreto, como o vivemos todos, cotidianamente, e como o discute Heller;
- o que pode tornar-se melhor com a razão comunicativa, segundo Habermas;
- aquele que nos cabe humanizar, de acordo com Bello;
- mas, antes, o mundo que é essencialmente humano, pelo qual somos responsáveis, desde que "o recebemos em partilha" (MERLEAU-PONTY, 1975, p. 546).

3

ALGUMAS QUESTÕES FUNDAMENTAIS PARA A APROXIMAÇÃO DA GESTÃO À EDUCAÇÃO

AÇÃO, MOVIMENTO E SENTIDO

A apreensão da dinâmica da legitimação da ação no "mundo da vida" exige diferenciação entre ação e movimento, embora imbricados, distinção entre natural e humano, embora o corpo-próprio e, ainda, entre as concepções do racional e do essencialmente humano, apesar de um mesmo tecido.

O esquema a seguir propõe-se a realizar essa tarefa para atender, pelo menos, às necessidades delimitadas neste estudo.

NÍVEIS DE MOVIMENTO: DO NATURAL AO ESSENCIALMENTE HUMANO

1. Movimento natural:
- implica acontecimento natural;
- causal.

2. Omissão:
- abandono à causalidade, anulação da intenção humana, negação da ação humana, liberação do movimento natural; não implica resultado, mas causalidade e conseqüência.

3. *Laisser-Faire:*
- entrega intencional e racional à causalidade, há ação de contenção do saber e do poder em favor da liberação do movimento natural; implica resultado e conseqüência; é a omissão que se utiliza da causalidade como instrumento.

4. Ação:
- racional e intencional na busca do resultado, seu significado pode ser técnico, científico, social e político; seu sentido é estratégico e está situado no nível da experiência;
- essencialmente humana, intencional, consciente, conseqüente, seu significado é filosófico, seu sentido é educacional; compreende, além do nível da experiência, a instância fundante, com o movimento da intencionalidade operante.

Agentes correspondentes

Agente natural: causante.
Agente humano, possibilidades de atuação:

1. anulação, negação, pró-causante;
2. contenção, causante instrumental;
3. pró-ação:
    - racional, genérico ou técnico e estratégico – resultante;
    - essencialmente humano – conseqüente.

Ação de intervenção no curso do processo – Nível da experiência

1. Movida pela causalidade - movimento natural.
2. Movida pela causação humana - considera o resultado:
   a. omissão - anulação, negação de seu saber e poder de ação e abandono à causalidade;
   b. *laisser-faire* - entrega intencional, racional à causalidade, como instrumental de ação;
   c. intencional e estratégica - através de conhecimento e de práticas especializadas (nas diversas áreas de conhecimento e atividades humanas).

Inserção no curso da ação, no movimento do acontecer – Nível da instância fundante

A ação de inserção movida pela intuição fenomenológica considera, além do resultado, a conseqüência:

a. articula o saber e o poder fenomenológicos;
b. é intencional, consciente, conseqüente, essencialmente humana, inerente ao ser do humano e aparece com a retomada;
c. é liberdade essencialmente humana, isto é, em pregnância com o mundo;
d. é o exercer-se, embora misturado no mundo, no acontecer.

Isto posto, de forma resumida, porém, suficiente para atender às solicitações deste trabalho, é possível esboçar cinco abordagens de estudo da ação administrativa para fazer aparecer a legitimação "no mundo da vida" na dimensão filosófica da ação e no ato. O Quadro 15 – I, II, III, IV e V, em suas diversas etapas, mostra aspectos importantes de cada uma das abordagens, a saber: estrutural, sistêmica, científica e filosófica, em termos da Filosofia da Experiência e da fenomenologia.

Quadro 15 Esboço de estudo da ação – Cinco momentos em aberto, na busca da compreensão

I

Abordagem	Instâncias	Agente	Ação	Resultado	Conseqüência
Estrutural (fundante)	Intencionalidade operante Motivo como campo motivacional Poder que antecede o saber Espaço fenomenológico	Corpo-próprio Subjetividade como intersubjetividade Indistinção sujeito-objeto Misturado no mundo Poder de articulação Não é a causa da ação, mas a predica	Abertura para tornar verdadeiro Articulação do poder de mudança apesar do mundo já constituído e a partir da subjetividade que é mais uma intersubjetividade É o que possibilita mudança Movimento intencional	O efeito do que se faz O que é tornado verdadeiro, em tese O que faz aparecer a intenção da ação	O acontecimento implicado na omissão ou no resultado O que faz aparecer o sentido da ação

continua

Quadro 15 Esboço de estudo da ação – Cinco momentos em aberto, na busca da compreensão (continuação)

II

Abordagem	Instâncias	Agente	Ação	Resultado	Conseqüência
Sistêmica Operacional (experiência)	Forma de uma Lei	O que coloca um sistema em movimento	Estado inicial de um sistema colocado em movimento pelo agente	Supõe um sistema fechado Efeito da dinamização de sistema	Estado atual de um sistema colocado em movimento pela ação Supõe um sistema aberto

III

Abordagem	Instâncias	Agente	Ação	Resultado	Conseqüência
Científica	Conhecimento Atuação Físicos e naturais Humanos e sociais	Observador e o que intervém	Processo experimental que deixa as causas operarem Intervenção no curso de um processo para fazer acontecer	O efeito da experiência que a justifica O efeito da intervenção que justifica a ação	Não está incluída na ciência por ser valor Não é prevista por ser considerada uma limitação natural, decorrente do sistema aberto

continua

Quadro 15 Esboço de estudo da ação – Cinco momentos em aberto, na busca da compreensão (continuação)

IV

Abordagem	Instâncias	Agente	Ação	Resultado	Conseqüência
Filosófica da Experiência e Fenomenológica	Conhecimento Atuação Pesquisa Abordagem educacional à administração Educação	Genérico (mesmo a observação passiva supõe sempre a intervenção no curso do processo ou a inserção no curso da ação) Engajado	Inserção no curso da ação Inserção no movimento do acontecer	Justifica a experiência em tese, preocupando-se com a conseqüência Não é considerado isoladamente. Justifica a ação em conjunto com as conseqüências	Justifica a aplicação da experiência à prática Legitima a ação no "mundo da vida"

V

Abordagem	Instâncias	Agente	Ação	Resultado	Conseqüência
Prática da ação enquanto ato (para a fenomenologia não há ato puro)	Expresso e implicando volição	O que faz consciente e intencionalmente, exercendo-se na liberdade. O que se exerce como sujeito da própria experiência, apesar da pregnância	Intervenção no curso do acontecer (da causalidade) Inserção no curso da ação embora o sujeito esteja "misturado" no mundo	O efeito do ato intencional e consciente O que justifica a ação	O acontecimento implicado no ato ou no resultado do ato O que legitima a ação no "mundo da vida"

Merleau-Ponty, em *Fenomenologia da Percepção*, considera haver na ação algo que chama de "mais antigo", algo que faz com que se possa mais do que se consegue agir. Ricoeur estuda esse preceder-se em *Le Voluntaire et l'involuntaire*, expressando-se da seguinte forma: "Sinto meu corpo como o que não só escapa às minhas intenções, mas inclusive me precede na ação. [...] o corpo é o solo prévio às sínteses ativas" (RICOEUR, 1988, p. 149). Nesse momento Ricoeur está se referindo à pré-sença.

Paul Ricoeur encontra na obra de Merleau-Ponty o estudo que leva essa relação sujeito-objeto às últimas conseqüências, com o estatuto do corpo-próprio: "[...] o corpo que percebe é a condição orgânica do percebido nos seus caracteres qualitativos e significativos; está implicado na síntese da coisa sem ser coisa" (RICOEUR, 1988, p. 150). O corpo-próprio não é objetivo, não se fecha, é permanentemente em aberto.

Neste ponto, é preciso pelo menos indicar a posição heideggeriana sobre compreensão, que parece estar implicada nas posições de Merleau-Ponty e de Paul Ricoeur, apresentadas nos dois parágrafos anteriores. Diz Heidegger:

> Com o termo compreensão, designamos um existencial fundamental; não se trata nem de um tipo de conhecimento determinado, distinto, por exemplo, de explicação ou conceitualização e nem, sobretudo, de um conhecimento em geral, no sentido de apreensão temática. Ao contrário, a compreensão constitui o ser do pré, na medida em que uma presença, com base na compreensão, pode, em existindo, formar as múltiplas possibilidades da visão, circunvisão e mera visualização. Como descoberta que compreende o incompreensível, toda explicação tem suas raízes na compreensão primordial da presença. Apreendida de modo existencialmente originário, compreensão significa: ser, projetando-se num poder-ser, em função do qual a presença sempre existe (1990, p. 132).

Retomando os quadros que procuram mapear o trajeto de uma ação na administração, é preciso lembrar que as cinco abordagens não são excludentes entre si, contanto que o desenvolvimento do paradigma revisto passe a compreender tanto a instância da experiência quanto a da essência fundante. No primeiro caso, correspondendo à ciência, estariam compreendidas a abordagem científica, em geral, incluindo a sistêmica operacional do interesse deste trabalho. No segundo, correspondendo à filosofia, estariam incluídas a Filosofia da Experiência e a Fenomenológica com a abordagem estrutural fundante.

A abordagem prática, que considera a ação enquanto ato, embora não constitua uma categoria da abrangência das demais, é importante, tendo-se em vista que a base conceptual da ação está assentada no fazer-se alguma coisa, a qual não aconteceria sem o ato. O ato é, portanto, menos compreensivo do que a ação, embora, no dizer dos fenomenólogos, não se possa falar em ato puro, é fundamental para a ação, por ser muito mais volição. É o assumir-se, quando o agente se articula voluntariamente no agir, para tornar expressa a sua vontade, o seu propósito, a sua experiência, mas é também quando poderá desvelar a sua vivência. Assim, o ato é parte do processo voluntário da ação que desvela o agente em sua plenitude, não em sua completude, mas em sua maneira de estar no mundo, sempre incompleto e sempre em aberto. O ato é, como a ação, o agente mesmo, porém muito mais enquanto volição.

O esboço, apresentado no Quadro 16, procura mostrar o movimento e o agir fenomenológico com suas implicações originárias, isto é, o movimento sofrido pelo agente em sua ação; a intenção; a volição; e, ainda, a causalidade movida pela intencionalidade operante, sobre a qual não se tem poder, e que faz aparecer a conseqüência como decorrência dessa complexidade entre voluntário e involuntário, mas que pode fazer ver o sentido da ação.

Quadro 16 Tentativa de fluxograma: movimento e ação

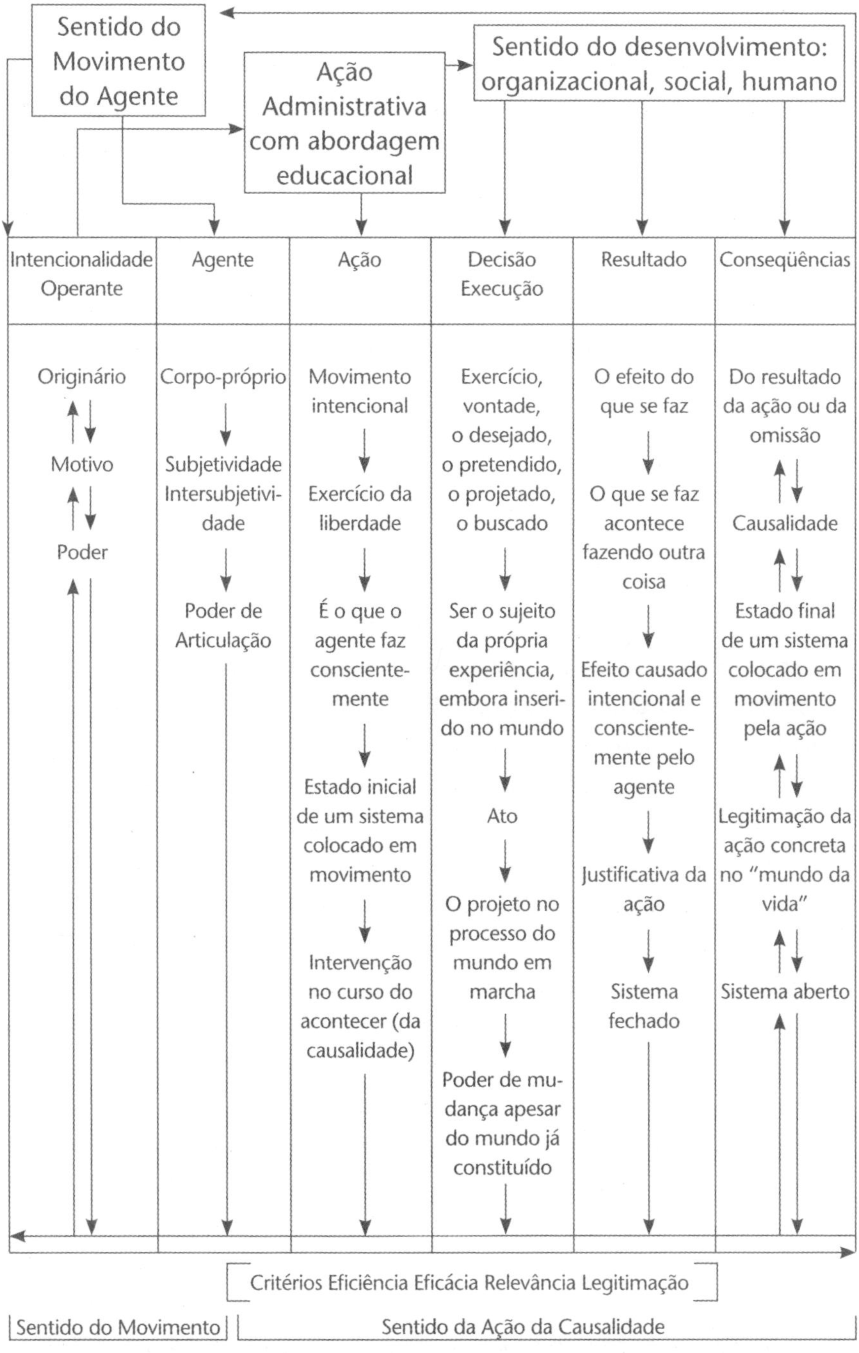

Desenvolvimento organizacional (DO) na gestão pela formação humana

O Quadro 17, ainda que resumidamente, apresenta uma trajetória da teoria da administração que, na verdade, originou-se nos passos de Follet e que vai em direção à Teoria do Desenvolvimento Organizacional, DO, apresentando concepções de organização implicadas nas discussões deste estudo. Esse esquema foi elaborado com três finalidades:

1. mapear as dificuldades encontradas na aplicação prática do DO em uma instituição objeto de um estudo de caso[1], que motivou este atual estudo, especialmente quanto à postura;
2. justificar a opção pelo DO[2] para enfrentar a gestão preocupada com a formação humana;

---

1 Ver nota 1, capítulo 1.

2 Cabe esclarecer que são necessários dois diferentes níveis de justificativas relacionadas com o DO, para uma melhor compreensão deste estudo. O primeiro é o do DO como opção para emprego da prática na organização enfocada, no estudo de caso citado na nota 1, a qual pode ser resumida nos itens a seguir: a) apresenta-se como uma opção de participação democrática à administração; b) enfatiza a comunicação e o relacionamento humano compartilhados na gestão; c) manifesta interesse pelas relações sociais das organizações, sem ignorar a variável tecnologia; d) intenciona constituir-se em uma alternativa educacional para a administração; e) apresenta-se como uma abertura para acolher diferentes manifestações diante dessas buscas, o que é interpretado por alguns autores como uma fragilidade teórica, ao invés de possibilidades; f) sintonia com a cultura organizacional enfocada, em busca de educação na gestão, enfatizando a base da autogestão, com ênfase no diálogo, na postura democrática, e autoconsciência quanto à tendência de sua população ao perfil *high tech*. O segundo nível é o da opção pelo DO para pano de fundo deste estudo: a) a prática do DO não somente motivou o estudo do caso citado, mas também estimulou este estudo; b) o estudo de caso e o DO mostraram-se enredados; logo, destacar dificuldades com a teoria reporta à prática e vice-versa; c) a prática do DO fez aparecer uma postura filosófica vivida na organização, aguardando compreensão; d) a abertura do DO começou a ser especulada, não tanto como uma precariedade, mas como possível condição para alargamento no sentido filosófico, estimulando esta investigação.

Quadro 17 Concepções de organização

Chester Barnard	Simon e March	Argyris	Maslow e Herzberg	Bennis
Um sistema social cooperativo, ênfase na ação	Um sistema de decisões Um conjunto de indivíduos comprometidos com o processo decisório	Busca organizacional de auto-realização Fonte de conflito com o indivíduo	Um meio para proporcionar recompensa ao indivíduo	Um organismo dinâmico com valores, cultura, grupos de trabalhos semi-autônomos, com características fortemente democráticas, especialmente participação
Relação do Homem com a Organização				
O desejo de cooperar depende de incentivos materiais e de oportunidades para crescimento pessoal	Decisões de acordo com percepções individuais Busca do suficiente, do adequado, do razoável, não do máximo Preocupação em evitar incertezas	Incompatibilidade, disputa entre a auto-realização do indivíduo e a organização Busca de harmonia	O indivíduo age de acordo com seus níveis de necessidades (Maslow), de acordo com fatores higiênicos (Herzberg) e motivacionais, satisfações e insatisfações	O indivíduo é agente de mudança. A solução de conflitos é através de negociação Amplo compartilhamento de responsabilidade e de controle, interdependência entre o indivíduo e a empresa
Implicações das concepções e das relações				
Cooperação para troca Interação e colaboração na busca comum de objetivos individuais Disputa e conflito, busca de harmonia e recompensa Valores relativos, selecionados por preferências individuais, não necessitando de justificativas Cooperação para objetivos específicos concebidos *a priori* Certo grau de autonomia e delegação de poder para mudar Compartilhamento cultural e de responsabilidades Relacionamento democrático, equilíbrio entre direitos e deveres Cooperação pela consciência intelectiva da interdependência entre os indivíduos e a organização				

3. apreender o que está faltando na teoria que norteou a experiência do DO, buscando o seu sentido, para enfrentar a expectativa que essa teoria gera, para a gestão.

DO: situação no nível da experiência e o reconhecimento da essência

Uma abordagem educacional fenomenológica à administração não somente exige a presença mesma do humano para sua experiência, mas ela é a presentificação do humano em sua essência. Essa existência das coisas, dos seres, esse "o quê" da coisa mesma, do ser mesmo em oposição ao "aquilo" das coisas bem definidas, é o que se quer dizer com essência (SPIEGELBERG, 1971, p. 716).

Todo o fenômeno tem uma essência, diz Dartigues, e a essência, por sua vez, é o que responde à questão "o que é o que é" (1992, p. 15). Logo, a busca da essência é fundamental para a gestão, pois enquanto a ciência explica o que ela é, utilizando-se de conceitos, uma abordagem fenomenológica irá em busca de compreensão, isto é, irá explicitar a sua essência, apreender seu sentido, fazendo aparecer o que possibilita uma abordagem à gestão ser daquela maneira própria, e não de outra.

A essência não necessita do fato para continuar existindo, ela é parte da presença; logo, é possível dizer que a percepção vale para o fato o que a intuição vale para a essência. Assim, por exemplo, não é necessária a percepção da realidade de uma equipe para saber que ela existe. A manifestação de seu espírito, do espírito de equipe, daquela equipe singular, se mostra por si mesma, por exemplo, no semblante de seus membros em situação, na sua imagem ou na manifestação de confiabilidade do cliente ao qual ela serve, nessa impendência da presença, conforme diria Heidegger. Se a equipe se desfaz no encerramento de um projeto e uma nova equipe se inicia, a expectativa dos engajados estará certamente na instituição de sua essência.

O Sentido da Fenomenologia, nessa abordagem, é o da continuidade, do reconhecimento da pré-sença e do poder-ser da presença, da continuidade da busca da Filosofia da Experiência, isto é, para a antecipação da conseqüência de uma ação, a partir do sentido fenomenológico da mesma, o que vai favorecer a apreensão de suas possibilidades de legitimação no "mundo da vida" e não apenas de justificá-la a partir de resultados que podem ser inconseqüentes.

Uma preocupante questão presente na gestão em qualquer tempo ou lugar se manifesta na simplicidade com que se aceitam justificativas e/ou se ignoram possíveis conseqüências das ações e de seus resultados. Na verdade, o DO, em especial com o trabalho de Bennis, com seu interesse pela democracia e pela participação, à medida que essa análise das organizações vai sendo ampliada e aprofundada, começa a clamar por algo de que uma abordagem filosófica pode dar conta: a ética. Neste ponto, uma abordagem fenomenológica articulada aos critérios científicos do DO poderá realizar essa sua aspiração, devido ao engajamento ético, que é próprio da fenomenologia.

Essa preocupação aparece contundentemente nas palavras indignadas de Bennis, extraídas do depoimento a seguir:

> Nossa confusão [...] em torno dos possíveis erros. [...] demonstra claramente um declínio ético impressionante. Não é o fato de, simplesmente, a maioria de nós estar adotando comportamentos não-éticos, é o fato de estarmos cada vez mais sem vontade ou incapazes de identificar ou definir o que constitui um comportamento que seja contra a ética. (BENNIS, 1999, p. 162)

A abordagem fenomenológica, que vai recuperar, no originário, a essencialidade humana que possibilita uma relação autêntica entre as pessoas/profissionais na organização para além da troca, da cooperação e da interdependência natural, é o sentido que ainda está faltando nesse trajeto. Ela reconhece o que está faltando: a possibilidade de assumir-se uma relação em comum.

Isso é importante porque possibilita o convívio com mútuo respeito entre os diferentes que se reconhecem singulares, porém, na co-humanidade da pré-sença.

A abertura citada, quanto à compreensão do nível da experiência e da instância fundante, é o que faz aparecer o fim último, a humanidade do ser, cujo critério da relevância possibilita tratar. Uma abordagem compreensiva, tomada agora em outro sentido, ainda clarifica a multidisciplinaridade da administração, a qual, por um lado, não se reduz à dimensão educacional pedagógica, implicando, também, uma postura andragógica, que favorece a gestão antes como autogestão.

Reforçam-se aqui tanto a multidisciplinaridade característica do Desenvolvimento Organizacional, que autores como Hellriegel, Slocum e Woodman enfatizam (1983), quanto à multidimensionalidade da administração da educação, apresentada na revisão do paradigma apresentado no Quadro 11. São essas as dimensões que aparecem no trajeto da ação humana em concretização, no sentido do poder ser do humano como fim último na gestão[3].

As dimensões do ser do humano, porém, não se encontram no nível da experiência, daí a necessidade de recorrer a um saber fundante, ao qual a relação entre resultado e conseqüência poderá conduzir. É justamente nessa direção que este trabalho busca o desenvolvimento da própria concepção de Desenvolvimento Organizacional, isto é, no sentido da compreensão do que pode ser, considerando a instância fundante.

Antes de passar à discussão sobre resultado e conseqüência, questões fundamentais para a gestão, é oportuno esclarecer o que a fenomenologia quer dizer com o termo originário. A simplicidade com que Bello aborda a questão a torna elucidativa. A autora considera que ir ao originário é "aceitar aquilo que existe na realidade e nos limites em que existe, sem mediação intelectual" (BELLO, 1998, p. 84). É por isso que se pode afirmar que a evidência, para a fenomenologia é a das culturas pré-científicas. Isso permite a Rezende (1990) interpretar a fenomenologia não como uma filosofia da evidência, mas da verdade. O que esse autor quer dizer é que

3 Ver Quadro 11.

não se trata, pois, de uma filosofia da evidência intelectual de Platão ou de Descartes.

Por outro lado, encontra-se em Merleau-Ponty a clarificação da questão fenomenológica envolvendo evidência e verdade de acordo com sua maneira própria de compreender. Ele apresenta a relação entre ambas descrevendo o que é evidência para a fenomenologia, o que favorece a posição de Rezende, porque para o filósofo francês "a evidência é experiência da verdade" (MERLEAU-PONTY, 1996, p. 14).

Quando se está em busca de fundamentos para a administração das organizações humanas, a reflexão filosófica sobre a verdade aparece como uma necessidade que Jaspers apresenta com lucidez: "A inclinação pela verdade que se coloca acima da ciência deve ser o critério para que se possa emprestar à mesma ciência clareza máxima" (JASPERS, 1965, p. 78).

Essa posição da fenomenologia em relação à verdade aproxima-a novamente da posição de Dewey, segundo o qual: "a verdade não antecede o ato humano que a formula pela primeira vez. Pelo contrário, ela depende mesmo do ato que a constrói, que a cria" (apud AMARAL, 1990, p. 63).

Comenta Amaral que – segundo o filósofo norte-americano – a construção do mundo coincide com a criação da verdade. Um e outro são a mesma coisa, pois o mundo é constituído de "valores que outorgamos às coisas", assim, "elas mesmas podem nos dizer da verdade"... a verdade "pertence à existência, mas não existe como tal", sendo "um aspecto da experiência humana, limitada pelo que falta incluir" (AMARAL, 1990, p. 63). Essa última descrição da verdade, extraída de John Dewey, parece falar a linguagem fenomenológica. Nela é possível perceber a questão do vivido e da busca pelo que está faltando.

A leitura de Dewey sobre verdade revela, ainda, a sua devoção pela democracia, na educação e nas organizações humanas em geral, quer em âmbito público, quer em âmbito privado. Sua postura corresponderia ao que, no DO, se chamaria gestão participativa. Dewey vai muito além da compreensão tradicional de democracia que enfatiza a maioria, quando considera "que não há verdade única" (AMARAL, 1990, p. 63), o que o aproxima dos fenomenólogos, como é o caso de Merleau-Ponty, de Ricoeur e de Rezende, devido à concepção de verdade polissêmica, acolhida pelos mesmos. Em decorrência dessa percepção, Merleau-Ponty declara: "Compreender é reapoderar-se da intenção total" (1996, p. 16).

Falar em termos de aproximação foi a maneira considerada mais coerente com o que se pode apresentar, na brevidade deste estudo, quanto aos fundamentos da Filosofia da Experiência e da Fenomenologia, para iniciar um diálogo, mesmo que cada um se apresente com sua linguagem própria.

Merleau-Ponty, Ricoeur, Rezende e Dartigues, tanto quanto Spiegelberg apresentam a fenomenologia com o caráter de "ambigüidade", para utilizar a expressão do próprio Merleau-Ponty. Com essa expressão, buscam esclarecer que cada fenomenólogo apresenta seu próprio estilo de trabalhar, pensar e agir. Incompatível com qualquer ortodoxia - o que não quer dizer que os fenomenólogos não se entendam quanto à significação das palavras, método e discurso - não se duvide, por um lado, de que há uma postura que se chama fenomenológica, mas que, por ser em aberto, é em si mesma uma verdade polissêmica, que exige um discurso e um agir prospectivo, quando cada estilo complementa o outro, em um permanente porvir.

Há, inclusive, momentos em que aparecem pontos que não se conciliam, conforme alerta Rezende, mas a abertura possibilita continuar a buscar o que Merleau-Ponty chama de encontro das avenidas.

Essa coragem de aceitar a complexidade do mundo e de considerar a continuidade da existência na gestão, em lugar de adotar um imediatismo interventor que realiza mudanças efêmeras e ou inconseqüentes, é o que possibilita a conjunção das singularidades como fonte de solução de problemas concretos. Porém, para isso, a co-humanidade terá que deixar de ser apenas uma idéia, ou mesmo um entendimento intelectual ou emocional do mundo das organizações, para manifestar-se em um assumir-se concretamente.

Dewey não se cansava de reagir ao idealismo que "acredita em um mundo espiritual que existe internamente e por si próprio", contrastando-o com "a trágica necessidade de estudos mais realistas de forças e conseqüências". Considerava impotente e inócuo qualquer ideal que fosse proclamado indiscriminadamente e em abstrato, "descolado da existência concreta que contém a sua possibilidade de se mover" (1954, p. 111).

Os céticos ou os que tenham sucumbido diante de algo como a "náusea sartreana" ou mesmo os que, talvez, se tenham desfigurado pelo sofrimento do perfeccionismo desencantado na busca por uma solução, podem ter cristalizado suas ações diante de interpretações de mundo tão aterradoras quanto a que vem a seguir: "Se faltam objetivos à humanidade, é porque ela mesma ainda não existe?" (NIETZSCHE, s./d., p. 46).

A esperança do agente na Gestão pela Formação Humana reside justamente na palavra ainda, porque ela é a brecha para a possibilidade de suas expectativas de avanços a cada momento de desencanto, à beira do abismo da descrença, orientada para a desistência dos critérios fundados na possibilidade de trabalhar eticamente.

Porém, o problema do homem diante de si mesmo e do outro é desafiador, e dificilmente não se concorde com Simone de Beauvoir, citada por Broudy, sobre a recorrente prática da gestão baseada no humano instrumental:

> Os homens de hoje em dia parecem sentir mais agudamente do que nunca o paradoxo de sua condição. Eles próprios sabem que são o fim último para o qual toda a ação deve ser subordinada, mas as exigências da ação os forçam a tratarem uns aos outros como instrumentos ou obstáculos, como meios (BROUDY, 1971, p. 159).

Neste ponto, pode ser desconcertante para muitos a leitura fenomenológica da gestão no sentido de que não há manuais possíveis, e isso está relacionado ao fato de que, se por um lado a fenomenologia reconhece na história do discurso vivido que há lugar para a liberdade, simultaneamente, reconhece que não há lugar para o dogmatismo (REZENDE, 1990, p. 93).

Reconhece, pois, que há possibilidade de retomada singular, em estilo próprio e que o único sentido que faz sentido, nessa jornada, é o da liberdade enredada na co-humanidade, não em roteiros construídos intelectualmente, previamente estabelecidos e ditos universais.

No dizer de Merleau-Ponty, será sempre uma questão de viver a vida. Na verdade, uma questão de viver o método fenomenológico concretamente, segundo o qual segue-se o movimento do que vai acontecendo, sofrendo problemas e retomando-os, reformulando-os à medida que vão aparecendo. Certamente, porém não apenas devido ao acaso, mas com a contribuição de todos os envolvidos na dimensão de tempo e espaço do mundo.

Essa seria, pois, a história segundo a fenomenologia: o reconhecimento da "significância, da pertinência e da relevância",[...] "dos acontecimentos como lugares de emergência do sentido, lugares de questionamento" (REZENDE, 1990, p. 93).

Talvez o desconforto de abdicar do histórico domínio sobre pessoas e da busca de um método que assegure resultados definitivos seja mais forte do que se possa supor. Talvez, seja essa a força que impele estudiosos e agentes na gestão, ao vício de ignorar o outro, ou de tratá-lo como um empecilho à concretização de muitos "desejos", que o reconhecimento da relevância do humano iria dissolver.

Uma Gestão pela Formação Humana é um convite ao reconhecimento dessa fragilidade e dos danos da tradicional solução pela violência mais ou menos velada, mais ou menos intencional ou sistematicamente elaborada e "cientificamente" embasada, que tanto a literatura oferece quanto as práticas exemplificam, ou ambas. Essa violência global, articulando discurso e ação, tem freado a emergência de uma formação humana autêntica.

Retomando Dewey, com o estudo de Amaral, essa autenticidade seria possível porque, afastado o reducionismo evolucionista, o homem traz inteligência à natureza. Interpretando Dewey, aquela autora afirma: "Em tal natureza nada é, tudo vale" (1990, p. 106-107). Trata-se, pois, do processo de humanização da natureza ao qual se refere Bello.

A busca deweyniana vai se aproximando novamente do sentido fenomenológico de mundo, isto é, de uma natureza que é e que vale com o "mundo da vida", e de um homem que é com esse mundo com o "corpo-próprio", um mundo do qual ele é simultaneamente projeto e permanente possibilidade de projetar. É desse ponto que parte a educação, nesta proposta de gestão.

Toda essa discussão só é possível porque a fenomenologia concebe o mundo, o homem, a relação homem-mundo de modo próprio, e que Dewey pareceu permanentemente buscar.

Princípios dessa busca – no sentido de possível aproximação ao saber fenomenológico – aparecem nos grandes questionamentos deweynianos resumidos a seguir:

- Como aceitar a ciência e conservar o reino dos valores, sem anular a dignidade própria do reino dos mesmos?
- Como não cometer a arbitrariedade de derivar os valores do mundo da ciência, ele próprio tão carente de fundamentação?
- Como colocar as idéias em harmonia com a realidade atual?
- Como conciliar fé e razão?
- Será possível acabar com os dualismos que tanto têm hostilizado a missão humana de filosofar (AMARAL, 1990, p. 131)?

A realidade para Dewey "é uma *totalidade significativa*", determinada basicamente "em função de uma *orientação de valor*", isto é, a realidade só é pensada como real porque é valiosa. "[...] valores, propósitos são inerentes à estrutura da própria realidade, porque aí foram colocados pela inteligência do homem, que responde pela criação desse mundo" (AMARAL, 1990, p. 129).

Neste momento cabe perguntar: esse mundo essencialmente humano, perseguido pela Filosofia da Experiência não poderá ser encontrado no "mundo da vida" da fenomenologia?

Amaral ainda encontra em Dewey uma compreensão de mundo que leva a reportar à fenomenologia: "ciência e arte, poesia, moral, religião, todos esses elementos estão como que confundidos ou, mais ainda, fundidos uns nos outros, como as sociedades ditas primitivas marcadas pela indivisão" (1990, p. 121).

Novamente, a Filosofia da Experiência não estaria em busca da unidade do mundo, do fim das dicotomias, com sua compreensão de que "seres, embora diversos, não são estranhos uns aos outros" (AMARAL, 1990, p. 124), orientando-se para a indistinção sujeito/objeto, para as singularidades intercomunicantes da fenomenologia, para o corpo-próprio, segundo Merleau-Ponty?

O engajamento ético, do qual a fenomenologia se nutre, não estaria sendo perseguido por Dewey em sua compreensão de democracia, que não é meramente a escola liberal?

O social que Dewey espera do homem, com o apoio da educação, não estaria na rota do em comum da fenomenologia? Isto é, uma "sociedade capaz de conter a diversidade na unidade" (AMARAL, 1990, p. 119). A ambigüidade encontrada na posição do filósofo norte-americano estaria muito distante da ambigüidade da fenomenologia, quando a primeira naturaliza o homem e humaniza a natureza?

Além disso, percebe-se que a palavra de Dewey, interpretada como um esforço de "conciliar o ser e o dever", "aceitar a ciência e conservar por meio dela os valores" (AMARAL, 1990, p. 119), pode não estar apenas tentando conciliação, mas encaminhando-se para a busca fenomenológica do ser em seu autêntico dever ser.

Resultado à luz da conseqüência – retomando o rumo para uma nova instância

A experiência humana é abrangente, compreendendo tanto o conhecimento com seus resultados e acabamentos quanto a dimensão fenomenológica, que é pré-predicativa, o poder e o saber humano (DONZELLI, 1980, p. 68)[4]. A concepção de experiência deweyniana, não se satisfazendo

4 "Tanto a fenomenologia quanto o gestalismo identificam toda significação e inteligibilidade a um processo anterior à distinção sujeito-objeto. Ambos concebem a experiência ao nível das condições que tornam possível toda a realidade, o conhecimento e a própria relação dicotômica sujeito-objeto" (p. 68).

com o resultado, preocupa-se com a conseqüência da ação humana que o sentido fenomenológico possibilita apreender. A exclusão desse nível mais abrangente impossibilita a apreensão da realidade concreta do agente e da ação humana, velando-lhe o sentido. Além disso, uma vez reduzida a ação a um sistema fechado pelo resultado, obscurecendo a conseqüência, descaracteriza-se o critério administrativo da relevância do humano, cuja natureza é eminentemente filosófica. Esse critério da relevância ficaria reduzido a uma estratégia, relacionada à eficácia, ao alcance de objetivos pré-estabelecidos, na relação entre meios e fins.

Isso implicaria a coisificação do ser humano: o agente é identificado aos meios, reduzido a um recurso humano instrumental. A humanidade do ser, o fim último, é reduzido a um dos fins. Institucionaliza-se, dessa forma, o humano como um dos instrumentos e como um mero recurso para atingir objetivos da organização, fazendo desaparecer a sua relevância. Uma vez reduzido o humano a um instrumental e a um dos objetivos organizacionais, desaparece o próprio objeto do qual a abordagem educacional à administração iria tratar o ser do humano, a sua formação.

Quando Dewey afirma que, além da educação não ter objetivos, a nada se subordina, a não ser a um mais elevado grau de educação, intui uma abordagem fenomenológica à educação.

Não ter objetivos e, simultaneamente, buscar sempre um grau mais elevado de educação é conceber um ser em aberto, é uma concepção de ser humano orientada para o ser como dever ser (KELKEL e SCHÉRER, s./d.), porém, não como mero dever, mas devido a um autêntico querer ser ético. Quanto à educação a nada subordinar-se, é preciso clarificar seus dois significados.

O primeiro, o significado filosófico, isto é, *a educação não se reduz a uma estratégia*, é educação no sentido da liberdade. Neste ponto, tornar-se-ia incongruente recorrer à influência, ao convencimento, à crença de que seja a única maneira do bem ser descoberto, compartilhado, sustentado e contestado (HARMON, 1989, p. 146).

O segundo, o significado científico, isto é, a educação, embora faça uso do conhecimento de outras áreas, não pode ser transformada em um psicologismo, em um sociologismo, precisa orientar-se, segundo Dewey, para uma teoria da formação humana.

Neste ponto, percebe-se que a fenomenologia pode tornar essa abordagem mais compreensiva, considerando o originário, o fundante do ser, o movimento de sua constituição, permanentemente. Educação, nesse sentido, é a que considera:

- a singularidade;
- o direito de cada pessoa ser reconhecida e respeitada como única;
- favorecendo que vá permanentemente se transformando no que essencialmente é;
- exercitando sua retomada para projetar-se para a frente;
- orientada para a co-humanidade que possibilita a sua completude;
- não para a finitude de objetivos ou patamares a serem atingidos;
- mas para mais educação enquanto viver.

4

Gestão pela formação humana (GFH): educação e gestão

Neste momento, torna-se necessário esclarecer sobre a concepção de educação, da qual se está tratando, ao propor uma Gestão pela Formação Humana.

Na leitura fenomenológica de Gadamer, encontra-se, em sua discussão sobre as buscas por um método para as ciências humanas – enquanto eram consideradas por elas mesmas como inferiores às naturais – a seguinte posição, que dá início à concepção de formação humana: Herder transcendeu o perfeccionismo do Iluminismo com seu novo ideal de "cultivo do humano", preparando terreno para o crescimento da ciência histórica do século XIX (GADAMER, 1994, p. 9). Até então, as ciências humanas eram descritas como um mero modo negativo de ser, isto é, como *ciências inexatas (*1994, p. 5).

Anísio Teixeira, em conferência no INEP sobre as bases teóricas da lógica de Dewey, interpreta o conhecimento como, de certa forma, um só, diferenciando-se apenas a ciência e a prática quanto ao modo de abordagem de problemas – método e linguagem (TEIXEIRA, s./d., p.

27-8). Percebe-se, então, uma primeira aproximação entre a Filosofia da Experiência e a Fenomenologia, quando ambas as posições consideram o conhecimento científico como mediativo, distante da realidade concreta, ao que a fenomenologia reage com a apreensão direta do fenômeno, não recorrendo a método como um *através de.*

Ainda quanto a método, Anísio Teixeira recorre a Dewey, que reconhece o conhecimento originando-se do senso comum e voltando a ele para fazer a prova final de sua validade. A fenomenologia, por sua vez, não trabalha com representações, mas com o concreto e, similarmente, vai ao originário em busca da coisa mesma, e considera o mundo da vida a fonte de toda a validade.

Além dessa aproximação, há ainda um outro diálogo possível, a partir do conhecimento que Dewey chama de senso comum (1979, p. 138-9), e que Merleau-Ponty chama de exploração do mundo como ele é dado anteriormente a toda a interpretação científica (SPIEGELBERG, 1971, p. 545).

A evolução de um conhecimento da formação humana orientada para a educação pode ser encontrada no caminho percorrido por Gadamer em seu estudo do conceito alemão de *Bildung.*

Esse conceito fora, no passado, relacionado à "forma natural", à aparência exterior, a formato, a limites e, em geral, direcionado à natureza, a colinas, a rios... Com Herder, segundo Gadamer, começou a distanciar-se desses significados para assumir a idéia de cultura e designar, em especial, a maneira própria de o homem desenvolver seus talentos (GADAMER, 1994, p. 10).

Na obra de Dewey e em leituras interpretativas do filósofo norte-americano, como é o caso de Callan (1982) e Pekarsky (1990), há um conceito que também foi discutido para investigar se seria apenas "forma natural delimitada": trata-se de "plasticidade". Sobre essa questão, o último, em leitura cuidadosa de Dewey, explica que a plasticidade, segundo J. Dewey, é inerente ao organismo humano, mas não é imutável; logo, tanto o homem está aberto ao desenvolvimento (*growth*) quanto há possibilidades de sua fossilização pela cultura (PEKARSKY, 1990, p. 285).

Growth, um conceito deweyniano chave para a relação entre educação e democracia, o qual já suscitou muita polêmica, aparece iluminado na leitura de Pekarsky (1990, p. 285-6), e está resumido, em boa parte, nos tópicos a seguir:

1. trata-se de um processo em permanente andamento, não é uma coisa (*thing*), não é o alcance de um objetivo final;
2. é um processo com características distintas nos seres humanos, mas não é privilégio do organismo humano, é inerente a todos os organismos;
3. é um processo pelo qual organismos, humanos ou não, tornam–se mais efetivos em lidar com seu meio ambiente; portanto, a significância biológica desse processo é básica;
4. nos seres humanos, porém, esse é um processo de significância também ética, na medida em que a habilidade de interagir eticamente com o meio ambiente é uma condição e, simultaneamente, parte do desabrochar da vida humana;
5. é um processo de transformação, não uma mera habilidade de apresentar respostas fixas a situações;
6. além disso, para compreender melhor o conceito de desenvolvimento deweyniano, é preciso entender que os princípios de continuidade e interação são aqueles a partir dos quais uma pessoa compreende se uma determinada experiência sua foi realmente educativa;
7. *growth* diferencia os seres humanos dos demais devido à flexibilidade em alterar as respostas, e isso é, devido ao fato de que se mantém em estado de plasticidade;
8. ou, ainda, em estado de imaturidade permanente. Considerar maturidade como um patamar definitivo, não seria somente indesejável, mas incompatível com o ser humano, com suas crenças e valores.

Antes de interromper essa discussão sobre a questão fundamental das possibilidades de desenvolvimento humano – esperando que seja suficiente para fundamentar a questão da formação humana na gestão, uma proposta de GFH, dentro dos limites deste estudo – é oportuno lembrar que, apesar de algumas aproximações deweynianas à posição piagetiana, há muitas diferenças. Por exemplo: segundo Dewey, não se trata apenas de que, enquanto houver vida, haverá possibilidades de desenvolvimento. Além do que, segundo o filósofo norte-americano, não há garantias de que irá ocorrer *growth*. Dewey não considera possível substancialmente predizer, muito menos deduzir, quais problemas a vida jogará sobre os seres humanos, ou como esses problemas serão concebidos, interpretados, resolvidos. E é dessa indeterminação que o desenvolvimento presente ou futuro dependerá (PEKARSKY, 1990, p. 287). Em linguagem fenomenológica, seria possível encontrar o sentido das palavras de Dewey na seguinte declaração: não se sabe como a intencionalidade operante agirá sobre o sujeito nem como o sujeito, simultaneamente, fará a retomada de si próprio com o mundo, ou se o fará.

Por um lado, se a condição humana não pode dar garantias, pelo outro, é a abertura a possibilidades, o que pode motivar o agente na gestão a um permanente trânsito entre conquistas e insucessos, mas no sentido de uma busca permanente.

Neste ponto, o diálogo entre a Filosofia da Experiência e a fenomenologia novamente retoma sua dinâmica.

Em primeiro lugar, porque o sentido do processo de *growth* significando ser em permanente andamento, bem como a concepção, também deweyniana, de *imaturidade* aparecendo como um processo que *não busca atingir um patamar,* desvelam uma orientação para o ser concebido em aberto pela fenomenologia.

Em segundo lugar, a *indeterminação* deweyniana, citada por Pekarsky, faz aparecer o ser humano misturado no mundo, estimulando uma reflexão com base fenomenológica em que as ações possíveis não serão atos puros, como diz Merleau-Ponty, pois há a vida com a intencionalidade operante tramando indeterminações.

Em terceiro lugar, o conceito de *corpo-próprio* com o qual Merleau-Ponty apresenta o ser humano com o mundo, como ser situado, pode reiniciar uma tentativa de diálogo com a posição deweyniana, a partir da preocupação de ambos com a questão da situação e com a questão da ética que emergem fortemente no segundo, a partir de sua extrema preocupação com a conseqüência das ações humanas.

Retornando ao conceito de *Bildung*, esse como autoformação, educação ou cultura, percebe-se que se tornou extremamente importante na época, e é considerado como "provavelmente, a melhor idéia do século XVIII" (GADAMER, 1994, p. 9). É, na verdade, o conceito que guia o Humanismo.

Gadamer comenta que esse conceito leva a perceber que "palavras usadas por nós [...] e que nos parecem corriqueiras, auto-evidentes como história, arte, visão de mundo, estilo, símbolo [...] carregam uma bagagem considerável" e, por isso mesmo, podem nos colocar próximos de Goethe, por exemplo, e distantes do Barroco (1994, p. 10).

Relendo-se os parágrafos anteriores, encontram-se nas posições de Dewey e de Anísio Teixeira mais do que vestígios desse movimento anterior, no qual Kant, Hegel e Humboldt estiveram envolvidos.

Kant, embora não tenha utilizado o termo *Bildung*, manifestou a idéia no sentido do "dever"; e Hegel, quando retomou a posição de Kant, para falar sobre não abandonar talentos à própria sorte, "ao seu estado rústico", empregou aquele termo ele mesmo (GADAMER, 1994, p. 10-11). Porém, Hegel redirecionou essa formação para um universalismo que, em nome da estreita conexão desse conceito com o espírito (*Geist*), justifica sacrificar o particular, o que significa restringir o desejo e, assim, o objeto do desejo, trazendo liberdade para a objetividade. O trabalho consciente elevaria o homem acima do "imediatismo de sua existência" em direção a essa universalidade. Postula que, ganhando capacidades e habilidades, o homem encontra o próprio sentido (GADAMER, 1994, p. 12).

Hoje, porém, quando se fala em modernidade e em pós-modernidade, é possível perceber o que Rodrigues (2006) descreve como homem moderno, distante de encontrar o que Hegel chamou de o próprio destino:

> O homem contemporâneo, tomando-se como um ente cujo modo de ser fosse simplesmente dado e não como um existente, não vê possibilidades para si a não ser adequar-se a essa engrenagem que, ao mesmo tempo que lhe provoca incertezas, é também, o campo de familiaridade, pois, é o caminho já percorrido, o universo do todo mundo – basta seguir para onde todos seguem, mesmo que não se esteja muito certo aonde esse caminho vai levar (2006, p. 129-30).

Essa reflexão que mostra o lado deteriorado do universalismo também reporta à metáfora do homem como pastor que Rodrigues emprega, mas para fazer ver o seu contrário: o homem como ovelha de um rebanho sem rumo a não ser o automatismo tão revelador da era tecnológica.

Segundo Gadamer, Hegel vê o mundo como um perigo, tanto pela possibilidade de afastar o homem de si mesmo quanto, simultaneamente, oferecendo todas as ligações possíveis para que se encontre consigo mesmo. O ponto mais importante da visão hegeliana de *Bildung* é a sua expectativa de um ser aberto ao outro, para o outro, na verdade, ao que ele chama de "pontos de vista mais universais", porém, para os quais apresenta como caminho a anulação do "eu" em favor do universal (1994, p. 14-7).

Logo ao início da discussão, Hegel parece aproximar-se da fenomenologia com Husserl e com Merleau-Ponty; contudo, pelo fato de prender-se ao universal kantiano, não considerando a singularidade compatível com a totalidade em aberto, afasta-se do *horizonte* husserliano, escolhendo um universal ideal. Um universal sobre o qual cabe a pergunta: quem falará em nome dessa universalidade? Quem falará em nome da humanidade?

Permanentemente preocupado com a prática democrática, Dewey ocupava-se em esclarecer sobre o que seria necessário para não sucumbir à tentação dessa universalidade dos mais fortes; e, nesse esforço, a educação passa a ser vital.

> Educação integral somente vem quando há compartilhamento responsável da parte de cada pessoa, proporcionalmente à

> capacidade de definir o que se pretende e as políticas do grupo social a que pertence. [...] ela denomina o fato de que a natureza humana somente se desenvolve quando todos tomam parte na direção das coisas comuns, coisas em nome das quais homens e mulheres formam grupos – famílias, indústrias, governos, igrejas, associações científicas e assim por diante. O princípio (democrático) contém mais do que uma forma de associação. A identificação de democracia com democracia política, contudo, é responsável pela maioria de seus fracassos, a que está baseada nas tradicionais idéias de que torna o indivíduo e o Estado entidades prontas por si mesmas (DEWEY, 1954, p. 162).

A essa questão de uma universalidade ideal, o fenômeno da globalização veio dar visibilidade a partir de manifestações de conflitos explícitos, velados e potenciais entre as nações, e que as organizações globais de trabalho irão, cada vez mais criticamente, ter que administrar.

Essa postura idealista de universalidade é aquela da qual a fenomenologia se afasta, porque é abstrata e porque considera singularidade e mundo como uma necessária separação. A fenomenologia, ao contrário, encontra-os em movimentos e ações mutuamente constitutivos.

Essa abertura é fundamental à relação "eu e outro" nas organizações. O sujeito que cria, trabalha, produz é o mesmo que usa e consome; e a ciência, nas palavras de Teixeira, "que já transformou os métodos de produção, não acompanhou [...] os fins humanos no seu uso e consumo". O desafio do conhecimento é acompanhar o espírito humano, e não reduzir sua atuação ao mundo físico (s./d., p. 25-31), daí o papel do conhecimento filosófico ser considerado vital.

Voltando à questão da representação, Anísio Teixeira argumenta; "[...] nem a lógica é uma estrutura do próprio mundo, nem é uma estrutura da própria mente humana. É o próprio processo específico do comportamento humano, em seu ajustamento ao ambiente, o que o torna formulável, graças à linguagem, [...] ao uso do símbolo [...] e, uma vez formulado, faz-se ele próprio objeto de investigação" (s./d., p. 19). Para

Rezende, é próprio do homem criar estruturas culturais, questionar o que criou e recriar (1990, p. 82).

Humboldt, por sua vez, distinguiu *Bildung* de *Kultur*, descrevendo o primeiro conceito como algo elevado e profundo, como a disposição da mente desde o conhecimento, passando pelos sentimentos e prosseguindo por todo um esforço intelectual e moral, fluindo harmoniosamente para a sensibilidade e o caráter (GADAMER, 1994, p. 11).

Kultur, segundo o dicionário *Lagenscheidtes*, é cultura, cultivo, mais no sentido de realizações de um povo, refletindo suas características por meio de suas obras, organizações, manifestações políticas e artísticas. *Bildung*, por outro lado, de acordo com a mesma fonte, refere-se à formação, educação, instrução. *Bildung* é a imagem que cada um constrói daquilo que percebe, é a visada, pois *die Bildung* implica a singularidade nessa construção, a participação da pessoa e, ao mesmo tempo, é em aberto, pois cada *Bildung* é feita não só de acordo com o agente, mas também com o momento na vida do mesmo, com o agente em situação, podendo mudar sua forma de ver o mundo.

Gadamer indica um ponto muito importante para a gestão ao apresentar o que chama de forma atual do conceito de *Bildung* ora em discussão: *formação.* A palavra *Formatio* – em alemão – descreveria mais o resultado do processo de *tornar-se* do que o próprio processo. Logo, a dinâmica buscada era mais fielmente descrita com o emprego de *Bildung.*

Esse esclarecimento reporta à questão da mudança, tão enfatizada na gestão, em detrimento da transformação, o que também significa subestimar o processo e enfatizar o resultado; pois mudança sem transformação ou é um conceito vazio, que não se concretiza autenticamente, ou é um processo violento que volta a coisificar o agente. Essa posição andaria no sentido contrário à proposta de transformação, tida como um processo interior de formação, de cultivo, em contínuo *Bildung* e que não tem objetivos externos a ele próprio; não é um mero meio para um fim dado (GADAMER, 1994, p. 11).

Esse é o sentido de educação que orientou a vida e a obra de John Dewey e de Anísio Teixeira, isto é, o de uma educação que a nada se subordina (BRUBACHER, s./d., p. 16-7), que não serve a patrões, a conjunturas e modismos e que, por isso mesmo, não tem objetivos externos, a não ser a própria educação em permanente desenvolvimento: *growth* no sentido do ser do humano.

Esse tópico traz uma oportunidade para que, embora de forma breve, se possa refletir sobre o significado de *obra*, sobre os valores que se evidenciam ao se empregar essa palavra que costuma vir atrelada à idéia do que é nobre. Diante dela, Nietzsche questiona e se posiciona:

> O que significa hoje, para nós, a palavra *nobre*? [...] não são os atos que o apontam – os atos são sempre ambíguos, insondáveis- ; também não são as *obras*, muitos revelam um anseio profundo que os impele em direção ao que é nobre, [...] mas esse necessitar do que é nobre é. [...] inclusive um sintoma eloqüente e perigoso da sua ausência. [...] a alma nobre tem respeito de si, algo que não se pode, nem achar e, talvez, tampouco perder. *A alma nobre tem reverência sobre si mesma* (1992, p. 191).

O que Nietzsche apresenta aqui é sua compreensão de ética como: o homem como ser singular, diante de sua própria consciência.

Amaral insiste no fato de Dewey considerar educação como vida e, justamente por essa razão, deixar claro que educação – sendo como a vida – é desenvolvimento, é crescimento que não estariam subordinados a nenhuma outra finalidade, a não ser mais vida e mais desenvolvimento (1990, p. 116). Aliás, sobre esse ponto está fundado o critério democrático da filosofia deweyniana, isto é, uma postura no trabalho, na educação e na sociedade como manifestação de nobreza de espírito.

Tanto para a fenomenologia quanto para a Filosofia da Experiência, a educação não admite postura e ação intervencionistas. A expectativa está na inserção. Essa postura tem implicações importantes para a teoria do Desenvolvimento Organizacional, DO, o qual, para realizar uma autêntica abordagem educacional à administração, precisa substituir suas intervenções por inserções. Segundo a fenomenologia, essa postura expressa o sentido de *ser em comum*.

Nessa direção, a Gestão pela Formação Humana compreende não apenas a experiência cultural, o nobre propósito de ser em sociedade democrática para a educação das pessoas, mas iria ao originário, incluindo o fenômeno da conseqüência, da vivência de ser em comum, em busca do movimento constitutivo do ser do humano, para um autêntico ser com o outro.

Uma concepção de Desenvolvimento Organizacional, que não separe nem o agente de sua ação nem a organização das pessoas que a instituem e que a reinstituem permanentemente, será mais compreensiva do que a concepção fundada apenas na intelecção da interdependência entre o homem e a organização, na sensação de compartilhamento. Ela compreenderá a intuição que parte da experiência da cognição e do sensível e que, sem derivar dela, busca o originário, os fundamentos do ser em comum, seu tempo e espaço fenomenológicos.

Para a fenomenologia, não há possibilidade de alternativas, isto é, em se considerar o ser em comum através da interdependência ou em se optar pelo compartilhamento – trata-se de uma questão fatal. O agente apenas assume o que ele já é e, a esse embricamento, chama-se retomada.

Uma Gestão pela Formação Humana, como abordagem educacional à administração, irá, assim, ocupar-se do desenvolvimento do "ser" em seu próprio "dever ser" (KELKEL e SCHÉRER, s./d., p. 60)[1].

LIBERDADE E FORMAÇÃO HUMANA NA GESTÃO

Neste ponto, é fundamental reportar à liberdade para refletir mais profundamente sobre ela, que precisa ser mais bem compreendida, em especial na gestão.

Desertar da responsabilidade é perder a possibilidade da humanização, é perder o engajamento que possibilita a liberdade. A liberdade

1 "Ser homem, em um sentido teleológico, é dever ser". (p. 60).

de ser humano não é um estado, é um ato, um vir a ser, um conquistar permanente, o que nunca é conquista definitiva. O homem não é simplesmente livre ou indiferente à liberdade. Na verdade, "ele vive o problema da liberdade". Para o ser humano, ser livre é poder viver na direção da própria formação (LANDSBERG, 1968, p. 24-5).

Além disso, é preciso lembrar que a liberdade não se submete ao impessoal, não busca solução no discurso universal que descarta a singularidade e que aprisionaria a liberdade à política (DARTIGUES, 1992, p. 164). Ela se engaja com o outro na intersubjetividade, ao em comum, que possibilita o acolhimento, postura vital à Gestão pela Formação Humana.

Quando se fala sobre a liberdade no âmbito das organizações e da gestão, não se está falando de uma liberdade diferente no trabalho e na sociedade, ao contrário, está-se falando da liberdade do homem em geral. Fazer referência às organizações é o propósito deste estudo, por isso é oportuno fazer aparecer a questão da liberdade no trabalho, a partir da fenomenologia, dialogando com a Filosofia da Experiência.

"Os que desejam viver em liberdade", diz Jaspers, "devem buscar amplo esclarecimento do conflito entre forças existenciais que se opõem". É a maneira de "se relacionarem com seus oponentes na humanidade que ambos contêm" (1965, p. 83), porque, continua ele, "nós e o outro não queremos a mesma coisa" (1965, p. 76).

Essa humanidade que os compõe é a chave do que tem preocupado filósofos como: Habermas, em busca de consenso, como "aceitabilidade racional" (2002, p. 58); Agnes Heller, com o que chama de valores-guia, consensuais anteriormente a qualquer discussão (por exemplo, liberdade e comunidade), porém, alertando quanto ao consenso não ser critério de verdade (1983); Dewey, cujas expectativas diante do conflito estão no processo permanente de *growth,* para uma crescente compreensão das situações; Anísio Teixeira, em busca da administração ética das mesmas; Husserl diante do desafio da intersubjetividade e do encontro dos homens no horizonte; Merleau-Ponty, com a co-humanidade, o corpo-próprio; e Rezende, com a verdade polissêmica, com a qual não se cansa de argumentar em prol do respeito mútuo às diferenças, às singularidades que instituem a humanidade.

A leitura de que a fenomenologia não reconhece o conflito fica desfigurada diante dessas preocupações e das buscas de solução, ou melhor, de aproximações, iniciadas com a perplexidade husserliana diante da subjetividade, da intersubjetividade e do sujeito transcendental. Essa postura frustra aqueles que, no entendimento de Harmon e Mayer – em suas preocupações com a administração pública – equivocadamente concebem teorias como direções sobre como conseguir, isto é, como meros instrumentais (1986, p. 414). Instrumentalidade que preocupa Tenório, porque considera ser "o que tem predominado [...] nas organizações formais", um agir instrumental em "processo decisório burocratizado, que nega a possibilidade do administrado manifestar ao administrador sua razão, não só no que tange aos aspectos de produção, mas também de cidadania" (2002, p. 36).

Além disso, a vivência permite perceber que nem mesmo as organizações educacionais, nas relações em programas de alto nível como mestrado e doutorado, estão imunes a comportamento e atitudes indesejados. A esperada postura de respeito quer em sala de aula quer em bancas de dissertação e tese nem sempre é alcançada, em detrimento de novos aprendizados, trocas e inspirações para compartilhamento. A ética para a cidadania nem sempre é aprendida na academia, pois a priozação do conteúdo, da forma e da técnica muitas vezes deforma a face do rigor científico.

Retornando a Jaspers, para estender essa discussão, encontra-se o seguinte argumento: "nenhuma ciência empírica nos ensina o que devemos fazer, porque a ciência não pode provar que a vida tenha sentido" (1965, p. 76). Esse argumento reforça a reflexão de Harmon e Mayer, baseada em Vickers, de que o papel da teoria é o de favorecer a retomada de preocupações, a análise dos desejos, a revisão de propósitos (apud 1986, p. 414-5).

A dificuldade realmente desafiadora para todos os humanos, e que Husserl reconheceu com seu sujeito transcendental, encontra-se na essência do conflito que é tanto problema quanto possibilidade de solução, e sobre a qual a pergunta de Jaspers é providencial: "admitimos ou não admitimos que todos partilham de uma humanidade comum?" (1965, p. 75-76).

Conseqüência e possibilidade de legitimação da ação no "mundo da vida"

A trajetória entre resultado e conseqüência não é uma etapa de ato, é movimento; por isso, não é ação, é causalidade.

Na verdade, a ação, até o resultado, é realizada com um ato, com volição, com intenção. A questão de ser pré-determinada e limitar sua expectativa ao resultado é uma questão de postura relativa ao agir científico. Quando o agente, além de preocupar-se com o resultado, incluir nessa preocupação a conseqüência de sua ação, estará assumindo uma postura filosófica. Certamente, quando se propõe antecipar a conseqüência, não está se referindo à substância, mas ao sentido, não está apontando para o conteúdo da ação, nem para a possibilidade de controle sobre o trajeto entre resultado e conseqüência, mas à possibilidade de sua antecipação que estará relacionada à apreensão do sentido da ação ou da omissão.

Diante do desafio de apreender o sentido das ações, na verdade, da vida, de não contentar-se com resultados e de incluir as conseqüências nas preocupações com a gestão, a seguinte declaração de Dewey passa a ser um alerta: nós somos fracos, hoje em dia, em termos de ideais, porque a inteligência está divorciada da aspiração" (1954, p. 164).

O agente precisa desenvolver esse saber de apreensão do sentido, pelo fato de o poder de antecipação da conseqüência na gestão, em qualquer âmbito, ter possibilidades de ser – além de uma estratégia para o sucesso das organizações – um autêntico avanço democrático na empresa, por tratar-se de uma postura educacional e filosófica, essencialmente ética.

5

Saber fenomenológico: familiarização

Saber fundante e percepção

A abordagem fenomenológica, por considerar o saber fundante, no qual a conseqüência está implicada, oferece novas perspectivas para a abordagem educacional à gestão, com a compreensão que inclui o sensível, o cognitivo e a intuição. Ela não se satisfaz com a antecipação dos resultados prováveis, com as demonstrações e explicações das ciências exatas. Também não recorre ao supra-sensível ou a um potencial substancial. A abordagem fenomenológica se ocupa da investigação das conseqüências possíveis da ação, considerando o vivido. Logo, ela surge como uma possível complementaridade aos estudos e práticas da gestão.

Essa abordagem é educacional, tanto no sentido da Filosofia da Experiência quanto para a Fenomenologia, por contribuir para a formação humana antecipando o sentido da conseqüência da ação ou da omissão. Do ponto de vista da Fenomenologia, refere-se a uma permanente instituição do ser do humano, em um movimento pré-predicativo. Do ponto de vista da Filosofia da Experiência, refere-se a um esforço pela recuperação do valor à ciência, com a experiência educacional, o qual havia sido abandonado ao senso comum, no momento da estruturação da ciência. Esta não incluiria o valor por uma questão de método, conforme a interpretação de Anísio Teixeira, discípulo de Dewey.

A questão da percepção é chave na abordagem fenomenológica. A ela Merleau-Ponty dedicou-se profundamente. A percepção, para o filósofo francês, porém, não é a verdade, é o meio de busca da verdade.

No desenvolvimento deste estudo, é indispensável distinguir-se três níveis de percepção, para que a concepção de abordagem educacional à gestão possa ser considerada fenomenológica, compreendendo o saber fundante, com o qual o nível intuitivo de percepção está implicado:

Intuição, segundo Husserl, é o ato de viver a presença do objeto.

Níveis de percepção

1. Sensível: nível biopsíquico (experiência interna – psicologia).
2. Cognitiva: nível intelectivo (conhecimento, aprendizagem, experiência interna/externa).
3. Intuitiva (KELKEL e SCHÉRER, s./d., p. 31)[1]: situa-se no nível da instância fundante, não no nível da experiência; é intenção fenomenológica; é intuição categorial, que não extrapola do sensível para o supra-sensível, mas está fundada no sensível; não é atividade ou operação real que implique relação de causalidade, é o vivido da intencionalidade operante.

É preciso ainda distinguir:

- o sensualismo, como o que reduz o mundo a estados de nós mesmos, quando o mundo seria apenas o que a nossa percepção sensível percebe;

---

1 Intuição, segundo Husserl, "é o ato de viver a presença do objeto". (p. 31).

- o idealismo e o realismo, que são substancialistas, são dicotomias que consideram o ser como substância;
- o idealismo é o que torna o mundo certo, reduzido a correlato de nosso conhecimento, de nosso pensamento de mundo, considera o ser em si, isto é, o que caracteriza a substância que existe nela mesma, não em outra coisa;
- a redução eidética é o que faz aparecer o mundo tal como ele é, antes de qualquer retorno sobre nós mesmos; trata-se de busca ambiciosa para igualar a reflexão à vida irrefletida da consciência, vem com a fenomenologia que deixa o substancialismo para buscar o ser em si mesmo, como diz Husserl: retornar às coisas mesmas.

Spiegelberg considera a questão da natureza da percepção segundo Merleau-Ponty uma das mais importantes contribuições para a fenomenologia, ao que se pode acrescentar, para a reflexão sobre a gestão, também, porque a percepção deixa de ser apenas algo recebido passivamente para ser, também, um ato. É concebida como um ato que emerge no sentido de dar significado a algo que já estava presente no mundo aguardando interpretação. Cada percepção é única, ela não se repete da mesma forma, para o mesmo sujeito diante do mesmo objeto e da mesma situação.

Além disso, a percepção é compreendida como "um ato humano que, de um só golpe, atravessa toda a dúvida possível, a fim de instalar-se como total verdade". Porém, Spiegelberg esclarece que, embora essa posição de Merleau-Ponty pareça extravagante à primeira vista, podendo levar à interpretação equivocada de que a percepção seja vista como "essencialmente veraz", isso não é o que está formulado. Spiegelberg compara a rejeição de Merleau-Ponty a qualquer busca pelo absoluto à postura de J. Dewey em sua permanente discussão sobre *quest for certainty* (SPIEGELBERG, 1971, p. 549)[2].

---

2 Em 1990, quando este estudo começava a ser idealizado, a suposição de que, pesquisando o pensamento deweyniano iriam surgir indícios de algum nível de diálogo possível com a fenomenologia, apareceu, exatamente, diante de sua rejeição a

Para a fenomenologia, percepção é o ato no qual a significação de uma coisa se revela ao sujeito (MERLEAU-PONTY, 1975, p. 232). Spiegelberg apresenta a percepção, segundo Merleau-Ponty, como o ato de "ver um sentido imanente surgindo de uma constelação de dados", e nesse ponto a sua significância para a gestão é evidente, tanto pelas possibilidades quanto pelos riscos. Esse aspecto da percepção leva a um comprometimento do sujeito que percebe, e de um só golpe, com o futuro de experiências presentes que rigorosamente não é garantido, porque a percepção sempre envolve risco (SPIEGELBERG, 1971, p. 548). Aqui começa a aparecer o agente na ação-administração como suas implicações com o tempo, com o vir a ser decorrente de seus atos perceptivos.

Implicações do nível intuitivo de percepção: busca da essência da consciência e da essência do mundo

Na busca da essência da consciência: encontrar o fato da consciência de cada um, a presença efetiva de cada um para si, não fugir da existência no universo das coisas ditas.

Na busca da essência do mundo: buscar o que o mundo é de fato para cada um, antes de qualquer tematização, não o que ele é em idéia.

A reflexão fenomenológica, pois, se ocupa desse nível intuitivo da percepção, partindo da experiência, porém, sem derivar dela. Essa intuição é um saber e um poder "de natureza" diferente daqueles dos demais níveis.

---

expectativas em relação a absolutos, embora suas aproximações a Hegel pudessem, em alguns momentos, trazer dúvidas, devido à evolução do pensamento hegeliano em direção a um universalismo que não deixava espaço para a singularidade. Essa suposta abertura é, na verdade, um fechamento que retira do humano suas possibilidades como ser único, fundamento tanto da postura deweyniana quanto da fenomenologia. O acesso à obra de Spiegelberg, nove anos mais tarde, trouxe, por um lado, luz à trajetória sinuosa deste estudo e esperanças futuras para o referido diálogo. E, pelo outro, fez emergir a sensação rotineira entre pesquisadores sobre não chegar a inovar, apenas a continuar uma contribuição que sempre será comum.

A REFLEXÃO FENOMENOLÓGICA

- Vai buscar o que é, não a representação do que é.
- Descreve, não explica.
- Desvela o vivido, não o pensado.
- É movimento de mostração, não de revelação.
- Desvela o que se mostra por si mesmo, já que não se mostra diretamente.

O Quadro 18 apresenta uma tentativa de traçar o movimento da busca fenomenológica que parte do nível da experiência, mas que não deriva dela.

O FENÔMENO

- É o que é vivido, não é o que se mostra através de, mostra-se por si mesmo, concretamente.
- É o aparecer do vivido que faz aparecer o mundo e que possibilita objetivar as coisas.

OBJETO E MOSTRAÇÃO NA AÇÃO ADMINISTRATIVA

Objeto é o que aparece no fenômeno, não é o fenômeno.

Na ação administrativa, o que aparece como objeto é o seu resultado, em decorrência de sua predeterminação, de seu fechamento, mas o que se mostra é o fenômeno da conseqüência, na qual o sentido da ação ou da omissão pode ser apreendido com uma abordagem fenomenológica. É, pois, a conseqüência da ação que faz aparecer o sentido dos objetivos da ação, da proposta de seus resultados. É a conseqüência e não o resultado o que possibilita ainda perceber se a ação se legitima ou não no "mundo da vida", se está ou não orientada, por exemplo, para a relevância do humano.

Quadro 18 Saber fenomenológico: esboço de fluxograma – Tentativa de traçar o movimento da busca fenomenológica, que parte da Experiência, mas que não deriva dela

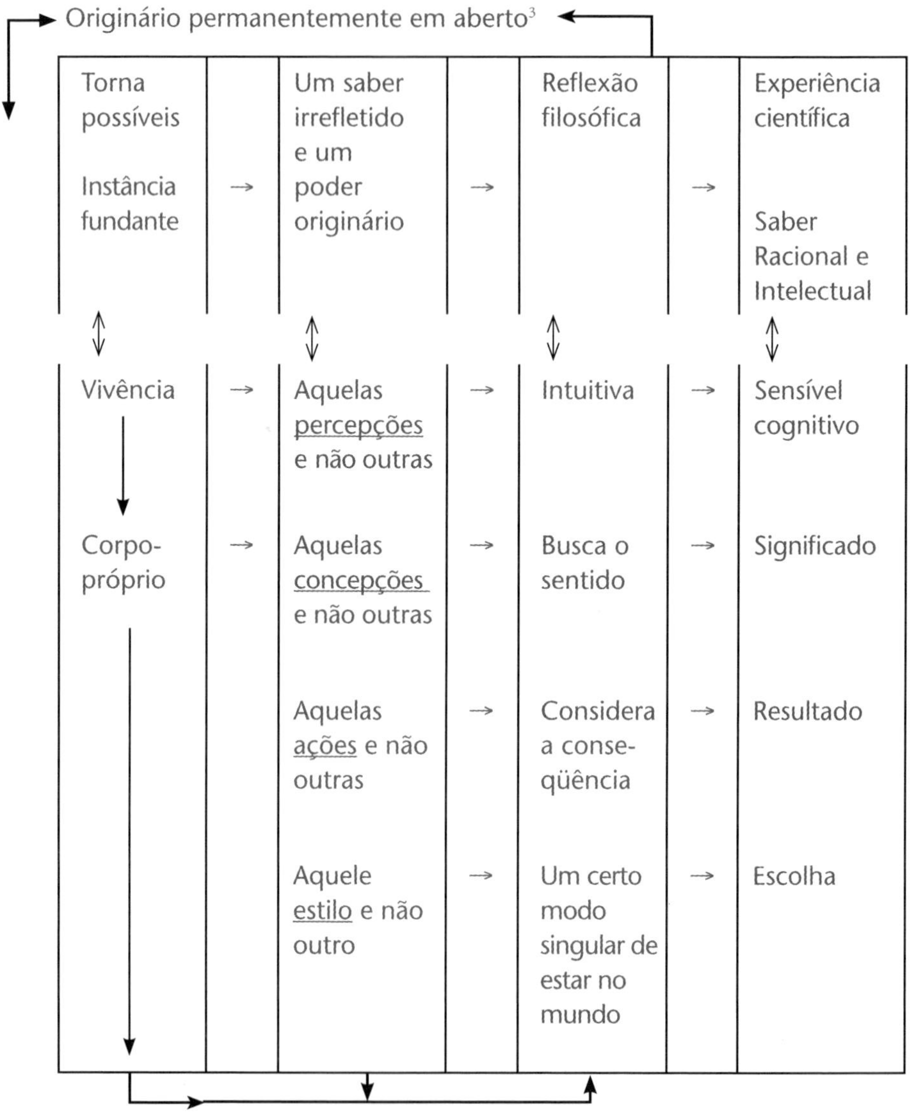

3 O originário não é o anterior no sentido temporal cronológico, não é apenas o passado, é o fundante, o estruturante do ser.

O VIVIDO

Sobre o pré-dado, sobre o vivido, é preciso dizer que, de acordo com Merleau-Ponty, a consciência objetiva e científica do passado, das civilizações "seria impossível se eu já não a possuísse, por intermédio de minha sociedade, de meu mundo cultural e dos seus horizontes, pelo menos em uma comunicação virtual". Merleau-Ponty exemplifica: se o Império Romano não houvesse marcado sua presença, mesmo que sutilmente, em algum lugar na história de cada um, se não se houvesse instalado, "mesmo que de forma indeterminada mas pré-existente e se eu não trouxesse em minha vida as estruturas fundamentais da história", não seria possível a sua objetivação (MERLEAU-PONTY, 1945, p. 415). Essa pré-existência, esse pré-dado funda o "mundo da vida", que possibilita nossa co-humanidade, como uma questão ontológica, como uma questão do ser.

Apreensão do vivido possibilita, pois, desvelar o mundo como ele é, não apenas representá-lo, "porque o mundo não é aquilo que eu penso, é aquilo que eu vivo" (MERLEAU-PONTY, 1996, p. 14).

Compreender o mundo não é apenas conceituá-lo, categorizá-lo, explicá-lo; é, ainda, apreender o seu sentido. É o que possibilita o desvelamento da mostração de sua autenticidade. Compreender é apreender o fenômeno em sua mostração, já que, para a fenomenologia, fenômeno é o que se mostra por si mesmo, porém, precisando ser apreendido porque, para Heidegger, não se mostra diretamente; para Merleau-Ponty se mostra velado; para Paul Ricoeur é um mostrado escondido. Cada um dos fenomenólogos citados percebe a mostração do fenômeno de acordo com a singularidade própria de suas vivências. Há, porém, o tecido comum que os une, que é, neste ponto, a mostração como inerente a fenômeno, na linguagem fenomenológica.

Por isso, analisar uma organização na gestão ou pesquisá-la em um estudo de caso incluiria todas as etapas propostas no parágrafo anterior: da ciência à filosofia, quando uma abordagem fenomenológica possibilitaria ao agente apreender o sentido de sua gestão e, ao pesquisador, o sentido do caso enfocado.

Assim, além de explicar o que é, como e por quê, é fazer aparecer para onde a organização está orientada, em especial quanto à ética.

Geral, particular, singular

A teoria da administração, como ciência humana, busca generalizações, considera o particular e, na prática, tem que enfrentar o humano concretamente, na verdade, enfrentar o singular, que não está sequer cogitado.

A questão da singularidade assume na fenomenologia a significância de um fundamento. Por essa razão é recorrente entre os fenomenólogos e aparece intensamente nas discussões dos autores sobre cultura. Logo, é básica para o estudo e para as práticas de gestão, porque as organizações humanas não seriam humanas sem a cultura. Elas são, justamente, manifestações da cultura. O reconhecimento de subculturas nas organizações possibilita não simplesmente a comunicação entre os diversos setores que as constitui, mas também favorece a compreensão mútua.

Neste ponto, a singularidade surge não somente como um problema, mas também como possível contribuição para a administração de problemas porque as enriquece com o que é próprio de cada uma das pessoas profissionais que instituem as organizações.

"A coisa mesma à qual cumpre voltar", diz Dartigues, é o outro. Desse "irredutível absoluto", a mim ou a um neutro, dessa alteridade em sua singularidade que é o outro, é possível esperar um discurso ético (DARTIGUES, 1973, p. 150), porque o mundo de cada pessoa, os microcosmos pessoais são abertos uns aos outros.

Por essa razão, Rezende enfatiza a *polissemia* da verdade – termo muito utilizado por Merleau-Ponty, inclusive em relação às possibilidades das palavras (REZENDE, 1990, p. 87), que só é possível com o alcance universal da singularidade.

Daí surge a possibilidade ética do mundo em comum que Ortiz indica como saída para aparar as arestas da globalização, contrapondo a ela a mundialização da cultura (1996, p. 27). Uma cultura mundializada não abdica de sua singularidade, não se submete nem domina, convive com a ambigüidade – assume essa prática tão relegada de, pelo menos, tolerância com o outro – aproximando as pessoas de uma postura ética que vai fazer aparecer a verdade como ela propriamente é: polissêmica.

A preocupação com a cultura que se manifesta em diferenças entre os homens é um problema e um desafio permanentemente à ética na gestão, independentemente do âmbito enfocado ser intra ou interorganizacional ou transnacional. O sentido que move a gestão – enquanto postura dos agentes diante dos diferentes – é o que vai fazer emergir a ética ou desvelar a sua falta.

Essa ética, que Dartigues vai buscar em Scheler, não se encontra na universalidade abstrata dos princípios impessoais, mas na comunidade das pessoas, porque um valor pode ser ideal, mas não ser abstrato, o que o reduziria a idéias e normas. A singularidade para a fenomenologia, por um lado, faz aparecer o homem concreto, não apenas a sua representação com o geral e o particular da ciência e, pelo outro, faz aparecer ainda a co-humanidade que clarifica a pessoa como ela realmente é: um microcosmo que é parte de um mundo comum, o macrocosmo (DARTIGUES, 1973, p. 142-143).

Essa compreensão é uma esperança para a gestão, pois a cultura passa a ser a natureza espiritualizada (BELLO, 1998, p. 43), que não se refere somente a objetos, sistemas e processos, mas às pessoas em suas organizações, em especial, na gestão.

A significância da mostração para a administração encontra-se na sua manifestação na conseqüência da ação e não no resultado, porque enquanto o último vela o sentido da ação, a conseqüência possibilita desvelá-lo, fazendo aparecer a possibilidade ou não de legitimação no "mundo da vida".

Igualmente, segundo Landsberg, a fenomenologia exige que se aceitem os fenômenos pelo que são em si, antes de qualquer explicação de causalidade ou fim, e recomenda um trabalho de análise profunda (1968, p. 110).

Husserl exige que a razão penetre toda a variedade do que é dado, a experiência humana para poder explicitar o fenômeno, não para explicá-lo.

O acesso autêntico ao fenômeno se realiza quando o fenômeno é da vida humana, quando se trata de uma experiência insubstituível, daqueles que a vivem, quando é um autêntico fenômeno vivido (LANDSBERG, 1968, p. 110) como, por exemplo, a vida a dois.

Além disso, é preciso esclarecer que estar aberto ao mundo, comunicar-se com ele, não é possuí-lo, pois o mundo é inesgotável (MERLEAU-PONTY, 1996, p. 14).

Essa inesgotabilidade do mundo é mais uma maneira singular de desvelamento do sentido fenomenológico, no fenômeno do em aberto. Não se trata apenas de ser um termo recorrente entre os fenomenológos e de apresentar-se como um conceito dito de diversas maneiras, o em aberto é um modo de ser da própria fenomenologia, que aparece a cada desvelamento singular, próprio do estilo de cada um que reconheça a sua mostração.

O nível intuitivo da percepção é o que possibilita a apreensão do saber fundante, o qual, por sua vez, poderá contribuir para desenvolver a compreensão no DO, tanto no sentido de amplitude, de aprofundamento, ou de uma nova interpretação de mundo que não se baseie na generalização, quanto no sentido propriamente fenomenológico, que considera a pré-sença, visando a uma Gestão pela Formação Humana autenticamente. Aqui, o termo compreensão se mostra em diferentes dimensões: abrangência, porque alarga a abordagem científica do DO com a filosofia; e interacional porque descobre uma orientação para além do conhecimento, isto é, para uma possibilidade de apreender o sentido que circula na gestão das organizações humanas.

Neste ponto, será oportuno discutir, ainda que brevemente, as posições de Kant e Husserl sobre intuição.

INTUIÇÃO KANTIANA E HUSSERLIANA: PRIMEIRAS REFLEXÕES

Kelkel e Schérer explicam que, tanto para Husserl quanto para Kant, conceitos sem intuição são considerados vazios, porém as concepções de intuição de um e de outro são distintas[4] (VERGARA, 1991, p. 120-38).

Kant concebe intuição como sensível, limitando assim o conhecimento do ser ao nível da experiência. A intuição kantiana é a da representação, do conteúdo empírico da consciência, preenchendo a significação apenas com o sensível. Para Husserl, a significação é mais compreensiva do que a simples intuição sensível; exige a apresentação da coisa mesma, não apenas a sua representação. A intuição para Husserl é a vivência da presença do objeto (KELKEL e SCHÉRER, s./d., p. 31-3).

Essa intuição categorial na fenomenologia não é ato volitivo, está fundada na intencionalidade operante, que faz a unidade natural e antepredicativa do mundo. A distinção entre intencionalidade e ato, da posição husserliana, é tratada por Kelkel e Schérer em "Husserl"; por

4 A autora discute diferenças entre Razão e Intuição, apresentando-as em uma relação de complementaridade, em busca de novos percursos para a tomada de decisão na administração. Aceita intuição como forma de conhecer, tal como a razão e ainda concebe a percepção tal como a sensação. Vai de Kant a Bergson, do tempo linear, do nexo causal, a tempo-espaço indefinidos. Por um lado, a autora ultrapassa os limites da fenomenologia, quando expressa, como níveis de intuição, a profecia e a revelação. Por outro lado, não passa pelos fenomenólogos quanto ao saber fenomenológico, não explora a instância fundante. É um estudo importante para os que buscam uma abordagem filosófica à administração, devido ao caminho percorrido, considerando razão e percepção como não-excludentes, apresentando a intuição como percepção, embora ainda ligada à psicologia, e como uma função também racional relativa a valores, como possibilidade de conhecimento. O estudo prepara o leitor para empreender, no futuro, uma jornada no sentido inverso, em direção ao originário, aos fundamentos dos níveis de saber já sugeridos no referido trabalho.

Ricoeur, em "O Discurso da Ação"; por Merleau-Ponty, especialmente em "Fenomenologia da Percepção".

Ato, no entanto, é o de nossos juízos e de nossas tomadas de posição voluntárias. O ato é, pois, essencialmente volição.

A intencionalidade operante, esse "movimento primordial de uma consciência transcendental, é intencionalidade à significação ou ao ser", o qual é "movimento para a consciência" (DONZELLI, 1980, p. 68). Essa unidade antepredicativa de nossa vida aparece em nossos desejos, apreciações, paisagens, e funda os nossos atos, fornecendo, segundo Merleau-Ponty, "o texto do qual nossos conhecimentos procuram ser a linguagem exata" (MERLEAU-PONTY, 1971a, p. 15).

Esse saber fundante, que a intuição fenomenológica pode apreender, é vital para que a Teoria da Administração possa ser mais compreensiva e para que a abordagem educacional à administração venha a ser mais bem fundamentada.

A relação entre esse saber e esse poder fundantes dos desejos, das apreciações, dos atos e a questão da conseqüência e da legitimação da ação no "mundo da vida" precisa ser desvelada. Já foi visto que a relação entre ação e resultado encontra-se no nível da experiência, pressupõe um sistema fechado, é estratégica, é intencionalidade de ato. Já a relação entre ação ou resultado e conseqüência encontra-se na instância fundante, não é estratégica, mas de causalidade, e pressupõe um sistema aberto[5] (DONZELLI, 1991).

5 Segundo Donzelli, isto não quer dizer que a fenomenologia seja sistêmica, como também não quer dizer que seja incompatível com o sistema. A fenomenologia é estruturalista, no sentido do originário, do fundante, um movimento estruturante do ser misturado no mundo e permanentemente em aberto, o que não a incompatibiliza com o sistema aberto.

POSSIBILIDADE DE DIÁLOGO: FILOSOFIA DA EXPERIÊNCIA E FENOMENOLOGIA NO ESTUDO DA AÇÃO ADMINISTRATIVA[6]

Landsberg ensina que cada filosofia tem um modo característico de abordar os problemas, de vencer suas dificuldades e, ainda, que conhecer esse modo já é quase apreender a natureza específica de seu ato filosófico, da mesma forma que conhecer um poeta seria possuir movimentos e ritmos de sua linguagem (1968, p. 51).

Essa é uma reflexão que vale diante da tentativa de diálogo entre a Filosofia da Experiência e a fenomenologia. Reportando-se a Scheler, diz Landsberg: "É preciso, por um lado, afirmar todos os valores e, por outro lado, realizar a própria vocação, que corresponde a determinados valores porque há a singularidade" (1968, p. 153). Porém, como a singularidade não é incompatível com a intersubjetividade, o diálogo pode clarificar onde estarão as possibilidades do *em comum*.

A "estratégia" deweyniana para antecipar a conseqüência do resultado da ação é de natureza intelectual e pragmática; está assentada no pensamento como ação mental que permitiria analisar uma ação além de seus resultados, ao que se poderia acrescentar: analisar possíveis conseqüências também.

A "estratégia" da fenomenologia, por sua vez, concretiza-se com o próprio ato de suspensão, da colocação entre parênteses de toda a experiência e do conhecimento dado. Mas a Fenomenologia, quando trata – na obra de Husserl – do "mundo da vida", apresenta o mesmo sentido da Filosofia da Experiência, isto é, a preocupação com a conseqüência da ação, por considerar o resultado apenas abstrato (DEWEY, 1972).

---

6 A tentativa de diálogo entre Filosofia da Experiência, a partir das obras de Anísio Teixeira e John Dewey, e da fenomenologia de Rezende, Merleau-Ponty e Paul Ricouer, iniciou-se com um estudo exploratório que favoreceu o desenvolvimento deste atual estudo. O primeiro foi fundamental para a educação e o segundo, para a administração, possibilitando propor uma abordagem fenomenológica educacional à gestão.

As principais diferenças entre as duas posições estão, em primeiro lugar, nas instâncias: a primeira, na experiência; e a segunda, na fundante; além disso, as diferenças estão na compreensão de uma e de outra quanto aos níveis de percepção. Enquanto a Filosofia da Experiência trabalha com o sensível e com o cognitivo, a fenomenologia, embora não ignore os demais níveis que, aliás, ela torna possíveis, trabalha com o poder e o saber fundantes, aqueles que constituem o ser do humano, nos quais toda a conseqüência está implicada. Esse saber-poder fundante não é de natureza intelectual, não se realiza pelo ato, ao contrário, ele funda o ato, cujo sentido aparece na conseqüência.

Porém, aqui a Filosofia da Experiência e a Fenomenologia se reaproximam novamente, para um possível diálogo, quando, para ambas, a formação humana não se reduz a uma estratégia, não está fechada no resultado, compreendendo ainda a conseqüência.

Logo, falar de "estratégia" como costuma aparecer na teoria da administração, com seu caráter de intervenção, quando a volição é a chave, não é uma linguagem coerente nem com a postura da Filosofia da Experiência nem com a fenomenológica porque, em ambos os casos, a postura que se mostra é a de um viver conseqüente, educacional, como filosofia de vida. Isto é: segundo a Filosofia da Experiência, um pensar e um agir conseqüente e, segundo a fenomenologia, um assumir-se nessa direção.

O sentido fenomenológico: implicações na conseqüência

Percebe-se novamente em Dewey uma certa intuição, um subjacente remetimento à instância fundante, especialmente quanto às relações entre resultado e conseqüência e entre sujeito e objeto. No primeiro caso, embora conhecida como Filosofia da Experiência, a insatisfação com meros resultados e o empenho para abranger a conseqüência caracterizaram a obra deweyniana, especialmente *The Quest for Certainty*. No segundo caso, o respeito pelo método científico não convive, em sua obra, com desconforto relacionado à dicotomia sujeito-objeto, com a intervenção metodológica que reduz educação à estratégia. Dewey afirma que a educação não tem objetivos a, e que a nada se subordina, a não ser a um mais elevado nível de educação (BRUBACHER, s./d., p. 16-7).

Uma concepção de educação nesses termos, não está limitada ao ser humano como espécie, nem à concepção de Recursos Humanos como um entre os demais, o que acaba por reduzi-lo a um instrumental. Na verdade, implica o ser do humano, sua essencialidade.

No mesmo sentido, uma abordagem fenomenológica à educação diz respeito ao ser do humano, não simplesmente ao ser humano. Por essa razão, embora reconheça a educação formal, a informal, a cultura e a socialização, como o faz a Filosofia da Experiência, uma abordagem fenomenológica é mais compreensiva do que aquela, possibilitando concretizar as aspirações deweynianas no sentido de *Growth* como essencialmente humano. Além do saber e do poder sensível e cognitivo, abrange o nível fundante, a essência do ser do humano em sua permanente dinâmica – do padecer como projeto do mundo e do agir retomando-se para fazer, do mundo, seu próprio projeto.

Dewey pressentiu o que a abordagem fenomenológica pode concretizar: a apreensão da conseqüência como fenômeno, como o aparecer do vivido, da vivência que faz emergir o mundo, que objetiva as coisas, porque funda o ser do humano que as percebe, conhece, sente e intui.

Dewey tenta estender a experiência para além do resultado, a fim de abranger a conseqüência. A fenomenologia pode contribuir para apreender o fenômeno da conseqüência, que faz aparecer a essência do humano no sentido da ação ou da omissão e que, ainda, favorece a apreensão da relevância dessa ação para o humano, bem como pode desvelar a possibilidade de legitimação dessa ação "no mundo da vida", para o espírito humano.

O Quadro 19 resume alguns pontos-chave tanto sobre as diferenciações entre Ação × Causalidade, Resultado × Conseqüência, quanto sobre as relações entre Ação, Resultado, Causalidade e Conseqüência.

Quadro 19 Diferenciação entre: ação e causalidade e entre resultado e conseqüência. Relação entre: ação, resultado, causalidade e conseqüência

<table>
<tr><th>Resultados</th><th>Ação</th><th>Causalidade</th></tr>
<tr>
<td>O efeito do que se faz pré-determinadamente

O que se faz acontecer, fazendo outra coisa

O efeito desencadeado intencional e conscientemente pelo agente capaz de reconhecer-se como sujeito embora nem sempre assumindo a responsabilidade decorrente

O que, na ciência, justifica a ação

Supõem sistema fechado</td>
<td>Movimento intencional, consciente. O exercer-se

Exercício da Liberdade, do poder e do saber

O que o agente faz

Intervenção no curso do processo em marcha, abordagem científica

Inserção no curso da ação, no movimento do acontecer, abordagem filosófica fenomenológica

Estado inicial de um sistema colocado em movimento pelo agente consciente</td>
<td>Movimento que não é intencional; é acontecimento e sem ato

Limitação à Liberdade, não ato

O que acontece independentemente do agente consciente

Movimento de interferência no curso da ação

Processo natural em marcha, em coexistência com a ação

Seqüência de acontecimentos desencadeados naturalmente</td>
</tr>
<tr><th colspan="3">Conseqüência: o que possibilita apreender o sentido da ação</th></tr>
<tr><td colspan="3">O que acontece a partir da ação ou da omissão ou do resultado da ação em coexistência com a causalidade.
Compreende o estado final de um sistema colocado em movimento pela ação do agente intencional e consciente, à qual se segue uma seqüência de acontecimentos.
Supõe sistema aberto.
Na fenomenologia, é critério para a legitimação da ação no "mundo da vida".
Na Filosofia da Experiência é percebida como condição para a justificativa da ação, para além do resultado.
É o que faz aparecer o sentido da ação.
É o que faz aparecer o fim último da ação.
É o que concretiza o valor do humano para o humano.
É o fenômeno que faz aparecer o valor do humano e que possibilita a aplicação dos critérios de relevância e da legitimação da ação no "mundo da vida" à gestão.
É o que possibilita a legitimação da ação no "mundo da vida" na gestão.</td></tr>
</table>

O sentido da busca deweyniana para a solução do problema da humanidade, conforme expressa sua obra, aparece nos critérios filosóficos enfatizados neste estudo: o da Relevância e o da Legitimação da Ação no "mundo da vida". O fenômeno da conseqüência presentifica o enredamento das duas posturas filosóficas, a da Experiência e a Fenomenológica, e é esse fenômeno que faz aparecer um sentido comum para a ação que ambas procuram realizar, isto é, uma ação de permanente busca pela humanidade de cada ser humano, e orientada para o ser do humano, para o que lhe é essencial.

6

Concepção compreensiva de educação: implicações na gestão

Na concepção de educação que se refere à permanente constituição do ser humano em aberto, o fenômeno da conseqüência está sempre implicado. Isso não somente em relação à relevância da ação para o humano ou à sua legitimação no "mundo da vida", mas também como parte do próprio fenômeno de permanente constituição do ser do humano, como ser em aberto. Na verdade, concepção de ser em aberto leva a coincidir formação com desenvolvimento humano.

Nessa nova compreensão de formação não é mais desconsiderada a pré-sença discutida neste estudo, não são mais concebidas ações educacionais sob a postura ingênua do começar do nada, em nenhuma circunstância. Além disso, se reconhece que ensino, na transmissão de conhecimento nessa formação alargada que se confunde com desenvolvimento e que pode incluir treinamento, surge como indissociável de educação.

Essa é uma questão fundamental tanto para a educação nas organizações formais de ensino quanto para a empresa. No caso das organizações empresariais, essa clarificação conceitual pode favorecer uma melhor compreensão do papel esperado dos chamados centros de treinamento ou, mais recentemente, do papel das Universidades Corporativas, porque torna ultrapassada a dicotomia formação e desenvolvimento e favorece uma discussão necessária sobre o que é treinamento e o que precisa ser. Isso porque treinamento descolado de educação desperdiça a essência humana, podendo, na verdade, ser transferido para equipamentos que controlam equipamentos, baixando custos, evitando alienação e bloqueio de criatividade.

Neste ponto, pode surgir uma nova discussão que compreenderia uma nova linha de investigação sobre os efeitos da robotização praticada na produção, porém, extrapolando a mera análise de resultados e o simplismo da causalidade.

Parece oportuno substituir essa linha tradicional de análise para explicitar se mesmo o sentido do lucro encontrado nessas alternativas tem sido originado por decisões inteligentes ou apenas imediatistas. A observação dessa realidade vem possibilitando especular sobre a relativa facilidade de reproduzir funções humanas em máquinas e de perceber a receptividade a essa lógica do mundo tecnológico e dos negócios, que é algo coerente com a agilidade das demandas, mas nem tanto, em relação a uma intencional retirada do humano de meros procedimentos repetitivos, para transferência a atividades complexas, estimulantes e criativas.

Harmon recorre a Barret e a Stanley para criticar a primazia da tecnologia, na verdade, para criticar o que já preocupava Dewey: a transformação da tecnologia em bode expiatório dos problemas da modernidade, em vez de as pessoas orientarem seu desenvolvimento e sua utilização para o que ela realmente possa servir. Segundo Barret, "as pessoas chegam a olhar a tecnologia como uma fonte para descobrir o significado humano", e Stanley descreve essa realidade como "uma reversão de um aforismo muito familiar", que diz: "a necessidade é a mãe da criatividade", transformada em: "a invenção tornou-se a mãe de necessidade" (apud, HARMON, 1989, p. 144).

Provavelmente pudesse explicar essa conjuntura, a constatação de escassos propósitos e pouco investimento, visando a compreender melhor o que o homem concreto é capaz de realizar e deseja fazê-lo, com seus saberes e poderes – no sentido fenomenológico de ambos.

A reação de Legge a essa realidade, em *HRD – A critical analysis* (2005) aparece claramente quando argumenta que o interesse e as atenções são tão fortemente direcionados a equipamentos que a habilidade e a inteligência das pessoas só são lembradas nas panes, concluindo que, se a ética humana tivesse voz própria, suplicaria ao equipamento que, por favor, entrasse em pane.

A apreensão do fenômeno da conseqüência da ação e da omissão em relação ao ser do humano mostra a Gestão pela Formação Humana, ou melhor, do humano, como mais compreensiva do que a gestão de recursos humanos, que leva em consideração a experiência psicológica, sociológica, antropológica, pedagógica, cultural e técnico-administrativa, porque clarifica a possibilidade de legitimação da ação no mundo da vida. A Gestão pela Formação Humana aparece na reflexão fenomenológica, situada na instância fundante, implicando um saber e um poder constitutivos, permanentemente formativos, estruturantes do ser do humano em aberto. Esse saber é de natureza essencialmente filosófica, apesar de sua singularidade, devido a Husserl haver atribuído à fenomenologia um estatuto cuja originalidade a torna inconfundível em relação a outras filosofias historicamente constituídas (BELLO, 1998, p. 94).

Os critérios da relevância do humano e da legitimação da ação no "mundo da vida" abrem possibilidades às práticas da gestão no sentido autêntico de uma formação humana. A Gestão pela Formação Humana possibilita a compreensão das ações de uma organização, isto é, a apreensão do seu sentido fenomenológico, removendo o velamento da orientação própria da ação, na verdade, retirando-o de uma possível dissimulação.

Já foi visto neste estudo que a causalidade não se encontra entre a ação e o resultado, mas entre a ação – ou omissão ou resultado – e a conseqüência. Por essa razão, na tentativa de apreender antecipadamente as conseqüências de uma ação, o agente precisa reconhecer, além de seu saber e poder cognitivo e sensível, isto é, além de suas experiências, do aprendizado científico e da busca da substância, o saber do vivido.

Para a fenomenologia, esse saber intuitivo é o que possibilita a consciência constituinte, diferentemente de estados psicológicos de consciência ou de consciência desenvolvida intelectualmente através de conhecimento ou de ideologia. É um saber que funda os demais, é a orientação geral que faz aparecer os demais. É o saber do sentido.

Dewey também cogita o que a Fenomenologia desvela: a presença do valor na ação aparece na conseqüência e não no resultado, ou seja, o fenômeno da conseqüência faz aparecer o valor da ação mesma ou de seu resultado.

É importante recordar que uma ação poderá não obter resultado, mas poderá, mesmo assim, implicar conseqüência. A omissão, por exemplo, não é um movimento intencional como o *laisser-faire*, na expectativa de resultado; é, sim, a negação da intenção, é negação à geração de resultado, mas também, pode gerar conseqüência.

A antecipação da conseqüência é importante para a gestão, porque o fenômeno da conseqüência é o que faz aparecer o valor da ação humana para o humano, a postura do agente, não o valor que se encontra no conteúdo da ação, mas no seu sentido. O sentido é o que faz aparecer a relação de cada um com o mundo, o estilo de estar no mundo, enquanto cada um é a ação que pratica.

Harmon, em sua Teoria da Ação, realiza uma crítica à Teoria da Decisão e apresenta uma abordagem alternativa de análise à Teoria Organizacional, oferecendo vantagens, como as de acompanhar a análise da decisão, mas apreciando o contexto social em termos de possibilidades de que decisões e interesses sejam gerados socialmente, favorecendo a colocação de questões sobre o bem, no centro do discurso organizacional (1989, p. 145).

Esses dois pontos são importantes para este estudo, no momento em que enfoca a ação, porque estão sintonizados com a dimensão social e filosófica dessa proposta, no sentido do ser em comum e esse não de legitimação da ação no mundo da vida.

Harmon critica a relação entre pensar e agir, segundo a teoria da decisão, pelo fato de colocar o pensamento anterior à decisão, que segue o propósito pensado para, segundo o autor, reduzir a decisão a um instrumento de cálculo das relações entre meios e fins, conforme se observa modernamente (1989, p. 145).

Além disso, os estudos de Harmon merecem futuras retomadas quando este estudo tiver continuidade, devido às preocupações daquele autor sobre as relações entre fato e valor, pensamento e ação (1989, p. 144-52), fundamentadas na filosofia pós-positivista de John Searle (1980) – na verdade um fenomenólogo – porque poderá vir a ser uma nova possibilidade de diálogo com Dewey, diante da aspiração da reincorporação do valor à ciência, o que considerava haver sido relegado ao senso comum.

Harmon já havia manifestado alguns vestígios de inclinação pela fenomenologia em seu livro, em parceria com Mayer, quando diz que "teoria e prática e, mais genericamente, pensamento e ação não são meramente relacionados, mas mutuamente constitutivos" (1986, p. 392).

Harmon revela mais claramente sua postura diante da gestão quando discute a complexidade do problema da administração pública, em especial, nos últimos capítulos do livro citado, *Organization Theory for Public Administration* – em parceria com Mayer, quando alerta sobre o perigo de se acreditar que uma teoria instrumental possa trazer algum benefício prático (1986, p. 414).

Os autores assumem uma postura orientada para o reconhecimento da ambigüidade moral que atende à tomada de decisão administrativa e, ainda, sobre a ilusão de expectativas em teorias instrumentais explicativas, preditivas e de controle.

Nesse ponto, é possível novamente perceber certa aproximação dos autores à fenomenologia ao falarem em termos de "o que se valora e o que se deveria valorar", não no sentido de normas – a melhor maneira de (realizar algo) ou preceitos morais (para realizar sob) –, mas da diversidade teórica que descobre essa ambigüidade, possibilitando a discussão do que é considerado "melhor". Uma leitura fenomenológica dessa posição dos autores citados iria encontrá-la no sentido da ética, não apenas no sentido da moral.

Ao recorrer a Vickers, eles justificam que não é uma questão de subestimar o potencial ou a contribuição da teoria para a prática, mas de não confundir teoria com simples instrumental. Aproximando-se da orientação do ser para um autêntico dever ser da fenomenologia, embora subjacentemente, argumentam que teoria é o que pode orientar para "se aprender o que se quer, não para aprender como conseguir" (HARMON e MAYER, 1986, p. 414). Trata-se de uma proposta de avaliação de critérios que faz aparecer uma orientação eminentemente ética.

A fenomenologia já é, ela própria, uma certa forma de diversidade teórica, contanto que sejam respeitados fundamentos como, por exemplo, a polissemia da verdade, o horizonte, a comunicabilidade entre as singularidades e o mundo da vida que, simultaneamente, fortalecem essa diversidade e a própria fenomenologia em seu sentido de ser em aberto.

Scheler descreve singularmente essa abertura da fenomenologia, recorrendo à questão do simbolismo, dizendo: "somente a experiência fenomenológica é assimbólica e, precisamente por isso, pode satisfazer todos os possíveis símbolos" (SCHELER, 1948, p. 86).

Essa declaração reforça a posição já citada dos fenomenólogos que, em geral, consideram a fenomenologia incompatível com qualquer ortodoxia.

Um certo nível de diálogo entre Harmon e Mayer e Dewey se torna novamente possível, não no sentido de uma condescendência com a diversidade de teorias da administração, nem como uma simples constatação de sua multiplicidade. Há uma comunicabilidade no fato de os primeiros alertarem quanto ao risco de os administradores acreditarem que uma teoria seja simplesmente um instrumento para fazer as coisas acontecerem e, ainda, quanto ao perigo de os teóricos da administração não aceitarem os desafios que novas teorias possam trazer à presumida correção de suas próprias perspectivas. Há uma maior aproximação, especialmente quando, empregando a expressão deweyniana *quest for certainty*, os autores consideram expectativas de certeza, quer sejam alternativas explicativas, preditivas ou de controle, *uma desorientação* (HARMON e MAYER, 1986, p. 391).

Segundo Merleau-Ponty, citado por Silliman, essa é uma questão antiga, sendo ilustrativo o fato de a relação ser muito íntima à da morte de Sócrates com a expectativa de certeza. O filósofo francês apresenta o fato de os atenienses haverem condenado o filósofo grego à morte, relacionado à postura sofista assumida por ele, isto é, pelo fato de haver questionado a "infalibilidade da memória cultural dos poetas" (SILLIMAN, 1990, p. 149). Trata-se de um exemplo dramático do temor diante da incerteza.

Neste ponto, percebe-se que Harmon e Mayer reconhecem não somente a complexidade do mundo e, conseqüentemente, dos problemas na administração, para administradores, na prática, mas também, para os teóricos. Essa realidade estaria empurrando os últimos a novas buscas e interpretações. Em termos fenomenológicos, equivaleria a dizer que, diante do mundo já aí e das organizações humanas na crescente complexidade de problemas em aberto, as teorias precisam seguir esse mesmo sentido de abertura que, apesar de desafiador, a ponto de parecer ameaçador, conta com um permanente porvir.

Recorrendo a Morgan, os dois autores manifestam uma posição que os aproxima novamente da fenomenologia, nos seguintes termos: uma teoria não é para ser valorada devido a respostas definitivas que ela possa oferecer, mas pelas bases que ela possa prover, para que haja "conversas sobre maneiras potencialmente sensíveis, para compreensão e ação no mundo" (HARMON e MAYER, 1986, p. 392).

O HÁBITO NA ABORDAGEM FENOMENOLÓGICA EDUCACIONAL À GESTÃO

Com uma abordagem fenomenológica à Gestão pela Formação Humana, a questão da instrumentalização para uma melhor qualidade de desempenho na vida profissional e humana não se reduz à aprendizagem de conceitos, conhecimentos novos que o intelecto possibilita, que as habilidades e sensações facilitam. Trata-se de uma concepção mais compreensiva de desenvolvimento, considerando o humano do ser que Merleau-Ponty mostra como novos usos do corpo enquanto corpo-próprio. É o que ele chama de enriquecimento e de reorganização do esquema corporal. Aqui há vestígios de mais um possível diálogo com a Filosofia da Experiência, a partir do fundamento deweyniano de *growth*, já discutido brevemente neste estudo, e merecendo estudos futuros.

Merleau-Ponty considera o sistema de potências motoras ou perceptivas do corpo-próprio, não apenas objeto para um pensar, mas também "um conjunto de significações vividas que segue no sentido de seu equilíbrio". Pode formar-se na interseção da experiência e da vivência, do eu e do outro um "novo nó de significações", quando "movimentos antigos se integram em uma entidade motora", quando surge uma "nova entidade sensorial", enriquecendo os "poderes naturais", os quais só apareciam "como uma falta" no campo perceptivo ou prático. Exemplificando, o autor declara: "Aprender a ver as cores é adquirir um certo estilo de vida" (1971a, p. 164).

Essa declaração de Merleau-Ponty é ilustrativa para a sugestão de investigações que tomem o rumo inverso ao de máquinas, para o sentido da compreensão do homem. Provavelmente, uma leitura sobre a questão dos chamados membros fantasmas, estudados por Merleau-Ponty em *Fenomenologia da Percepção* (1996, Cap. III), e o acompanhamento dos trabalhos da equipe do médico e pesquisador brasileiro A. Campos da Paz Junior possam instigar pesquisadores em administração sobre novos e possíveis usos do corpo como poder de articulação do sujeito com o outro, na gestão. Um exemplo poderia ser o estudo da delimitação tradicional de funções, atribuições e tarefas para perceber a permeabilidade e a interpenetração, muitas vezes ocorrendo à revelia, por não serem assumidas intencionalmente, embora necessárias não somente aos resultados esperados mas à formação da co-humanidade. Em termos práticos, poder-se-ia, por exemplo, levantar a seguinte questão: é possível a um sistema de avaliação de desempenho incluir um certo grau de responsabilidade de cada um dos envolvidos, em termos de contribuição para o bom desempenho do outro? Enquanto não houver ações nesse sentido, acontecimentos estabelecerão relações causais, deixando os envolvidos, em boa parcela, à mercê da sorte.

Essa discussão remete à questão do hábito, sobre a qual Dewey já alertava. O hábito não se reduz a uma repetição de comportamentos ou à mera reação semelhante, diante de situações semelhantes. Hábito não seria um vício ou uma automação, nem um simples movimento no significado fenomenológico. O hábito seria, para o autor citado, um tipo de aprendizagem mais profundo do que a intelecção de uma fórmula para ser aplicada automaticamente. Seria, sim, uma certa maneira de agir ou reagir diante de situações diversas em um sentido que a fenomenologia apreende e explicita como o desenvolvimento de novos saberes e poderes, de um novo estilo para administrar-se no mundo, com o qual o humano é a trama.

Sobre essa trama, como o eu e o outro, revela Spiegelberg sobre Merleau-Ponty, "é precisamente meu corpo que percebe o outro corpo e encontra algo como um miraculoso prolongamento de nossas próprias intenções"; forma-se um sistema com o meu corpo, que já é um sistema, e o outro corpo, em um único todo (1971, p. 556).

O esforço e o imenso desafio de uma Gestão pela Formação Humana está, justamente, em retomar-se nessa direção, em assumir esse sentido próprio do humano no cotidiano da gestão. Entender que é possível compreender que a relação homem e mundo é esse enredamento, vivendo-o. Uma abordagem educacional fenomenológica à gestão não se encontra no nível do entendimento, mas no nível da compreensão que apreende o sentido das ações, vivendo intencional e conscientemente esse enredamento co-humano.

Retomando "o hábito" (1996, p. 210), diz Merleau-Ponty, "é apenas um modo desse poder fundamental", que é realizado pelo corpo-próprio, como "um meio geral de ter um mundo" (1971a, p. 158). O problema na Gestão pela Formação Humana é o desafio de assumir-se no permanente formar-se, isto é, de constantemente reorientar-se como meio de ter o mundo, mas no sentido de ser autenticamente com o mundo em uma relação homem mundo, conforme a descreve Krenak: "Todo instante, todo momento, o tempo todo é criação do mundo" (1996, p. 203).

Relação motivo/causa – uma preparação para situar a liberdade na ação administrativa

Ricoeur não aceita nem a dicotomia motivo/causa que implicaria a dicotomia sujeito/objeto nem, tampouco, as aproximações simplistas entre motivo e causa (RICOEUR, 1988, p. 55, 146). O autor mostra que é preciso:

a. restaurar o desejo, como categoria da razão prática;
b. o agente, como o que age por causa do desejo;
c. o desejo, implicando um mundo prático, onde há caminhos a perceber, um mundo perceptível, mas também um mundo "árduo", "praticável", com obstáculos à ação.

Ricoeur também não reduz o mundo à alternativa do físico ou da ação, inclui a passividade, a "força padecida". Mostra ainda que a experiência da motivação leva a identificar motivo e causa em alguns contextos, quando se faz legitimamente a pergunta "o que o levaria a...". Esse caráter disposicional não poderia ser reduzido à "justificativa, que daria um agente simplesmente razoável", pois esta razoabilidade não incluiria desejos (RICOEUR, 1988, p. 56).

Além disso, Ricoeur cita:

a. a complexidade do uso da palavra causa no discurso ordinário, uso solidário com a noção de agente, indiscernível da idéia de responsabilidade (RICOEUR, 1988, p. 56);
b. o caso particular de motivo que não se esgota com a "razão de", aparecendo também como causa em resposta às perguntas simultâneas de – "como se produziu isto?" e "o que o levou a", as quais, na verdade, são perguntas sobre ação, e não sobre movimento; nesse caso, aparece o aspecto disposicional que indica a possibilidade de prever, dominar, manipular a ação e o caso particular em que a palavra "causa" tem um significado diferente, isto é, tem o sentido da passividade; e, ainda,

c. o caso da linguagem da emoção, exemplificando que o medo é o que move o indivíduo, mostrando a coincidência do objeto com a causa em uma implicação recíproca (RICOEUR, 1988, p. 106-107).

Quando Ricoeur fala de incompatibilidade da análise, mostra que, se por um lado desejar *é estar disposto a*, não está reconhecido nem na noção de causa como antecedente constante, nem na noção de motivo, como "razão de", daí a necessidade de compreender a passividade. O desejo pertence a essa passividade, pois a ação involuntária não se reduz ao físico: à pulsação, à respiração; o desejo é também *energia sofrida.* (RICOEUR, 1988, p. 105)

Assim, a ação humana não difere somente do acontecimento físico, ela difere também – enquanto intencional e consciente – da passividade humana (RICOEUR, 1988, p. 109) que a intencionalidade operante realiza.

Conforme já visto neste estudo, Ricoeur discute a questão não somente a partir da linguagem ordinária, mas a partir do nível epistemológico. A obra de Charles Taylor mostra a correspondência do objetivo disposicional com a explicação na forma de uma lei que também é um tipo de explicação causal, a explicação pelo fim (RICOEUR, 1988, p. 57). A descrição fenomenológica é, pois, considerada mais compreensiva do que a explicação teleológica, por compreender o agente essencialmente humano, intencional e consciente, não apenas a forma de uma lei que moveria um ente.

Amaral aponta em Dewey a mesma preocupação com a teleologia, não mais compreendida como um mero movimento natural, mas a partir do momento em que o homem, com tudo o que o torna humano, está incluído na natureza, ou mesmo a partir do momento em que a transforma em valor (1990, p. 106-107).

Essa discussão é importante para a Teoria da Administração, como discussão da Ação Administrativa, devido à importância da relação motivo e causa quanto à sua implicação para a liberdade. Ela faz aparecer a experiência humana pela *carne*, suas raízes na natureza, o que a Filosofia da Experiência já apresenta de forma ainda incompleta. A fenomenologia faz aparecer o desejo entre o natural e o cultural e, ainda, o corpo-próprio entre a causalidade natural e a motivação que, como fundante, dá continuidade entre causa e motivo (RICOEUR, 1988). O estatuto do corpo-próprio, com o qual Merleau-Ponty radicaliza a relação sujeito e objeto, é indispensável a uma revisão da Ação Administrativa, especialmente quanto aos dois aspectos que este estudo enfoca: a liberdade e a vontade.

Com o estatuto do corpo-próprio, já foi visto que há liberdade na pregnância. É preciso também compreender o corpo-próprio: por um lado, como órgão de moção voluntária, com o qual o querer, que difere do crer por um ato específico, é um querer relacionado com o fazer[1] e, por outro lado, como implicado no extrato do involuntário absoluto, antecedendo o agente na ação, escapando à intenção, à vontade do agente (RICOEUR, 1988, p. 144-50).

Por isso, argumenta Merleau-Ponty: "ninguém está salvo e ninguém está completamente perdido" (1971a, p. 192); isto é, ser humano é ser ativo e passivo simultaneamente. A natureza pode cercear a liberdade do agente, pode interferir em sua vontade, ao mesmo tempo em que o possibilita viver a liberdade e a vontade.

Surge novamente a continuidade entre causa e motivo; sendo o corpo-próprio considerado "o lar de todas as sínteses passivas que proporcionam o solo prévio das sínteses ativas" (RICOEUR, 1988, p. 149). Embora seja possível distinguir as operações em seus diversos níveis, em última instância, elas são indistintas no corpo-próprio.

Paul Ricoeur afirma que o corpo-próprio não é indispensável somente à Fenomenologia da Percepção, a qual foi tratada compreensivamente por Merleau-Ponty, mas é também indispensável à Filosofia da Ação.

A significância do estatuto do corpo-próprio de Merleau-Ponty e dessa afirmação de Ricoeur para o estudo da ação administrativa e do agente são razões suficientes para recorrer-se a ambos neste estudo.

---

1 Max Scheler aprofunda a discussão dessa questão quando trata do conteúdo da vontade. Ver, p. 173-176 de sua obra Ética. Tomo 1, citada nas referências bibliográficas.

Procurando relacionar causa, motivo, resultado e conseqüência poder-se-ia dizer que:

1. a chamada causação humana diria respeito ao resultado;
2. o motivo fundaria a ação quanto ao seu sentido, em direção à conseqüência;
3. causa e resultado, estariam reduzidos a um sistema fechado, enquanto a relação motivo e conseqüência, seria mais compreensiva, supondo um sistema aberto, do originário com o motivo que funda a ação. O efeito da ação é o resultado, em uma relação em sistema fechado, cujo sentido o fenômeno da conseqüência desvela, supondo um sistema aberto e, ainda, cuja relação com o resultado da ação é de causalidade.

"A análise da vontade explicita o momento ativo e atual do cogito, sem o qual seria inconcebível que o próprio pensamento pudesse ser uma conduta responsável" (RICOEUR, 1988, p. 143-4). Essa é uma concepção contrária à lógica formal que leva ao movimento (RICOEUR, 1988, p. 144). "Projeto é, então, o decidido como tal" (RICOEUR, 1988, p. 143-5), e ação está implicada no originário, além de ser vontade e de estar implicada na causalidade, com o sentido de sua conseqüência.

Por que o *corpo-próprio* é indispensável à Fenomenologia da Ação

Muito resumidamente e de acordo com os limites e os propósitos deste estudo, seguem os pontos fundamentais quanto ao corpo-próprio.

1. é campo de motivação, por excelência, reduzida à "razão de" fazer isso ou aquilo. Para Aristóteles, é o que move, é a vontade movida pelo desejo; a dimensão pulsional do motivo é que compõe a problemática do corpo-próprio;

2. é razão de moção voluntária – é querer que difere do crer por um ato específico, é um querer relacionado com o fazer, já é movimento, gesto, atitude, comportamento (MERLEAU-PONTY, 1973, p. 149);
3. está implicado no extrato do involuntário absoluto: "sinto meu corpo na ação, escapa às minhas intenções, me precede" (1973, p.149);
4. é objeto, não posso decompô-lo e recompô-lo para formar dele uma idéia clara. Sua unidade é sempre implícita e confusa (MERLEAU-PONTY, 1971a, p. 208); se a fenomenologia indica a coincidência entre ser e tempo, e se o tempo é o que não pára de passar, possibilitando a sua síntese de transição, então a expressão "confusa" empregada por Merleau-Ponty parece ser muito apropriada para descrever a unidade do corpo;
5. o estatuto ontológico ambíguo do corpo-próprio rompe a relação tradicional sujeito-objeto: não é objeto como unidade de sentido dentro de perspectivas variáveis, mas não é tampouco sujeito no sentido da transparência[2]; como foi dito, é o "lar" de todas as "sínteses passivas" que proporcionam o solo prévio das "sínteses ativas"; essas duas sínteses são muito importantes para o estudo do agente administrativo da ação humana, porque as sínteses passivas independem da vontade do agente; encarrega-se delas a intencionalidade operante. Já as sínteses ativas incluem a intenção do agente e vão motivar deliberações e ações. Porém, esses dois momentos não são separados; o agente, enquanto ação, é isso tudo, o imbricamento das sínteses passivas e ativas que lhe dão possibilidades e limitações que constituem a sua humanidade; é nessa ambigüidade, "padecendo e decidindo" que o agente vai desempenhar as suas atribuições na gestão; na verdade, ele vai vivê-las.
6. o modo de existir do corpo-próprio não é nem como sujeito nem como objeto, mas ambiguamente (MERLEAU-PONTY, 1971a, p. 208);

---

2 O que Merleau-Ponty diz da evidência é possível dizer da transparência. Ele diz que a evidência absoluta e o absurdo se equivalem (1971a, p. 301).

7. "nunca está fechado sobre si mesmo e nunca é ultrapassado, continua enraizado na natureza como liberdade, motricidade, visão, tudo implicado no mesmo drama" (MERLEAU-PONTY, 1971a, p. 208);
8. o corpo que percebe é a condição orgânica do percebido nos seus caracteres qualitativos e significativos; está implicado na síntese da coisa, sem ser coisa (RICOEUR, 1988, p. 150);
9. é mediador para o surgimento do significado na relação homem e mundo; faz aparecer o sujeito como aquele que antes de ser conhecimento é uma potência geral de viver e de sentir, um mesmo modo de participar (CAPALBO, s./d., p. 58); trata-se do corpo que Merleau-Ponty chamou de um poder de articulação;
10. o que é dito da percepção é válido para a ação: o corpo que age é a condição orgânica do agente-ação nos caracteres qualitativos e significativos.

Diferença entre motivo e causa

Uma ação tem motivos referentes a um agente (explicação incompleta).

Uma ação tem o poder do agente (explicação completa).

Invocar um agente implica completar a compreensão da ação mediante um inquérito sobre motivos, não sobre causas. A conexão entre poder e motivação pode ser a última diferença entre motivo e causa física, quem fez, por que fez.

A introdução de conceitos disposicionais irredutíveis às "razões de", da mesma forma irredutíveis à causalidade humana, faz aparecer a relação entre disposição e poder fenomenológico. Para causar, no sentido do agente, que é causa, não seriam suficientes motivos, intenções, seria necessário poder, mas essa inserção dos conceitos disposicionais só é possível considerando a passividade. O homem não é, como supunha Kant, um ser passivo que deve sofrer as influências das coisas e os resultados afetivos decorrentes para conseguir conteúdo para sua vontade.

Segundo Max Scheler, a dinâmica da experiência prática do homem pode ser descrita como: atuar e receber impacto, superar e render-se, vencer e submeter-se. O conteúdo de uma intenção de querer realizar surge do vivido, das resistências experimentadas pelo agente, como que fazendo frente à sua vontade (SCHELER, 1948, p. 189).

Neste ponto, é necessário esclarecer o que se entende por motivo, quando se diz que algo é motivado. Por exemplo, o que motivou a redação de um memorando organizacional? O que ofereceu razões para redigi-lo? O motivo é um antecedente que, por si só, não tem potência física suficiente para qualquer empreendimento, no caso, a elaboração do memorando. O que dá força ao sentido de um motivo é a decisão (MERLEAU-PONTY, 1996, p. 348).

A decisão é do agente, na verdade, é o próprio agente, que é identificável, responsável, e é o que estimula o aparecimento da noção de causalidade. Mas Ricoeur ainda argumenta: afirmar que o agente causa efeitos não é afirmar que ele é causa.

Ricoeur considera o ato "o eu posso do eu penso" (RICOEUR, 1988, p. 143) e complementa que a oposição motivo e causa, que na análise lingüística é clara, a fenomenologia descobre como uma "situação provisória" e isso considerando-se a estrutura ontológica de estar-no-mundo com o estatuto do corpo-próprio (RICOEUR, 1988, p. 143, 150-1).

Ainda sobre a distinção razão e causa, Merleau-Ponty discute a necessidade da psicologia, da *Gestalt*, como pensamento objetivo de escolher uma alternativa. Quanto à fenomenologia, porém, um fenômeno é considerado desencadeador de outro, não por uma eficácia objetiva, como na natureza, mas pelo sentido que oferece, como uma orientação do fluxo dos fenômenos, ou seja, como uma espécie de "razão operante" (1971a, p. 66). O autor chega a dizer que deveria renunciar-se não somente à idéia de causalidade, mas à de motivação, pois considera que o motivo não causa a decisão, mas também a decisão é que daria forças ao motivo.

"Na verdade", diz o autor, "a deliberação segue a decisão, é minha *decisão secreta* que faz aparecer os motivos" (1971a, p. 438).

Ricoeur assim descreve deliberação: "a motivação, ela própria, é um ato. É um processo de pensamento ativo, intencional, visando a uma decisão de agir em circunstâncias tais que mais de uma ação é possível ou julgada possível por quem delibera" (1988, p. 109).

É importante, para este estudo que a concepção de agente seja suficientemente abrangente para compreender a sua realidade concreta, experiência e vivência. Independentemente do rumo que a discussão causa/motivo tome para o filósofo, para este estudo da gestão é indispensável que a concepção de agente seja suficiente para compreender a essência fundante, possibilitando a apreensão do saber e do poder que possa estar faltando em sua ação.

Recorrer às posições de Guerreiro Ramos para um início de diálogo com algumas posições de Paul Ricoeur pode favorecer a uma melhor visualização dessa relação intrincada entre agente, motivo e causa, segundo cada um dos autores, o que facilitará visualizar em que aspectos dessas relações o primeiro está mais sintonizado com a fenomenologia e, em contraste, a posição mais radical do fenomenólogo francês, radical no sentido de raiz fenomenológica.

As setas do Quadro 20 indicam os momentos em que as posições convergem, possibilitando um diálogo, ou divergem, quando Guerreiro Ramos se afasta da fenomenologia.

Observa-se que há momentos em que as posições convergem, pelo menos em parte; e outros, nos quais a divergência é clara. Logo, há um possível início de diálogo entre ambos. Além disso, o quadro mostra especificidades da fenomenologia como: não considerar como sinônimos "causar efeito e ser causa de"; o contraste entre "ação" e "acontecimento"; a questão da "passividade", isto é, "sofrer o mundo", nas palavras de Ricoeur.

Quadro 20 Relação entre agente, motivo, causa – diálogo e monólogos

Guerreiro Ramos aborda o tema ao tratar de Estratégia Administrativa	Paul Ricoeur dedica o Capítulo IV de *O Discurso da Ação* ao tema Motivo e Causa
← Agente ativo – ação de intervenção	→ Agente ativo – se exerce na ação, ação de inserção
← Agente construtivo de toda a estratégica	← Agente-ação
→ O propósito não tem eficácia sem a vontade do agente	← O propósito não tem eficácia sem o saber e o poder do agente
← Causa é o controle volitivo	← Os motivos da ação são do agente; uma ação não é acontecimento; acontecimento é efeito causado
← O agente é causa eficiente dos acontecimentos	→ Distinção entre agir e causar: dizer que causamos efeitos não é dizer que o agente é causa
→ A vontade não é variável independente, não há arbítrio	← A vontade é enredada, não há livre-arbítrio
← mas condicionamento por fatores objetivos	→ A ação é fundada na vivência, não há condicionamento, mas implicações e pregnância
← Conhecer intenções é conhecer a "razão de"	← Ação humana não se reduz à causalidade, seria preciso simultaneamente deixar acontecer e fazer acontecer. Além do nível da causalidade física e do nível da atividade humana, há o nível da passividade → Os conceitos disposicionais são irredutíveis às "razões de" e à causalidade humana
→ Os motivos são causa	← Certos motivos são causa → num significado diferente da palavra causa, no sentido da passividade
→ O estrategista é simultaneamente agente ativo e observador participante	← A observação participante é um modo de agir

Motivo e Decisão

Muito importante para a clarificação da estrutura da ação administrativa no estudo da gestão preocupada com a formação humana é a distinção entre motivo e decisão. Merleau-Ponty os descreve como "dois elementos de uma mesma situação", sendo que "motivo é a situação como um fato" e "a decisão, a situação assumida" (1971a, p. 265). Essa distinção faz aparecer, por um lado, a ação essencialmente humana, com a decisão e, pelo outro, a relação motivo e decisão que não é de causalidade, mas de implicação.

Ação administrativa como modalidade de ação social sob a ética da responsabilidade: Guerreiro Ramos

Retomando uma discussão sobre o tema, já iniciada em estudo anterior, a partir de Ramos, percebe-se que o autor concebe ação administrativa como uma modalidade de ação social, dotada de racionalidade funcional, e que supõe os seus agentes, enquanto a exercem, sob a vigência predominante da ética da responsabilidade, uma modalidade de ação social referida a fins (RAMOS, 1983, p. 48). O autor recorre a Max Weber para dois pares de conceitos que considera satisfatórios para a definição de ação administrativa:

- a racionalidade funcional e a racionalidade substantiva;
- a ética da responsabilidade e a ética do valor absoluto.

Assim, a relação dos indivíduos em qualquer sistema cooperativo é concebida como dual. Há, então, uma relação funcional ou interna e uma relação individual ou externa. A primeira é mais ou menos intermitente, e a segunda é contínua, é não-intermitente.

Este estudo não vai retornar a discussão daquele autor quanto à importância da distinção das duas racionalidades, nem tampouco entrar na crítica do chamado movimento de Relações Humanas, no qual o DO se destaca; vai apenas apontar o caminho para ampliar a compreensão da ação administrativa, a fim de compreender tanto a racionalidade funcional quanto a substantiva, e tanto a ética da responsabilidade quanto a do valor absoluto, uma vez que a instância fundante não se limita a uma ou outra, ela é o originário de ambas. A retomada nessa direção possibilitará rever a questão da preponderância da ética da responsabilidade.

Isso significa que, independentemente de o exercer-se do homem ser funcional ou individual, sua vivência, motivos, poder e saber desenvolvidos pela intencionalidade operante, pelo tempo e espaço fenomenológicos, serão os mesmos.

Ramos aponta os perigos do mau uso das ciências sociais para tornar as organizações onipotentes, em uma ideologia anti-humanista, chamada de "ética social", e que visa a legitimar as pressões da sociedade e do grupo contra o indivíduo, para adestrá-lo (1983, p. 40).

Mas a ética da responsabilidade referida a fins e a ética do valor absoluto referida a fins últimos não são consideradas antagônicas pelo autor (RAMOS, 1983, p. 43), apenas a solução está limitada no nível da experiência. Não se pode negar que haja gradações de tensão entre as duas éticas, segundo a personalidade dos agentes ou segundo a cultura e as normas da organização, ocorrendo casos limites que as torne incompatíveis. Mas, apesar da inteligibilidade da ação administrativa requerer referências à racionalidade funcional e à ética da responsabilidade substancial, à ética da convicção ou do valor absoluto (1983), os critérios da efetividade do social e da relevância do humano encaminhariam o conflito no sentido da intersubjetividade, isto é, do ser do humano, uma questão tão crítica quanto fundamental. O conflito intersubjetivo foi considerado por Husserl um grandioso desafio, cuja possibilidade de administrar foi encontrada por ele no sujeito transcendental.

O problema essencialmente humano da intersubjetividade reporta a Gabriel Marcel com a continuidade atual dos fatos dramáticos que preocuparam autores no pós-guerra, e aparece no próprio título de sua obra como uma narrativa histórica e lamentavelmente, também, como uma advertência necessária: *Os Homens contra o Homem* (s./d.).

A intersubjetividade do ser co-humano elimina a dualidade ética e de racionalidades, não necessitando das soluções parciais que o nível da experiência pode oferecer, como o "envolvimento positivo" de Etzioni que Ramos destaca, ou a substituição de um conflito por outro menos penoso, a chamada integração do indivíduo à organização, devido à deliberada auto-racionalização da conduta, um alto nível de consciência e compreensão que supõe a ética da responsabilidade. A intersubjetividade está implicada na ética da convicção, uma vez que é essencial ao ser do humano, à sua maneira intersubjetiva de existir. A fenomenologia sugere ao agente administrativo o ato de retomada da sua intersubjetividade, essencial na administração do conflito da ação.

Mas a retomada, segundo Merleau-Ponty, não é uma submissão ou uma negação, uma abdicação da singularidade em favor do outro, de acordo com o rumo tomado por Hegel na finalização de sua proposta universal.

Chega o momento de refletir sobre o que Landsberg chama de engajamento: "o assumir concreto da responsabilidade de uma obra a ser realizada no futuro, de uma diretriz definida para o esforço que dirigimos à formação do futuro da humanidade" (1968, p. 22-3). É fundamental a retomada permanente de questionar por que agir, para que e para quem agir, com quem agir, como agir e quando agir. Cada ação humana é possibilidade de realização de uma obra.

A relação de Ramos com a fenomenologia se torna mais íntima em sua abordagem à idéia de projeto, quando encontra certa semelhança entre a atividade do engenheiro e a do administrador, quanto à relação de ambos entre trabalho e saber. Mostra a experiência imediata, concreta de ambos e o *policy-making* do administrador como um processo, cuja dinâmica faz mudar o desejado continuamente. É, segundo sua interpretação de Herbert Simon, um agir no qual "se pensa o que se faz e se faz o que se pensa" (RAMOS, 1983, p. 48-9). Nessa mesma direção, encontra-se a crítica de Michael Harmon (1989) a Simon, em seu artigo "'*Decision and action*", aproximando-se também da concepção da dinâmica de projeto segundo a fenomenologia, porque apresenta pensamento e ação como mutuamente constitutivos.

A semelhança está na concepção de projeto, não como um plano e, sim, como um projetar-se para frente, fazendo-se e refazendo-se permanentemente, o que reporta ao devir do horizonte husserliano.

A primeira diferença está na concepção de Ramos quanto à mudança contínua do desejado decorrer apenas de reconsiderações, enquanto, na fenomenologia, a mudança contínua é mais compreensiva do que aquela que se realiza no nível da experiência. Na última, há uma análise fundamentada por um saber especializado, que Ramos chama de "observação analítica participante da experiência", a qual é realizada pelo administrador. Para a fenomenologia, que não nega as operações no nível da experiência, a mudança contínua do desejado ocorre nos dois níveis, isto é, não somente no nível da experiência operada pela ação, mas no nível da instância fundante, que ocorre com a intencionalidade operante, que não é, tampouco, apenas a causalidade natural. A segunda diferença é relacionada ao saber que Ramos parece considerar o abstrato, o fundamentado pelo conhecimento intelectual, enquanto a fenomenologia compreende um saber intuitivo, de natureza filosófica, de origem não racional, no sentido inverso da razão como intelecção, isto é, o saber originário, fundante, apreendido direta e concretamente da coisa mesma. O primeiro saber tem por objetivo apreender o homem abstrato enquanto o segundo tem por objetivo o homem concreto.

Porém, Ramos retoma o sentido da fenomenologia quando também considera importante a questão da natureza do saber, pois, embora aceite as operações do processo decisório de Simon, não as considera suficientes, acrescentado outras. Argumenta que resultam da escolha da melhor alternativa estratégica na administração de uma operação abstrata que jamais poderia apreender *a priori* as conseqüências reais. E completa: somente quando convertida à estratégia em comportamento efetivo, as conseqüências ocultas à primeira operação intelectual vão se tornando manifestas (RAMOS, 1983, p. 152-3). Seria possível complementar – somente com a ação, e que as manifestações da operação intelectual aparecerão no mundo da vida, concretamente.

Essa leitura de Ramos confirma a necessidade da distinção iniciada neste estudo, entre resultado e conseqüência, a qual, apesar de ainda incompleta, pode minimizar ambigüidades, como a que aparece no texto citado. A concepção de ação administrativa que não consegue distinguir resultado de conseqüência não distingue suficientemente ação humana de causalidade natural, nem de intencionalidade operante. Esses três níveis de operação são indispensáveis a uma concepção mais compreensiva de ação administrativa, que abranja as duas instâncias, a da experiência e a da essência (1983, p. 47-9).

Uma gestão que considere essas instâncias é importante para enfrentar o problema da conseqüência da ação, do seu resultado ou da omissão, seja a ação estratégica ou não. Isso porque o conhecimento, que caracteriza a ação administrativa no nível da experiência, possibilita antever o seu resultado, em tese, enquanto que o saber intuitivo, originário da intencionalidade operante, e que institui a causalidade que caracteriza a relação entre resultado e conseqüência, vai apreender o sentido do resultado da ação, fazendo aparecer suas possíveis conseqüências.

Ramos (1983, p. 50-1), além de analisar criticamente a obra de Simon, trabalha também sobre a obra de Waldo, cujas preocupações com a racionalidade não estão relacionadas a classificações, mas à importância para a administração como esforço cooperativo.

Simultaneamente, alerta para o que chamou de "fatores não-racionais" que envolveriam e condicionariam a administração, e os quais o autor considera uma possibilidade de alargamento da base de estudo da administração, incluindo informações antes consideradas irrelevantes. Nesse texto, que trata da questão da racionalidade da ação administrativa em seus diversos tipos e implicações, o autor abre espaço para "fatores não racionais" estimulando uma abordagem filosófica. Percebe-se que há uma orientação para a fenomenologia, na intuição de que pode realizar esse "alargamento", essa compreensão, o que exige um método e um conhecimento de natureza filosófica, isto é, um saber não mais tradicionalmente científico.

Husserl e Dewey: racional, não-racional, ciência e filosofia

Neste ponto, a posição husserliana pode contribuir para não deixar o que foi dito anteriormente como um comentário vago. Opondo-se ao "chamado velho racionalismo do século XVIII, que substitui a experiência imediata da vida por construções matemáticas, por fisicismo ou racionalismo objetivista", não adota o modismo do estereótipo anti-racionalista nem o irracionalismo emergente. Husserl desenvolve um método contrário ao misticismo e ao irracionalismo. Sua busca iria em direção de um super-racionalismo que transcenderia o velho racionalismo em suas inadequações, mas que continuaria em busca dos mais íntimos objetivos do mesmo (SPIEGELBERG,1971, p. 83-84).

Husserl manteve sua "fé na missão e no poder da razão humana", direcionada a examinar as crenças humanas, defender as válidas e a afastar as inválidas (SPIEGELBERG, 1971, p. 83), o que também se observa em John Dewey. Essa recorrente confiança na racionalidade humana manifesta-se fortemente em Dewey, quando discute a explosão do conhecimento científico e tecnológico, suas aplicações e dinâmica presença da industrialização. Nesse momento ele, por um lado, denuncia as agressões a partir dos avanços da ciência, de seus processos e produtos, o que levaria ao retrocesso e, por outro, mostra o absurdo das idéias que esperam um "controle extra-humano e extranatural, uma vez que o natural é determinado pela investigação científica" (1954, p. 25). Essa discussão do autor se encaminha para a expectativa de que o homem reconheça sua nova tarefa de encontrar "uma nova ordem", com outras condições de vida, segundo as quais a humanidade pudesse beneficiar-se do conhecimento produzido. A missão do filósofo, então, não seria a de encontrar culpas e de reagir conflitivamente, mas investigar o mais amplamente possível essa nova realidade, suas implicações, sem esquecer aspectos culturais como os valores que orientaram os primórdios das descobertas científicas, em contraste com os atualmente presentes nos movimentos tecnológicos e politécnicos (1954, p. 26).

Na verdade, essa foi a posição inicial de Husserl, desejoso de uma filosofia científica, uma expectativa sob a qual também encontrou-se Dewey, à sua própria época e maneira própria de interpretar, confiando no método científico para fazer filosofia e, simultaneamente, criticando as vulnerabilidades do mesmo, relacionando-as, em geral, à falta dos valores às ciências humanas. A postura de Husserl evoluiu no sentido de uma filosofia radical, por volta da Primeira Guerra Mundial, quando buscou um saber compreensivo, suspendendo o conhecimento dado. Husserl deu à luz o movimento fenomenológico, fértil a partir de então, mas que não simplesmente acata os prenúncios fenomenológicos de pensadores como Hegel. Porém, os caminhos que pareciam próximos foram bastante diferentes. Próximos porque ambos apresentaram "a tendência de puxar a história para o lado do que há nela de inteligível", chegar a uma gênese, deixar de ser faticidade e ir no sentido do homem (KELKEL e SCHÉRER, s./d., p. 56).

Por outro lado, diferentes, porque Hegel orientou-se para "a totalização dos momentos", enquanto Husserl para a redução fenomenológica, em busca de captar a plenitude concreta não como simples fato, mas a luta da humanidade pela sua inteligibilidade [...] para elucidar-se a si mesma (KELKEL e SCHÉRER, s./d., p. 58).

As discussões sobre idéias e rumos das buscas de Dewey também continuam ardentes na literatura atual, envolvendo problemas teóricos e práticos que poderão, no futuro, alargar algumas das questões iniciadas neste estudo. Bons exemplos seriam um artigo de Young (1990), que explora algumas possibilidades da ação comunicativa de Habermas, para uma teoria de ações educacionais, o que o autor considera uma ontologia habermasiana de aprendizagem, reconstruindo Dewey. Um segundo exemplo, seria o instigante artigo de Kurita (1971, p. 338-346) que mostra a recorrente presença de Kant nos estudos deweynianos, mas no sentido de um crescente ceticismo do filósofo norte-americano quanto à possibilidade de encontrar respostas para suas críticas indagações. Trata-se de um artigo que revela o espírito inquieto e investigativo de Dewey, talvez, procurando desvencilhar-se do absolutismo e do relativismo simultaneamente. Um terceiro estudo sobre Julgamento de Valor em *John Dewey's Theory of Ethics*, de Caspary (1990), merece especial atenção quando apresenta a postura filosófica deweyniana, "não no sentido de submissão do desejo a regras da razão, mas de desenvolver desejos mais razoáveis".

Um outro artigo ainda merece especial atenção no contexto deste trabalho, e torna quase obrigatório o compromisso de retomá-lo no futuro devido às suas possibilidades de ampliar o diálogo entre Filosofia de Experiência e Fenomenologia, porque discute o estudo de Green exatamente a partir da expressão deweyniana *quest*, como uma permanente preocupação humana que "é individual e é pública", e que a autora aborda em sua *Dialetic of Freedom*. Trata-se do artigo de Garrison que não somente estabelece um diálogo entre a autora citada e Dewey como recorre a Husserl e F. Schultz para falar a linguagem do possível e criticar o suposto realismo que se considera prático, enquanto é mero idealismo. Além disso, o estudo reconhece o mundo da vida como o campo universal e concreto de toda a prática possível (GARRISON, 1990, p. 193). Aborda, ainda, uma questão recorrente neste estudo, e que é fundamental para a fenomenologia, a relação entre o eu e a sociedade. Garrison considera essa relação problemática e a encontra entre dois riscos: o anonimato que segundo ele estaria descrito no Forfeiture (*Verfallensein*) apresentado por Heidegger e, ainda, no que chamou de "catástrofe cartesiana", que duvida até de sua própria existência (1990, p. 201).

Na verdade, muitos outros estudos merecem atenção futura, como o de Schultz (1971) sobre os conceitos deweynianos de *inteligência e comunidade*. Em especial, porque esse artigo, que analisa o estudo de Feinberg sobre esses dois conceitos, faz emergir uma questão de grande interesse, que é uma possível distinção entre sociedade e comunidade (SCHULTZ, 1971, p. 84-5), para a qual este estudo já sugeriu uma tentativa de diálogo com Scheler. Esses e tantos outros estudos aguardam releitura para enriquecer esta proposta de Gestão pela Formação Humana, para a qual esses diálogos iniciais entre Filosofia da Experiência e Fenomenologia foram básicos ao alcançar o atual estágio, podendo tornar-se vitais à sua continuidade.

Este estudo, pois, embora sem nenhuma pretensão de realizar uma discussão filosófica rigorosa, encontrou aproximações entre algumas posições do filósofo norte-americano J. Dewey e a fenomenologia, consideradas significativas para a proposta de Gestão pela Formação Humana, deixando claro, porém, que há muito mais a ser realizado nesse sentido.

Em primeiro lugar, a contribuição dessa abordagem estaria relacionada ao sentido filosófico dos fatores sociológicos citados. Por exemplo, o poder, que na abordagem fenomenológica funda qualquer ação administrativa em sua essencialidade humana. O poder e o saber originários, não-racionais, vão favorecer a apreensão do sentido da ação administrativa, buscando antecipar sua conseqüência. É fundamental lembrar que isso não seria possível se viesse a ocorrer o que Ramos e Waldo temeram: o vício de superestimar a racionalidade do homem na solução de problemas.

A psicologia também trata da irracionalidade, o que é importante, mas não é suficiente no caso deste estudo, uma vez que reduz a questão ao nível da ciência. Uma abordagem filosófica à administração, porém, poderá contribuir para responder a questão que Ramos destaca no texto de Waldo, a qual encaminha este estudo para a questão da conseqüência da ação: "a realização das finalidades do homem estariam sempre associadas ao relacionamento entre meios e fins?" (RAMOS, 1983, p. 50).

Rumo à conseqüência e ao fim último

Essa é uma pergunta para a qual o critério da relevância pode facilitar uma resposta, uma questão da qual tanto a Filosofia da Experiência quanto a Filosofia Fenomenológica se ocupam, inspirando justamente esta abordagem educacional à gestão, orientada para a formação humana.

Em continuidade, a apreensão do fenômeno da conseqüência é fundamental, por fazer aparecer o humano como agente-fim último, o que é distinto da concepção do humano como recurso-meio instrumental, como é tratado pela literatura em Administração como Recursos Humanos, da mesma forma como é distinto do humano reduzido a um dos objetivos ou a um dos fins de uma organização.

O ser do humano, na Gestão pela Formação Humana, manifesta-se como um agente-fim-último, um objetivo/agente-fim-último, não por uma questão de supremacia, de poder de dominação, de privilégio, de ideologia, mas por uma questão ética que – para a fenomenologia – é uma questão do ser.

Sendo o humano a possibilidade permanente de recurso em aberto, o homem é o único ser com possibilidade de retomada intencional e consciente do mundo já aí, para desenvolvimento de um projeto "no sentido de uma u-tópica", nas palavras de Rezende (1990, p. 28). Esse autor distingue compreensão de plenitude e de finitude. A compreensão não estaria apenas no situar-se no mundo para realizar o somatório dos sentidos, para a apreensão de uma estrutura dada. A compreensão é o que nunca irá se completar; e o humano, segundo a fenomenologia, é o que nunca desistirá de buscar. É, pois, um ser em aberto, em busca do sentido que também é em aberto, mesmo no símbolo, na verdade, no *sentido pleno*, conforme se expressa Rezende.

"A fenomenologia", diz Rezende, "é uma filosofia da verdade, em todas as suas manifestações" (1990, p. 29). A verdade é o que se busca, por não estar sempre manifesta, pois se vela, se oculta; e, essa busca da verdade, é a experiência de uma falta, no sentido de uma u-tópica.

Neste momento, surge uma questão de método, aquela que, recorrendo a "*Ser e Tempo*" de Heidegger, Dartigues aborda. Trata-se de uma questão básica do método fenomenológico, isto é, a "tarefa" da fenomenologia que é *fazer ver de si mesmo o que se manifesta, tal como de si mesmo ele se manifesta.* A pergunta que costuma surgir é: mas se ele se manifesta por si mesmo, por que então fazer ver? A questão é que se mostra, mas não diretamente ou não imediatamente ou dissimuladamente. Pode parecer ao contrário, por isso, precisa mostrar-se expressamente (DARTIGUES, 1992, p. 127).

Com essa possibilidade de mostração do fenômeno é que o agente precisa estar permanentemente sintonizado na gestão, se é que ele pretende compreender os problemas como eles realmente são, e não substituí-los por suas representações. Esse cuidado exige convívio intenso, cotidiano, em busca do em comum.

Retomando Rezende, é fundamental perceber que entre verdade e símbolo – que só é símbolo se for instituído pela realidade concreta do humano, do vivido – e, entre *a u-tópica* e o sentido pleno, a relação é de falta. O humano é essa busca na consciência dessa falta, permanentemente. O humano é o recurso do poder e do saber de busca do homem; e é, também, o fim último dessa busca, para continuar buscando o Sentido que sempre estará faltando.

O ser do humano, como agente-objetivo-fim-último, pois, não é uma questão de opção é uma questão do ser. O problema está em assumir-se o que já é. A possibilidade de retomada do ser, exercendo-se em uma liberdade engajada no mundo já aí, é exercer-se em seu dever ser, porém, conforme já foi visto, não somente movido pelo *dever, mas pela ética.*

Essa postura é a mais desafiadora e crucial para o exercício de uma Gestão pela Formação Humana, porque ética não tem normas, é o que você decide e faz mesmo que ninguém fique sabendo.

A presença da pré-sença e o poder ser

Em continuidade, é oportuno recorrer a Heidegger em *Ser e tempo* para, pelo menos, iniciar uma aproximação ao que é, para a fenomenologia, a presença, e para deixar mais claro o que Merleau-Ponty aponta sobre espaço.

Estar presente seria uma mera constatação de um espaço no qual cada um está simplesmente disposto, por exemplo: em um organograma organizacional. Ser presença, porém, implica compreender o espaço como algo que possibilita a disposição que é assumida, quando se é presença com uma ação, com um projeto para uma obra. Essa orientação para realizar-se assumidamente em comum é o que faz aparecer o engajamento ético da postura fenomenológica, isto é, uma busca permanente em direção ao ser como dever ser. Logo, na gestão, no trabalho, tanto quanto na vida, o dever ser ético não necessita de grandes feitos, mas de um permanente cuidado em direção a uma consciência desse dever ser cotidiano diante do outro, em todas as suas dimensões: o colega, o subordinado, o chefe, a organização, os clientes, a sociedade, o mundo, no sentido de *ser com o outro*.

Neste ponto, é fundamental atentar para duas questões do trabalho. A primeira é "trabalho para quem?", uma questão que não está descolada da segunda, "trabalho para quê?". Por um lado, o trabalho é para o outro devido a vários fatores que não devem ser esquecidos, tais como: o dever como tal, diante do contrato de trabalho com uma organização ou com um cliente; a responsabilidade pela chefia e liderança com cada um dos colegas, subordinados e chefes; a responsabilidade por serviços e/ou produtos para o cliente, para a sociedade e, tudo isso, devido ao sistema legal vigente, às regras morais da cultura, às tradições dos negócios e, em última instância, à ética que considera a singularidade de cada um dos envolvidos. É nesse cruzamento de fatores, encontrando-se com o engajamento ético, que o trabalho se mostra, não apenas como um dever diante do outro – conforme diz Scheler em sua crítica a Kant sobre querer algo cuja realidade *nada nos interessa*, e continua, citando Sigwart, pois seria uma vontade que não quer o que quer (1928). Sobre o que vale perguntar: seria uma disposição de ânimo moral aquela revelada pelo pensar alheio? Não se trata, pois, de fazer algo para o outro, nem apenas pelo dever, nem somente como se fosse o outro, mas como uma possibilidade do ser, orientado para o dever ser: a co-humanidade.

Retomando a questão da presença, que está implicada na co-humanidade, é preciso esclarecer que essa é uma questão que deverá ser oportunamente retomada. Porém, espera-se que esse início de discussão da presença, embora resumidamente, seja suficiente para refletir sobre a postura do agente na gestão porque, diz Heidegger, "a presença é, ao mesmo tempo, quem clama e o aclamado". A presença é quem clama e, "já estando lançada, [..] angustia-se com o seu poder ser" (1990, p. 64); ela é a consciência das possibilidades com suas implicações. Neste ponto, o ser como dever ser aparece como uma fundamental implicação.

Na verdade, questiona Heidegger, de que valeria um clamor da presença sem a compreensão desse clamor? Pois a vivência plena da consciência só pode ser apreendida com a compreensão desse aclamar. A presença é sempre em si mesma, ao mesmo tempo quem clama e o aclamado, conforme já foi dito; todavia, quando não se dá ouvidos ao clamor, também não se ouve a presença. Então, "um clamor solto no ar [...] é uma ficção". Torna-se oportuno lembrar que a busca fenomenológica é sempre pelo sentido que está faltando, pelo "débito", nas palavras de Heidegger (1990, p. 66). Logo, ouvir o clamar não é mera opção, é o caminho para tornar a consciência compreensível como testemunho de suas possibilidades éticas.

Schalcher relaciona a questão da pré-sença ao que encontra em Merleau-Ponty como "momento genético da fenomenologia [...] a partir de um inconsciente originário [...] das relações anônimas que intervêm na formação do eu e que são assumidas pelo corpo em sua apropriação do mundo" (1983, p. 88).

Heidegger, mesmo com sua linguagem considerada complexa por Spiegelberg, ilumina a questão da pré-sença favorecendo o entendimento de seu significado, para que possa ser considerada na gestão, em especial, em países de terceiro mundo, onde o culto ao que é novo é muito forte – como é o caso da cultura brasileira – o que leva a ignorar as raízes culturais, podendo obscurecer o originário.

A esperança nesse sentido é que a cultura indígena se espacialize entre brasileiros e em todas as nações que ainda contam com essas populações, para que a formação humana ganhe novas possibilidades. Krenak (1996), com sua linguagem autêntica, fala em contraste com modismos efêmeros que permeiam a modernidade:

> nós não fazemos moda [...] nós temos tradições [...] é uma memória da antiguidade do mundo quando nos fazemos parentes, irmãos, primos, cunhados da montanha que forma o vale onde estão nossas moradias, nossas vidas [...] aí onde os igarapés são nossos parentes [...] um clã está ligado a outro relacionado com seres da água, do vento, do ar do céu [...] de cada uma das nossas grandes famílias no sentido universal" (1996, p. 202).

Percebe-se que para os indígenas a pré-sença é o lugar onde se busca permanentemente a fundação do mundo.

Heidegger refere-se à presença como: "Esse ente lançado [...] entregue ao mundo descoberto em seu pré e dependente de suas ocupações", dessa forma, o filósofo alemão considera que "a presença atende a seu poder – ser – no mundo". E alerta para a presença como o poder "*contar* com e por meio", insiste ele, "daquilo com que ela estabelece uma conjuntura privilegiada, em função desse poder ser" (1993, p. 222).

Esse poder ser é a esperança para a co-humanidade, porém, não apenas como discursada, entendida, mas também assumida; e, isso, tanto faz se na rotina da gestão, em situações críticas na organização, na verdade, no mundo na vida.

Vale lembrar que as aspirações de participação que marcaram a presença do DO entre as teorias modernas podem avançar para o patamar das expectativas, isto é, de algo possível, se critérios filosóficos forem articulados aos científicos. A consideração da presença fenomenológica nas ações administrativas irá alertar para a necessidade de assumir-se a inserção no espaço comum da gestão, substituindo as intervenções que suspendem a ética.

O percurso de vida de Bennis se confunde com o percurso do DO; e a sua preocupação com a consciência, no final do século, deve-se, justamente, à percepção do vazio ético nas organizações humanas. Ele parece estar se aproximando da busca do que Merleau-Ponty descreve como um *corpo de espírito, um espírito de corpo e um quiasma entre os dois*, quando fala desse débito ético, para afirmar que "ética e consciência não são opcionais", que "são a cola que une a sociedade". Porém, afirma ele, "sem consciência e ética, talento e poder não servem para nada" (BENNIS, 1996, p. 163).

Aproximando-se também do sentido da reconstrução deweyniana e sublinarmente apontando para o que poderia constituir uma retomada, afirma Bennis que considerar que "os líderes são necessários [...] não significa obediência. É hora de controlarmos os acontecimentos e não de sermos controlados por eles" (1999, p. 166).

Além disso, faz parte da proposta de Bennis uma postura que o aproxima da participação democrática deweyniana e da inserção fenomenológica, quando desqualifica a gestão por intervenção, alertando para não se assumir o papel de Noé, tentando reconstruir o mundo social ou organizacional a partir de uma equipe criada por ele, ignorando a organização pré-existente (1999, p. 170). Alargando a linguagem científica de Bennis para um discurso filosófico, poder-se-ia dizer: considerando-se a *presença.*

A presença do agente na ação administrativa, nesta proposta de Gestão pela Formação Humana, tem necessidade de ser autêntica, isto é, aquela que simultaneamente clama e é aclamada, preocupada com o assumir-se no sentido do débito, que aparece na ausência da relevância do humano e da legitimação da ação no mundo da vida.

7

Concepção fenomenológica de organização: instâncias na gestão pela formação humana

Foguel e Souza, discutindo a teoria do Desenvolvimento Organizacional, DO, definem organização como um sistema sócio-técnico, um conjunto orgânico composto de partes inter-relacionadas e interdependentes, em processo de contínua mutação, e em permanente contato com um ambiente externo também em mutação, significando que qualquer mudança em uma das variáveis orgânicas tende a causar efeitos nas outras (FOGUEL e SOUZA, 1989, p. 221).

Neste ponto é oportuna a leitura de Jaspers (1965, p. 79) como um alerta para o que, não obstante teoricamente parecer óbvio, é freqüentemente ignorado nas práticas de gestão.

> [...] no campo das ciências humanas [...] não nos contentamos[...] em constatar o que fisicamente existe, o que é diretamente acessível aos sentidos, o que é mensurável, o que se pode interrogar através de experiências. Nas ciências humanas, temos que compreender a significação perseguida pelos seres que agem, pensam, prevêem e acreditam; nas ciências humanas não nos contentamos com o

> conhecimento exterior das coisas, mas temos que apreender no seu interior o significado posto pelo homem.

Uma concepção de organização mais compreensiva, uma organização com espírito, não é incompatível com a realidade sistêmica, social e técnica do nível da experiência. Essa abordagem racional é apenas incompleta, porque interior e exterior existem simultaneamente, separados e unidos. Essa expressão é também empregada por Cassirer, em seus estudos sobre linguagem, para descrever a relação singularidade e todo. Considera cada existente em seu "estar aí" como, ao mesmo tempo, separado e unido ao todo (CASSIRER, 2000, p. 47).

Sendo as organizações criações humanas em busca de formas de convívio, nos lembra de que o conhecimento que mobiliza a inteligência no sentido do que é universalmente válido não mobiliza o homem por inteiro. Conhecer por contemplação não é ação, observação não é existência responsável, participante do mundo. O caráter próprio da verdade científica deve ser respeitado por todos, mas a ciência não esgota a verdade. Um olhar filosófico sobre a gestão é fundamental ao humano porque, para a ciência, não há liberdade, e o juízo é inseparável da compreensão de um significado e da verdade que, para o referido filósofo, não é una (JASPERS, 1965, p. 76-79) e, para a fenomenologia, é polissêmica.

A instância fundante, além de ser o originário que possibilita a existência daquele nível, é o que presentifica o mundo, as pessoas e suas organizações em um todo, em um só tecido, onde a interdependência, que supõe partes distintas, é substituída pela pregnância, pela intercorporeidade, pela intersubjetividade, em que interior e exterior estão imbricados.

Por isso, a abordagem fenomenológica à gestão é uma possibilidade de articulação dos objetivos de uma organização, das pessoas/profissionais que a constituem e da sociedade, realizando uma inserção no movimento do acontecer, segundo Donzelli em suas aulas.

Essa postura não busca a chamada compatibilização entre os objetivos de uma organização e de seus profissionais, de acordo com o modelo intervencionista de administração científica.

A postura de inserção possibilita a retomada do mundo do trabalho "já aí" em uma direção inversa à da ciência, isto é, no retorno ao originário que é essencialmente o outro. Esse outro, compreensivo, é o ser do humano que se mostra em sua essencialidade.

A realidade de uma organização, pois, mostra suas possibilidades. Daí ser possível dizer que a fenomenologia busca o possível no real.

Assumir-se com essa postura implica:

- em primeiro lugar, os critérios da Relevância e da Legitimação da Ação no "mundo da vida", que orientam todos os objetivos para o ser do humano, o objetivo-fim último, simultaneamente o agente-fim último de "natureza" filosófica; não há, pois, objetivo, recurso e fim dissociados, mas objetivo/agente-fim-último, como momentos do ser do humano;
- em segundo lugar, o critério sócio-político da Efetividade orienta os objetivos para a intersubjetividade do social;
- em terceiro lugar, uma abordagem fenomenológica não é compatível com objetivos hegemônicos, descreve o que é o todo com seus níveis de operação, o natural, o físico, o da ação humana e o da passividade, com a intencionalidade operante, deixando ao homem o ato de retomada dessa realidade na qual está enredado, tornando-a sua, não somente dando-lhe significado, mas fazendo aparecer o seu sentido;
- um quarto ponto traz implicações consideráveis para a teoria das organizações, a partir do Desenvolvimento de Recursos Humanos, passando a Desenvolvimento de Recursos do Humano, que não se limita mais à educação formalizada e à cultura, compreendendo o nível da vivência, considerando o ser em aberto, no sendo da presença e no sentido do porvir.

Foguel e Souza criticam, muito justamente, as dificuldades das atuais teorias da administração em distinguir desenvolvimento de mudança, acusando-as de serem muito mais teorias de mudança do que de transformação, e atribuem essa falha à lacuna do fator educacional na administração (FOGUEL e SOUZA, 1989), aspecto enfatizado no DO. Essa é uma crítica pertinente, pois educação nunca poderá ser considerada suficiente, porque é essencial ao homem em aberto da fenomenologia.

Há, porém, uma outra questão relacionada à mudança e à educação nas organizações humanas, e que não aparece como problema explícito na educação concebida tradicionalmente, o que leva a coincidi-la com intervenção.

Na verdade, a questão da mudança tem estado relacionada a uma concepção de educação com objetivos. A concepção de educação sem objetivos, como propunha Dewey, é a que pode buscar o desenvolvimento permanente do ser do humano, que é em aberto e singular.

A fenomenologia, que não se satisfaz com a educação como intelecção, como capacitação racional, como elaboração cultural, como processo de socialização e de desenvolvimento do homem para uma experiência autônoma e produtiva, não reduz educação à mudança. Dewey intuiu, em sua Filosofia da Experiência, uma preocupação que a fenomenologia pode explicitar: a formação do humano, em relação às conseqüências da experiência educacional, não apenas com os seus resultados.

Quando Dewey escandalizou os mais ortodoxos com a declaração de que "a educação não tem objetivos, a não ser um nível mais elevado de educação", deu indícios de que pressentia a questão do "ser do humano", e isso da mesma forma que Follett, citada por Harmon. Segundo ela: "nenhum relacionamento humano deveria servir a propósitos preestabelecidos. Cada relacionamento humano deveria ser livre, com propósitos emergindo. Esta é a verdade que funda a admoestação de que nós não deveríamos orar por coisas específicas" (HARMON apud FOLLET, 1989, p. 149).

Esta proposta das instâncias para uma Gestão pela Formação Humana busca o desenvolvimento do humano por não haver escolha. Se parece óbvio e desconcertante constatar que, em última instância, tudo depende do humano, quando, por outro lado, a experiência revela as profundas dificuldades do homem em suas organizações, é preciso aceitar que as organizações sejam os homens concretamente, não apenas a sua representação. Dar prioridade ao desenvolvimento do humano na gestão não é uma posição religiosa, uma tendência política ou ideológica, é uma postura vital à humanidade, e isso em relação a quaisquer dos critérios organizacionais articulados na revisão paradigmática.

Ser homem é ser possibilidade de retomada do mundo "já aí"; logo, do desenvolvimento das organizações humanas como tais, com todas as suas implicações e no sentido do desenvolvimento do ser do humano, não apenas da sua espécie.

O homem está situado no tempo de modo diverso ao dos animais, porque é o único situado numa maneira que transcende o fato de estar entregue à sucessão dos instantes, uma vez que o homem vive prospectivamente (LANDSBERG, 1968, p. 22).

Esse movimento-ação manifesta-se na retomada, no projeto, no exercer-se como projeto do mundo e, simultaneamente, como transformador do mundo em seu próprio projeto.

Nessa transformação vital à gestão das organizações que irão permanentemente enfrentar o futuro, a relação tempo e sujeito aparece em ambigüidade, da mesma forma como Merleau-Ponty descreve o próprio sujeito. O tempo, que só é tempo por não parar de passar, implica um ser humano que só pode ser em aberto. É, por um lado, o que permanece no passar do tempo e, pelo outro, o que não pára de se transformar, é ser e tempo coincidindo. Essa ambigüidade do sujeito, esse seu poder e saber de transformação é possibilidade permanente de avanços para a gestão das organizações.

A formação humana que não se limita à experiência preestabelecida compreende o fundamento do ser do humano no nível da experiência também, e envolve educação formal e informal, convívio cultural, socialização, profissionalização e treinamento; é uma gestão complexa com ações concretas, fundadas, ainda, na vivência, na intencionalidade operante, no tempo e no espaço fenomenológico, no pré-predicativo, que torna possível os demais níveis e está, além disso, implicada na causalidade, por considerar a conseqüência da ação, e não apenas o seu resultado.

Para a fenomenologia, o sujeito é inseparável do mundo, o que implica um intrincamento entre ação e causalidade, em uma dialética não apenas no nível da experiência, mas da instância fundante.

A Gestão pela Formação Humana, pois, é uma práxis cujos fundamentos não podem limitar-se à cognição, à intelecção e às sensações, e que não está fechada na cultura e na experiência social do ser humano. Ela compreende a intuição, implica o fundamento do ser, do sujeito-ação, vai além do resultado preestabelecido, abrange a conseqüência, quer da ação, do resultado da ação ou da omissão, podendo antecipar-lhes o seu sentido.

Ação administrativa: clarificando distinções entre ciência e fenomenologia na GFH

Abordagem científica	Abordagem fenomenológica
AGENTE	
Profissional, buscando resultado, causante	Humano-profissional, intencional, consciente, conseqüente
CRITÉRIOS	
Eficácia, Eficiência, Efetividade	Relevância do Humano, Legitimação no "mundo da vida"
FIM	
Resultado para a atividade-fim Lucro	Legitimação da Relevância do Humano no "mundo da vida", sendo o lucro instrumental para o fim último, o bem comum

continua

continuação

ABORDAGEM CIENTÍFICA	ABORDAGEM FENOMENOLÓGICA
FIM-ÚLTIMO	
A Organização ou a Instituição Atividade, fim, poder, lucro	O ser do humano em seu dever ser, ético
HOMEM	
Recurso Humano, instrumental, valioso	Recurso do humano, em aberto, agente-fim-último
INSTÂNCIA	
Existência, experiência	Vivência, fundante
LIBERDADE	
Democrática Considera a maioria	Enredada no mundo pregnância Considera o corpo-próprio, a co-humanidade
DECISÃO	
Ato intelectual, baseado na lógica racional. Pode seguir fundamentos teóricos e critérios da administração científica	A retomada de si mesmo, com a pré-sença, é orientada para o "poder-ser que se escolhe a si mesmo"*, como agente consciente e responsável
MOVIMENTO-AÇÃO	
Técnico, intervenção	Intencional, inserção
NATUREZA DO CONHECIMENTO	
Racional	Intuitiva

continua

continuação

ABORDAGEM CIENTÍFICA	ABORDAGEM FENOMENOLÓGICA
OBJETIVO	
Administração e Desenvolvimento dos Recursos Humanos para a eficiência, a eficácia, a efetividade e a Relevância da atividade-fim, buscando lucro resultante do trabalho dos Recursos Humanos	Desenvolvimento dos Recursos do Humano, busca de eficiência, eficácia, efetividade, para Legitimação da Relevância do Humano no mundo da vida, nas organizações; lucro é conseqüência da ação humana competente nesse sentido
O SOCIAL	
Natureza do Ser Humano	Dimensão social do Ser do Humano
PESQUISA	
Instrumento indispensável ao DO, intercomplementariedade	Indissociável no DO, busca pela compreensão com a abordagem científica e a fenomenológica, apreendendo características e sentido das organizações
PODER	
Volição, escolha, arbítrio Aquele categorizado cientificamente	Originário, articulação do tempo e do espaço fenomenológicos, passividade, fundante dos demais níveis

continua

continuação

ABORDAGEM CIENTÍFICA	ABORDAGEM FENOMENOLÓGICA
RELAÇÃO COM O OUTRO	
Troca, colaboração, interdependência	Ser em comum, co-humanidade. É a convivência em sentido próprio que só é possível com a "presença decidida" que não está relacionada em nenhum caso à "impessoalidade", a "compromissos ambíguos" ou "alianças tagarelas"*
RELAÇÃO SUJEITO E OBJETO	
Distinção, independência	Enredamento, indissociabilidade
SABER	
Científico (experiência)	Fundante (essência)
SENTIDO	
Estratégico	Filosófico
VERDADE	
Absoluta ou relativa	Polissêmica
CULTURA	
Homogênea Heterogênea, plural	Unitária e múltipla, simultaneamente Polissêmica. Nova universalidade: a singularidade com alcance universal concreto da co-humanidade, não de princípios universais abstratos de Kant

continua

continuação

Abordagem científica	Abordagem fenomenológica
SINERGIA	
Colaboração, cooperação, intercâmbio, troca, compartilhamento comportamental, dialética no nível da experiência	Implicação recíproca, terreno originário para um único mundo intersubjetivo, corporeidade que é intercorporeidade, dialética na instância fundante. Não há interior e exterior, a intersubjetividade assume o estar "misturado no mundo". Compartilhamento autêntico
SUBJETIVIDADE	
Individual e coletiva	Intersubjetiva
VALOR	
Cultural, social, axiológico Ideal, abstrato	Fundante, ontológico, concreto
* Ver Heidegger, 1990, p. 88.	

Especificidades da ação humana: três diferentes níveis de análise, encontrando:

- objetivos comuns, correspondendo ao que está fora e que é buscado pelos agentes;
- intenções comuns, o que está em cada um dos agentes;
- intenções conscientemente comuns, o que move cada agente a comprometer-se não somente consigo mesmo, mas também com o outro.

Esse terceiro nível é o que faz aparecer o engajamento ético, que está implicado na postura fenomenológica, e que aparece concretamente na manifestação da responsabilidade do agente como ação.

GESTÃO PELA FORMAÇÃO HUMANA – IMPLICAÇÕES BÁSICAS

1. Atuação com as pessoas, não sobre pessoas.
2. A liberdade do agente compreende uma pregnância que faz aparecer a intersubjetividade, a qual não anula o estilo de cada agente em suas singularidades, ao contrário, considera-os como possibilidades de enriquecimento de criatividade para a solução de problemas[1].
3. A subjetividade como intersubjetividade não é uma questão de escolha para o agente administrativo, é uma questão do ser, uma questão ontológica. O humano é unidade na multiplicidade. Logo a intersubjetividade é mais antiga do que o aprendizado, do que a socialização, do que a impregnação pelo convívio. Também não é pura vontade, é o originário do ser do humano que o agente precisa assumir, para ser o que realmente é, conquistando a sua humanidade, na verdade, a co- humanidade.
4. A intersubjetividade está fundada na pré-sença.
5. A abordagem fenomenológica à gestão faz aparecer o social como dimensão do ser humano, não como fundante de sua possibilidade de ser em comum, porque essa essencialidade é mais antiga do que o social, é própria do humano do ser. Por outro lado, é preciso que essa essencialidade seja assumida, retomada consciente e permanentemente.

1 Bennis, relendo suas vivências, enfatiza a importância das discordâncias para boas decisões no trabalho (1999, p. 38-9); mas quem ousará discordar se as singularidades não forem reconhecidas e respeitadas?

6. O ato de retomada, que assume o compartilhamento autêntico, não é uma postura alienante, ao contrário, é assumir-se como o ser em seu autêntico dever ser, para a totalidade de suas possibilidades.
7. A retomada é fundamental para o agente na Gestão pela Formação Humana porque possibilita uma relação mais compreensiva do que a colaboração, do que a interdependência, a qual ainda mantém a separação entre sujeito e objeto, impossibilitando o sujeito transcendental, o que é vital para o ser em comum.
8. A Gestão pela Formação Humana considera a co-humanidade na ação administrativa, exigindo do agente um permanente engajamento que se manifesta projetivamente para além dos resultados, procurando pelas conseqüências que o sentido da ação pode antecipar de acordo com as palavras de Merleau-Ponty "*pelo menos o estilo do que está por vir*" (1971a, p. 419)
9. O resultado que considera o ser humano em abstrato e busca concretizar objetivos organizacionais, apesar de ser um indicador importante na administração, pode velar as conseqüências que recairão sobre o homem concreto. Com a possibilidade do retorno ao "mundo da vida", as conseqüências irão legitimar ou não as ações administrativas, quando o questionamento filosófico irá investigar se o sentido da relevância do humano norteou todas as dimensões da ação com os critérios de eficiência, eficácia e efetividade.

Implicações de uma concepção mais compreensiva da ação administrativa para o DO

1. Uma abordagem educacional à administração não pode limitar-se à cognição e às sensações, precisa compreender o saber intuitivo.
2. A multidisciplinaridade do DO fica incompleta sem a filosofia.
3. A multidimensionalidade proposta:[2]

2 Ver Quadro 9

a. situa o critério da Relevância na dimensão filosófica, cujo objetivo é o ser em comum, a subjetividade mais como uma intersubjetividade;
b. destaca as dimensões técnica e econômica, com seus objetivos específicos e critérios instrumentais, cujo sentido é o da Relevância e o da conseqüência para o ser do humano;
c. destaca a dimensão da experiência sociopolítica e estratégica, no sentido social do "bem comum", compreendendo ainda o sentido filosófico do em comum, com o espírito público nas organizações;
d. passa a compreender a instância fundante, com o critério fenomenológico da Legitimação da Ação no "mundo da vida", passando o agente a ser agente-objetivo-fim-último, o ser do humano;
e. possibilita realizar o que a Filosofia da Experiência intuiu, o desvelamento da conseqüência como fenômeno que faz aparecer o valor, não aquele dado pela experiência, o abstrato, mas o concreto, o valor do vivido, em um movimento constitutivo do ser do humano permanentemente em aberto.

4. A abordagem fenomenológica ao humano, que é mais compreensiva do que a abordagem científica, fundamentará a revisão de Agente como aquele conscientemente responsável pela ação, segundo os seguintes pontos:
   a. o humano é uma força global, em que é impossível distinguir necessidade de contingência;
   b. a dinâmica do humano é a transformação permanente da contingência em necessidade, pela retomada que é essencialmente humana;
   c. a retomada é o ato que o humano realiza e que presentifica o homem como função viva, assumindo sua situação de fato, dando-lhe um sentido figurado;
   d. no homem, todas as funções são solidárias, não há independência da vontade e da liberdade;

e. o homem não é interior e exterior, ele é um todo enredado no mundo;
f. a subjetividade é mais uma intersubjetividade;
g. o homem é uma idéia histórica, não apenas uma espécie natural; e história não é apenas cronologia de fatos, é densidade temporal; é ser e tempo coincidindo;
h. o homem não é distinto do mundo nem, tampouco, está dentro dele, eles estão misturados inextricavelmente.

5. O desenvolvimento humano para uma sociedade tecnologicamente avançada implica:
a. além de visão crítica da experiência humana, o desenvolvimento de um saber e de um poder de articulação do qual o humano é no nível fundante;
b. além de capacidades psicológicas, atitude filosófica;
c. além da reflexão intelectual racional e o conhecimento metodológico científico, considerar a intuição fenomenológica, o método filosófico, incluindo a redução fenomenológica;
d. não dispensar a experiência científica, mas suspender fenomenologicamente conhecimentos e conceitos dados, realizando a redução para a apreensão do originário;
e. a postura do não satisfazer-se com o conhecimento intelectual, com o racional, para compreender o originário, o não-racional citado por Ramos;
f. considerar redefinição de prioridades sociais e organizacionais, a partir do critério filosófico da relevância do humano, no sentido da intersubjetividade;
g. um ser situado, cuja liberdade é o poder de ser sujeito das próprias experiências, o que, por sua vez, não é distinto de sua inserção no mundo, ao contrário, a existência do homem está de tal modo implicada em um destino coletivo que "a nossa vida particular só pode atingir o seu sentido quando participa da história da coletividade" (LANDSBERG, 1968, p. 22);

h. a situação do homem, que é constantemente transformada e que nunca é liberdade incondicional;
i. não seguir apenas indicadores sociais, mas buscar o sentido dos mesmos em relação ao ser do humano;
j. não necessidade de libertar-se do social para apreender o essencial, ou melhor, apreender o essencial situado no social, apenas suspendendo o que é dado, indicadores do social;
k. o homem, como um ser permanentemente em aberto, o que leva a coincidir formação com desenvolvimento do humano;
l. a indistinção entre formação e desenvolvimento, o que exige do administrador uma postura humana autêntica de auto-educação, de auto-gestão permanente, ininterruptamente como o tempo;
m. a substituição da concepção de recurso humano apenas instrumental, mesmo quando for considerado o recurso mais valioso, pela de agente-recurso-objetivo-fim último;
n. o recurso do humano, aquele permanentemente em aberto, que é o recurso "ser do humano", o qual é distinto dos demais recursos nas organizações que serão sempre delimitados e limitados;
o. reconhecer que, apesar de permanentemente em aberto, o limite das possibilidades de ação do recurso do humano na gestão das instâncias é estabelecido pelos critérios filosóficos da Relevância do humano e da Legitimação da Ação no "mundo da vida", sendo o último eminentemente fenomenológico; isso quer dizer que a possibilidade de recursos para agir não é delimitável, é possibilidade em aberto;
p. a relevância do humano como uma postura espacial e temporal permanente na gestão e, ainda, porque o mundo da vida é o terreno de origem e de retorno para legitimação de qualquer ação humana;
q. compreender o recurso do "ser do humano", distinguindo-se dos demais recursos em decorrência do seu caráter, que nunca

é unicamente instrumental, seu caráter é mais compreensivo, é o de agente-fim último; é o recurso do originário, da pré-sença enquanto ser no mundo.

6. A disputa entre racionalidade funcional e racionalidade substancial fica minimizada, com vantagens para a organização e para o homem, enquanto humano, porque ambas dizem respeito ao agente;
   a. a organização passar a contar com o recurso "do humano" em aberto, mais rico do que o recurso humano tradicional e objetivo, fechado, passando a compreender o saber intuitivo, não racional, fundante, e não apenas o saber intelectual, racional do nível da ciência, que trata do homem abstrato, porque considera as representações;
   b. o homem passar a contar com amplas possibilidades de auto-realização, podendo exercer-se em dois níveis de poder e de saber, o da experiência e o da vivência, que possibilitam o desenvolvimento de poder antecipador do sentido da conseqüência;
   c. minimiza-se, na organização, a possibilidade de manipulação e de alienação do homem, uma vez que:
      - o sentido do critério da Relevância é o do "ser do humano";
      - o sentido do critério da Efetividade é o do social;
      - o sentido do critério da Legitimação da Ação no "mundo da vida" é o da Relevância do Humano e o da Efetividade do social;
   d. o sentido dos objetivos/fins últimos dos critérios técnicos da Eficiência, da Eficácia e do critério sócio-político da Efetividade são os mesmos dos critérios filosóficos da Relevância e da Legitimação da ação no "mundo da vida".

O "sentido que circula", na acepção de Rezende (1990), nas implicações desta proposta de Ação Administrativa para uma Gestão pela Formação Humana é o do desenvolvimento orientado para o ser do humano. É o que as pessoas da organização pesquisada no estudo de caso, que motivou esta discussão, costumam chamar de busca pela excelência[3]. Busca que é permanente, e excelência que não é um patamar a ser atingido, mas que é sempre mais desenvolvimento e mais educação, ininterruptamente. É o que eles chamam de "busca pela qualidade", que não é fechada no total da técnica; é busca permanente com a qualidade das pessoas, de sua humanidade em aberto, ou melhor, de sua co-humanidade.

A possibilidade de uma ação essencialmente humana, que se orienta para uma legitimação no "mundo da vida", tem como agente um sujeito que se reconhece como responsável pela ação que ele pratica. E ela aparece, segundo Bello, como uma ação do tipo que os pensadores alemães interessados nas ciências do espírito consideravam ação típica do espírito humano: *inteligente, voluntária, liberta e criativa* (1998, p. 43-44).

Com o desenvolvimento do homem, da essência à experiência, há esperança de Eficiência, de Eficácia, de Efetividade, de Relevância e de Legitimação da ação no "mundo da vida". Sem o desenvolvimento do ser do humano, continua a disputa entre indivíduos, entre homem e organização e entre a alternativa de ser humano instrumental ou ser do humano, colocando o homem contra si mesmo, contra seu ser essencial.

Concepção de homem da sociedade tecnologicamente avançada

Ramos, ao longo de sua obra, demonstra preocupação com a qualidade de vida nas sociedades, diante do avanço da tecnologia. Argumenta que, ao invés de melhorias, a tecnologia tem representado um perigo para a viabilidade da racionalidade humana, embora, da mesma forma como

3 No estudo de caso citado, a complementação da investigação com uma abordagem fenomenológica possibilitou perceber que: a) o chamado "modelo" da organização incluía o seu espírito, isto é, uma orientação geral para a excelência, não como patamar a ser atingido, mas a novos níveis, permanentemente; b) a chamada "disciplina consciente" manifestou-se como o ato de assumir-se da fenomenologia. Ver, também, nota 1.

já se observou em Dewey, não considere esse perigo uma decorrência da própria tecnologia. Para o autor, trata-se de uma conseqüência da "estrutura política e institucional dos sistemas industriais avançados", o que, por outro lado, felizmente encorajaria comportamentos "reativos" a essa realidade nas pessoas que tentam inovar nas organizações (RAMOS, 1984, p. 13-58).

Realizando ele próprio uma dessas reações, vai buscar em Lane, o qual está fundamentado em Husserl, características para apresentar o que chamou de *um novo modelo de homem, o homem parentético* para as sociedades industrializadas (RAMOS, 1984).

A retomada do estudo de Ramos possibilita comparar a reação desse autor com a posição adotada, ou melhor, assumida neste estudo, que não se caracteriza por uma abordagem científica. A concepção de homem, segundo uma visão científica, considera-o:

- diante de alternativas como contingência ou necessidade;
- induzido pela força natural ou pela força espiritual, ou pela soma de ambas;
- dividido em uma organização corporal, como um fato contingente; e, em outros predicados, como necessidade.

Em contraste, realizando uma abordagem fenomenológica, fundamentada em Merleau-Ponty, este estudo propõe uma concepção compreensiva de homem, que implica os seguintes princípios:

- por um lado, tudo é contingência no homem, pois a maneira humana de existir não é garantida no nascimento ou refeita constantemente por obra do acaso e, por outro lado, tudo é necessidade no homem, e a mudança da contingência em necessidade se dá pelo ato da retomada;
- o homem é conduzido por uma força global, na qual não se pode distinguir uma ou outra – contingência ou necessidade;
- o homem é experiência, função viva, que assume uma situação de fato, dando-lhe um sentido figurado;

- todas as funções do homem são solidárias, tudo nele é necessidade e tudo é contingência;
- o homem é também vivência e passividade sofrida (MERLEAU-PONTY, 1971a, p. 181-182)

O esquema do Quadro 21, apresenta de forma simplificada, porém, suficiente para os objetivos e limites deste trabalho, a proposta de Ramos (1984) e a proposta deste estudo. No primeiro caso, está o "Homem Parentético", e, no segundo caso, o Homem Situado/Engajado, um sujeito intersubjetivo e uma corporeidade que o estatuto do corpo-próprio, segundo Merleau-Ponty (1971a), descreve como uma intercorporeidade. Neste ponto, percebe-se que a tentativa de Ramos, em busca de uma solução para o homem da era tecnológica apresenta-se como uma grande preocupação com o indivíduo, pelo social.

À Kelkel e Schérer também preocupa o caráter da história a qual reconhece com Husserl como duplo, isto é, "permanência e evolução" (KELKEL e SCHÉRER, s./d., p. 59), uma interpretação feita, também, sobre o homem em permanente ser e possibilidade de vir a ser.

No momento em que se propõe uma abordagem fenomenológica educacional à gestão, é fundamental alertar novamente sobre o que se está falando, porque a expectativa viciada em processos acabados, em idéias conclusivas, soluções definitivas, empurra para uma filosofia da linguagem determinativa, de postura dogmática, da escolha que prende e simplifica a vida no idealismo de um conjunto de idéias específicas e fechadas.

Quando Merleau-Ponty fala de história da filosofia, preocupa-se com o seu enquadramento em uma perspectiva subjetiva, para dizer que, se é história, é estrutura, esclarecendo: "A filosofia situada no conjunto hierárquico do Ser e de eternidade existencial [...], em um conjunto interrogativo que [...] não é um dogmatismo" (1971a, p. 180).

Essa mesma expectativa se mostra diante da educação com objetivos definidos, em busca de acabamento, de um patamar a ser atingido e, além disso, a serviço de determinada perspectiva. A reação de Dewey vem justamente contrapor-se a essa precária concepção de educação.

Quadro 21 Em busca de situar-se, de engajar-se intersubjetivamente

O Homem Parentético	O homem situado/engajado/ intersubjetivo
Exclui-se do seu ambiente interior e exterior	Não há ambiente interior ou exterior
Desprende-se do mundo comum	É enredado no mundo e retoma-se em um engajamento
Busca novas perspectivas, desenvolve visão crítica, capacidade psicológica, método científico	Não é perspectivista, sua visão é descritiva do que é, sua atitude e seu método são filosóficos
Coloca entre parênteses a crença no mundo comum	Coloca entre parênteses conhecimentos e conceitos dados
Alcança um nível de pensamento conceitual, racional, intelectual	Alcança um nível de conhecimento intuitivo pré-conceitual, originário, fundante, não apenas intelectual, racional
Redefine prioridades e metas do sistema social e da organização para atender a inclinações individuais em relação a bens de consumo e à liberdade	Redefine prioridades sociais e organizacionais a partir dos critérios filosóficos da Relevância do Humano e da Legitimação da Ação no "mundo da vida", no sentido da intersubjetividade, do ser do humano
Liberta-se do social Segue indicadores sociais Dá grande importância ao eu	Vive a liberdade engajada Busca o sentido dos indicadores quanto ao ser do humano A subjetividade é intersubjetividade
O homem é uma espécie natural	O homem é uma idéia histórica

continua

Quadro 21 Em busca de situar-se, de engajar-se intersubjetivamente (continuação)

O Homem Parentético	O homem situado/engajado/intersubjetivo
Para o homem não há causalidade	Há uma situação de fato que ele faz sua, na retomada. Esta situação é constantemente transformada por uma "espécie de escape", que nunca é liberado incondicionalmente
Separação entre homem e mundo A liberdade do homem é limitada pela sua natureza, pelo social, pelo cultural e pelo legal	O homem e o mundo estão misturados um no outro, inextricavelmente A idéia de "*homem situado*" exclui a de liberdade absoluta na origem do engajamento. "Liberdade é o poder de ser sujeito das próprias experiências", mas "não é distinta da inserção no mundo" (MERLEAU-PONTY, 1971a, p. 182, 363)

A formação humana – compreendida neste estudo – orienta-se para a direção que se opõe à perspectiva subjetivista, seguindo o caminho próprio do homem, na busca permanente por sua humanidade.

Essa postura, na gestão, encontra o sujeito-agente singular no mundo da vida com o outro, quando a própria condição em aberto dessas três dimensões – o eu, o outro e o mundo da vida humana – precisa "que seus símbolos e significados tenham um sentido comum e sejam percebidos como tais, em relação às atividades reais e concretas" (TEIXEIRA, s./d., p. 18).

Abordagem que considera as instâncias e a questão da conseqüência

Uma abordagem das instâncias à gestão implica, segundo a fenomenologia, e exige, segundo a experiência deweyniana, uma postura de inserção no curso da ação, que se distingue de omissão e de *laisser-faire*. E, principalmente, contrasta com intervenção. Mas uma gestão das instâncias não se reduz à Ação Administrativa caracterizada como uma experiência não-intervencionista mais ampla, um estilo de vida. Ela compreende, além do humano da ação, ainda movimento de causalidade. Se é possível, por um lado, apreender na gestão o significado da ação e do seu resultado, é também possível suspender esse nível de conhecimento e exercer a redução fenomenológica[4], para apreender os fundamentos do sujeito-ação em busca dos sentidos da ação, do resultado da ação ou da omissão, que aparecem na conseqüência.

A conseqüência, por sua vez, é o fenômeno da vivência do sentido da ação, do seu resultado ou da omissão, e que se realiza na causalidade, na intencionalidade operante, em uma operação constitutiva do ser em aberto[5].

Essa operação que a conseqüência realiza no originário faz aparecer a implicação recíproca entre ação e intencionalidade operante, desvelando o sentido intuído pela Filosofia da Experiência em relação à conseqüência da ação, o qual a Filosofia Fenomenológica explicita: a busca da Legitimação da Ação no "mundo da vida", segundo o critério da Relevância do Humano.

---

4 A redução não nos retira do mundo, a não ser para melhor nos permitir agir sobre ele e nele (KELKEL e SCHÉRER, s./d.). A redução fenomenológica não é uma conversão mística do olhar, é um fazer ativo que se interessa não pelo ser das coisas, mas pelas modalidades deste ser. (BONOMI, 1974. p. 13)

5 O sentido provém das operações constitutivas. BONOMI. op. cit., p. 86.

A formação humana aparece aqui compreendendo as duas instâncias, experiência e essência, o ato voluntário e a intencionalidade operante, os quais Husserl distingue. A formação humana envolve o predicativo e o antepredicativo, o ato volitivo e o originário que aparece em desejos, apreciações, juízos, atitudes...

O fenômeno da conseqüência, como vivência do sentido da ação aparece, ainda, como movimento articulador das instâncias, da experiência à essência fundante, desvelando o imbricamento entre ação e intencionalidade operante, em um movimento de formação do ser do humano permanentemente em aberto, "um ser no sentido do dever ser" (KELKEL e SCHÉRER, s./d., p. 60). Logo, não em um sentido qualquer, mas no sentido ético.

O nível da experiência é o do conhecimento científico que busca resultado, enquanto a instância fundante é o nível que implica conseqüência, é abordagem filosófica. No caso do resultado, o valor é dado, é de natureza axiológica, dizendo respeito ao ser humano das ciências humanas e sociais. No caso da conseqüência, o valor é essencial, é uma questão ontológica que se refere ao ser do humano, de natureza filosófica, o qual é apreendido na redução fenomenológica.

Merleau-Ponty discute a questão dos valores e a ilustra com sua leitura de Maquiavel, dizendo que, em muitos casos, todos lutam pelos mesmos valores, por exemplo, liberdade e justiça. Concorda com Maquiavel que "é preciso ter valores", porém não considera essa uma situação suficiente e alerta para o perigo que os valores podem representar, quando são aceitos apenas como conceitos abstratos. Complementando, afirma que "enquanto não se escolheram aqueles que têm a missão de sustentá-los (os valores) na luta histórica, nada se fez" (MERLEAU-PONTY, 1991, p. 248). Neste ponto, é oportuna a declaração de Featherstone de que os valores só existem efetivamente na prática (1997, p. 108), ao que se pode acrescentar, dizem respeito ao homem concreto.

A leitura de Merleau-Ponty, pois, remete à essência fundante e à velha questão da relação entre meios e fins, o que é fundamental para a postura do agente na ação administrativa.

Sendo a fenomenologia uma filosofia engajada que assume uma postura ética, não há possibilidade de dissociação entre os valores, os fins e os meios, entre os conceitos e as práticas. Os valores aparecem como essenciais.

Por essa razão, a conseqüência – fenômeno constitutivo do ser do humano – precisa ser antecipada na Gestão pela Formação Humana, o que é possível porque, em primeiro lugar, é movimento de articulação das duas instâncias, permitindo partir da experiência – sem derivar dela e, em segundo lugar, porque, sendo vivência do sentido da ação, do resultado da ação, ou da omissão, pode ter seus fundamentos apreendidos pelo saber intuitivo.

O exercício da compreensão é a possibilidade da apreensão do sentido da ação, visando a antecipá-lo, como vai aparecer na conseqüência, como um movimento que projeta para um futuro. Neste ponto, é oportuna e esclarecedora a descrição de Capalbo sobre o sentido fenomenológico. A autora o considera inseparável das idéias de direção, orientação, projeto, horizonte, futuro (s./d., p. 100).

A questão do valor, pois, merece ainda reflexão diante da singularidade e da universalidade. Sendo a pessoa singular, diz Dartigues (1973), o bem não pode reduzir-se à forma de uma lei, de acordo com a posição kantiana. Sendo a consciência moral sempre individual, a pessoa singular discerne não o bem em geral, mas o que realiza a sua essência singular, que não é a de outrem. O bem pessoal tem um alcance universal, considerado como singular; trata-se de uma universalidade concreta da comunidade das pessoas, contrastando com a universalidade abstrata dos princípios, conforme aparece no Quadro 17, Capítulo 3. (Quadro 22)

Dartigues alerta para uma aparente contradição, explicitando que "meu bem define de sua parte, a realização do Bem-em-si", que diz da convergência e da interpretação da unidade de todos os bens pessoais (DARTIGUES, 1973, p. 151).

Quando se abordam, ainda que rapidamente, as questões da moral, da ética e do valor na gestão, é preciso abordá-las suficientemente como estratégia que procura administrar essas três dimensões do humano no trabalho, a partir dos chamados códigos de ética.

Quadro 22 A questão do valor: abordagem científica e abordagem fenomenológica[6]

Ciências humanas	Filosofia fenomenológica
O valor é questão axiológica	O valor é questão ontológica
O valor é adquirido com a aprendizagem, é cultural	O valor é constituinte do ser do humano. É vivido
No resultado: O valor é abstrato, em tese O significado da ação revela esse valor Esse valor justifica a ação	Na conseqüência: O valor é universalidade das pessoas, concretamente O sentido da ação desvela o valor O valor universal concreto legitima a ação no mundo da vida

A educação, entendida por Dewey como ciência moral, na verdade pode ser compreendida como educação, que ele orientava para a ética – caso se considere moral como cultural, manifestando-se em *folkways* e *mores*, podendo deslizar para regulamentos e normas. Porém, como ética, como relativa ao ser do humano, à humanidade em cada um como permanente objeto de auto-conquista – é destituída de regras, exigindo postura alerta e constante exercício de julgamento, quando a singularidade dos valores aparece não somente como compatível com o todo, mas também instituinte do todo. Conforme já visto, Brubacher esclarece essa posição deweyniana quando apresenta o desenvolvimento como relativo apenas a um mais alto nível de desenvolvimento, seguido de uma posição que não admite a educação subordinada a nada.

6 Essas distinções não significam separação, o que seria incongruente com a fenomenologia.

Logo, a reação deweyniana aparece aqui sobre o simplismo dogmático que, devido à perplexidade que o mundo provoca nas pessoas, acaba levando-as a acreditar no *claramente mau ou no reconhecidamente bom,* quando, na verdade, os conflitos que importam encontram-se entre coisas que são ou têm sido satisfatórias, não entre o bem e o mal. Continuando, vale transcrever seu alerta para estimular o leitor deste estudo a refletir sobre a atual proliferação dos chamados *códigos de ética:*

> [...] supor que nós podemos construir uma tabela hierárquica de valores, abrangente e definitiva, um tipo de catálogo no qual eles sejam arranjados em ascendência ou descendência, é ser indulgente com a falsa interpretação da nossa inabilidade de realizar um julgamento inteligente sobre o concreto. Ou então, é dignificar uma escolha habitual e prejudicial a título de honra (DEWEY, 1979, p. 266).

Uma Gestão pela Formação Humana não pode sucumbir à tentação de simplificar a pesada e permanente responsabilidade de exercitar julgamento de valor necessário a cada situação, em sua singularidade, e incorrer na substituição dessa responsabilidade humana por normatização, ou decretando atitudes e comportamentos supostamente éticos para as pessoas nas organizações. Essas opções incompetentes e inconseqüentes são, elas mesmas, o exemplo concreto da omissão ou da intenção pró-suspensão da ética.

Se, o ser o humano merece respeito em seu caráter único, singular, precisa assumir o auto-respeito exercitando seu dever de ser ético, o que corresponde a ser o agente que se reconhece como responsável pela orientação ética de suas ações na gestão. Uma proposta fundada na postura fenomenológica supõe que "a razão teorética é também prática" e, ainda, que "a redução fenomenológica não nos retira do mundo senão para melhor nos permitir agir sobre ele e nele" (KELKEL e SCHÉRER, s./d., p. 60). Ser homem é ser, num sentido teleológico husserliano, co-sujeito para partilhar responsabilidades.

Quadro 23 Ação estratégica das instâncias

Finalidade	Critérios	Fundamento	Objetivo	Metodologia
Disposição para perscrutar visando a antecipar a conseqüência da ação, da omissão ou do resultado da ação, a partir do sentido	Relevância do humano e legitimação no "mundo da vida"	Saber-poder intuitivo, originário, fundante e singular na co-humanidade	Apreensão do sentido para compreensão, não apenas entendimento	Apreender diretamente Uma certa maneira de estar no mundo (ir à coisa mesma). Assumir uma postura agindo concretamente com o outro

Finaliza este capítulo um esquema ainda precário de algo fundamental ao entendimento da busca fenomenológica: o seu rumo em relação à busca tradicional, partindo dela, mas seguindo o trajeto ao contrário.

Porém, é preciso esclarecer que o fluxograma a seguir não é provisório no sentido heideggeriano, ele é um estágio muito anterior a essa fundamental concepção filosófica. Na verdade, ele apresenta apenas o que o seu título confirma, isto é, uma primeira tentativa de rastrear graficamente a postura fenomenológica assumida, na expectativa de que muito estudo futuro venha a torná-lo realmente significante.

Quadro 24 Tentativa de fluxograma: gestão pela formação humana

Abordagem educacional fenomenológica ↔ Abordagem científica

						Estrutura do:		
	Abordagem ou Método	Estratégia	Ação	Sujeito	Critérios para exercer-se	Ser do humano	Ser humano	Método
						Conse-qüência	Resultado	
Antecipar a conse-qüência da ação do sujeito	Redução fenomeno-lógica; filosófico; rigoroso	Reflexão, ir ao originário, ao fundante, às coisas mesmas	Que é o sujeito Possibili-dade de desenvol-vimento ao contrário do conhe-cimento acabado. Inserção	Que é a ação; um ser em aberto em permanente estruturação; subjetivi-dade que é mais intersub-jetividade	Relevância do Humano e Legitima-ção da ação no mundo da vida		Faz aparecer: a intervenção do agente de sua ação de intervenção; a estratégia; o fim específico	Cientí-fico Aborda-gem Multidis-ciplinar
						Saber – Poder		
			No acon-tecer	Liberdade na pregnância		Diz respeito ao		
						Fundamen-to do ser	Ser existencial	
						Homem concreto	Ser existencial	
						Instância		
						Fundante, vivência	Experiência, existência	

continua

Quadro 24 Tentativa de fluxograma: gestão pela formação humana (continuação)

→ Abordagem educacional fenomenológica ↔ Abordagem científica ←

						Origem		
						Intencio-nalidade operante. Causalidade	Intenciona-lidade de ato. Intenção consciente	
						Movimento		
						Do acontecer	Caminho traçado	
						Percepção		
						Ontológico	Axiológico	
						Conhecimento		
						Dar-se, pré-predicativo	Dado, predicativo	
						Relação sujeito e objeto		
						Indistinção	Distinção	
						Consciência		
						Constituinte	Constitutiva	
						Nível		
						Peculiar à redução, às coisas mesmas	Suspenso na redução. Entre parênteses	

8

Reflexões finais: concluindo em aberto

Poder antecipador

Esse saber-poder intuitivo possibilita um poder antecipador, com o sentido da ação em direção à conseqüência da ação, do resultado da ação ou da omissão, o que é fundamental para a Gestão pela Formação Humana, porque, segundo Merleau-Ponty:

> Nosso futuro não é feito somente de conjecturas e de sonhos. Antes daquilo que vejo e daquilo que percebo, [...] não há nada visível, mas meu mundo se prolonga nas linhas intencionais que traçam, antecipadamente, ao menos o estilo do que está por vir (MERLEAU-PONTY, 1971a, p. 419).

Nesse futuro, a conseqüência sempre está incluída.

Não é que para a fenomenologia não exista memória, mas falar em termos de memória, em fenomenologia, seria falar de uma memória viva, não de um passado acabado, fechado, objetivado, cristalizado, mas de um presente denso de passado em dinâmica impermanência, incluindo um futuro possível. Na verdade, de um tempo vivido, pré-vivido no sentido de um porvir.

Não é, também, que a fenomenologia não reconheça a relação ação-causa-efeito, apenas não está em seu foco, pois realiza essa a busca da ciência tradicional porque não é o seu foco. Não se satisfaz simplesmente com o resultado, por considerar um trajeto natural que se concretiza no mundo da vida, que é a conseqüência, sobre a qual não se tem controle, apenas possível antecipação intuitiva com base vivencial.

A questão da memória traz de volta o possível diálogo entre Dewey e a fenomenologia. Novamente a postura do filósofo norte-americano aproxima-se do sentido fenomenológico de ser e de tempo, quando declara: "O homem não é guiado por pensamentos, mas por memórias; memória, porém, não é lembrança de fatos ocorridos, mas associações, sugestões, elaboração dramática" (1954, p. 32).

A aproximação à fenomenologia reaparece nessa concepção deweyniana de memória, na verdade, uma quase concepção fenomenológica de passado, devido à sua dinâmica, à sua possibilidade de transformação com o sujeito. Para a fenomenologia, um fato, por ser passado, não deixa de existir; e um resultado somente se concretiza na conseqüência, pois a ação humana não completa seu ciclo no resultado, porque a sua conseqüência é o que retorna ao "mundo da vida", impactando o humano concretamente. Assim, uma concepção de gestão, fundamentada apenas no sensível, na cognição, na memória e na relação ação-efeito não compreenderia o humano em sua essência.

A gestão que considera critérios filosóficos e científicos, pois, compreende a formação humana em sua plenitude, existência e vivência. Plenitude essa que não é finitude, mas inacabamento, como pura possibilidade. Aliás, esse é o sentido próprio da postura fenomenológica: a permanente provisoriedade.

Logo, esse inacabamento não se relaciona com a busca por um estado definitivo a ser alcançado, é em aberto e, por isso mesmo, não é uma imperfeição; ao contrário, é possibilidade plena de vir a ser.

O porvir ocorre em diferentes níveis: com a evolução natural e com o que a intencionalidade operante realiza, independentemente de nossa intenção, enquanto somos projeto do mundo e, ainda, com as ações de retomada pela formação humana, que são enredados para uma permanente possibilidade de transformação. É como o tempo, no qual, segundo Merleau-Ponty, o que não muda não é simplesmente o não parar de passar, mas, justamente, o seu permanente formar-se.

A Gestão pela Formação Humana está fundada na intencionalidade que se opera no sentido da subjetividade como intersubjetividade, considerando a pré-sença, a liberdade engajada, o agente como ser situado, que assume a retomada do seu projeto de mundo, do qual ele é projeto, e implica uma atitude distinta de intervenção que é a inserção na ação com o outro, possibilitando o desenvolvimento de cada um e de todos, singular e co-humanamente.

A Gestão pela Formação Humana ocupa-se desse desenvolvimento, que o agente, com seu saber cognitivo, sensível e intuitivo, pode assumir, exercendo-se, especialmente em seu poder antecipador da conseqüência, na apreensão do sentido da ação, do resultado da ação ou da omissão, em relação ao critério da Relevância do Humano e para o humano, o que pode Legitimar a ação no Mundo da Vida.

A gestão que considera as duas instâncias – a da experiência e a fundante – é aquela voltada ao desenvolvimento da qualidade das pessoas, da sua humanidade e, isso, com a consciência de que não se trata de uma tarefa a ser concluída, mas de um estilo de vida, que é um permanente reassumir-se, diante de desafios e de possibilidades constantes.

É, portanto, uma postura fundada no acolhimento de todos os saberes e poderes como importantes, quer situados na instância da experiência quer na instância fundante, em uma relação que Husserl compreendeu como de interdependência[1] de que tudo é contingência e necessidade no homem, e de que todas as suas funções são solidárias. É uma postura que reconhece a complexidade e a força desse enredamento, implicando o potencial e a possibilidade humana, para a retomada como ato essencialmente humano.

Quadro 25 Conhecimento e compreensão

- A abordagem fenomenológica não é alternativa ao conhecimento científico
- Respeita sua validade e reconhece-lhe o limite
- Não parte de dados, busca o originário que os funda
- Não se propõe a complementar o conteúdo, mas favorecer que o sentido (p. 2, § 3) se mostre como ele é

CONTEÚDOS – EXEMPLOS – CONHECIMENTO

EDUCAÇÃO ↓ ADMINISTRAÇÃO
RELAÇÃO PEDAGÓGICA ↓ RELAÇÃO NA GESTÃO

POSSÍVEL SENTIDO (p. 137) COMUM

EDUCAR / EDUCAR-SE ↓ GESTÃO / AUTOGESTÃO

INSTÂNCIAS INTERCOMPLEMENTARES NA GESTÃO

ABORDAGEM TÉCNICA ↓ ABORDAGEM
CIENTÍFICA ↓ FENOMENOLÓGICA

COMPREENSÃO (p. 3, § 3, 4; p. 11, 12; p. 91).

1 Essa discussão instigante para qualquer leitor atento, mas exigente quanto à formação filosófica para ser tratada, pode ser estimulada pela leitura de "*The primacy of perception*" de Merleau-Ponty. Ver *Conclusion*. From Husserl to his Sucessors. Op. cit. p. 82-95.

O agente, na ação administrativa na Gestão pela Formação Humana, é a consciência de que a única diferença entre desenvolvimento humano do outro e o próprio de cada um está na atribuição destinada a cada um, como agente em uma organização, isto é, quanto à atividade e à responsabilidade funcional, a qual, porém, não é distinta da responsabilidade humana, do ser do humano e pelo ser do humano nas retomadas na vida. É a autoconsciência e a autogestão que um gerente e mestrando na FGV-Ebape manifestou ao seu chefe ao ser elogiado como um profissional ético, na empresa para a qual trabalhava, respondendo: "*não me considero um profissional ético, mas uma pessoa ética*".

O que tem dificultado o avanço pelo humano, na gestão é, justamente, o que a primazia do conhecimento tem feito, ou melhor, o que se tem feito com o conhecimento sobre o homem na era tecnológica, porque esse passou a ser mais importante do que o próprio homem (JASPERS, 1965, p. 92). É uma postura exemplificativa da prática de substituição do homem concreto por sua representação[2], é tratar conhecimento e compreensão como exclusivos.

A intenção dos Quadros 25 e 26 é a de convidar o leitor a participar de uma breve retrospectiva aos fundamentos fenomenológicos mais enfatizados no livro, na expectativa de favorecer a prática na gestão.

O Quadro 26 tenta destacar diferenças e peculiaridade de uma abordagem científica tradicional à gestão e uma abordagem fenomenológica.

Com a compreensão, o agente também é consciência de que o humano, o único ser permanentemente em aberto, em sua essencialidade, não é compatível com o conceito de recurso, mas de agente, cujo desenvolvimento é fundante para as possibilidades de existência e sentido do uso dos recursos, em geral quer sejam eles físicos, teóricos, virtuais, naturais ou espirituais. Citando Maquiavel, Merleau-Ponty declara: "O que desencoraja é acreditar que os homens são imutáveis [...]" (1996, p. 249).

2 O Caso da CDPI é ilustrativo da manifestação concreta do afastamento dessa possibilidade nefasta. Ver capítulo II, JASPERS, 1965.

Quadro 26 Comparando abordagens

Abordagem científica	Abordagem filosófica fenomenológica
Entender, explicar teoricamente e representar	Compreender, incluir-se (p. 3, § 3, 4)
Habilitar através de	Retomar-se, assumir-se (p. 1, § 1)
Experimentar, a *priori*	Vivenciar com o outro
Dominar	Retomar o mundo com o qual se está misturado (p. 182)
Proceder segundo...	Apreender o sentido próprio do mundo na gestão
Gerenciar recursos	Orientar-se para a relevância do humano
Administrar, planejar	Legitimar a ação no mundo da vida (p. 44, § 4; p. 64, item 5)
Obter resultados	Antecipar-se às conseqüências
Abstrair, representar	Saber do concreto (p. 68, § 8)
Saber do geral	Saber do singular (p. 32, § 4, 5)

Porém, a relação entre sujeito e tempo, com a síntese de transição, com a qual o sujeito é o que permanece, o que, na verdade, quer dizer renovar-se a cada vivência, é uma possibilidade não apenas para mudança, mas também para transformação. Exercendo-se na retomada de si mesmo, do mundo e com o mundo, do conhecimento e do saber do vivido, no sentido dessa transformação, isto é, na direção de seu dever ser próprio, o homem assume seu destino pleno.

A esperança para o humano e suas organizações aparece com essa permanente possibilidade de autogestão. Aparece mesmo, na gestão, antes como autogestão, não simplesmente como seqüência temporal, mas como uma prioridade.

Assim, a eficiência, a eficácia, a efetividade, a qualidade técnica, científica, tecnológica e até o lucro que pode ser um retorno justo ao trabalho digno são possibilidades fundadas no desenvolvimento dos recursos do humano, com a articulação dos critérios da administração científica aos critérios filosóficos da Relevância do Humano e da Legitimação da Ação no "mundo da vida", na prática.

Se o ato de retomada de sua co-humanidade é, para o homem, o maior desafio é, também, a possibilidade de administração dos problemas não apenas nos limites das organizações, mas aberta à humanidade, porque orienta as relações de trabalho para uma gestão no sentido ético.

Apêndice

15 Notas – passos exploratórios

As notas a seguir apresentam tentativas de diálogo entre a Filosofia da Experiência e a Filosofia Fenomenológica, iniciando com as obras Teixeira, Rezende, Dewey e Merleau-Ponty.

As reações a este livro, até o momento do esgotamento da primeira edição, revelam que o maior interesse por essas *notas* ocorreu entre os educadores. Por esta razão, foram incluídos os três quadros a seguir, os quais foram apresentados e discutidos com mais de 200 professores, em 2007.

Quadro 27 Critérios e dimensões: fenomenologia e ação educacional

Ação administrativa	Resultados Busca científica			Conseqüências Preocupação filosófica*	
Critérios / Dimensões	Eficiência	Eficácia	Efetividade	Relevância do humano	Legitimação no "mundo da vida"
Técnicas especializadas	——→				
Econômico-financeira	——	——→			
Sociopolítica e estratégica	——	——	——→		
Filosófica	——	——	——	——→	
Abordagem Fenomenológica	——	——	——	——	——→

*Postura essencialmente fenomenológica: educação é manifestação dessa pré-ocupação.

Quadro 28 Paradigma fenomenológico: aplicação à educação

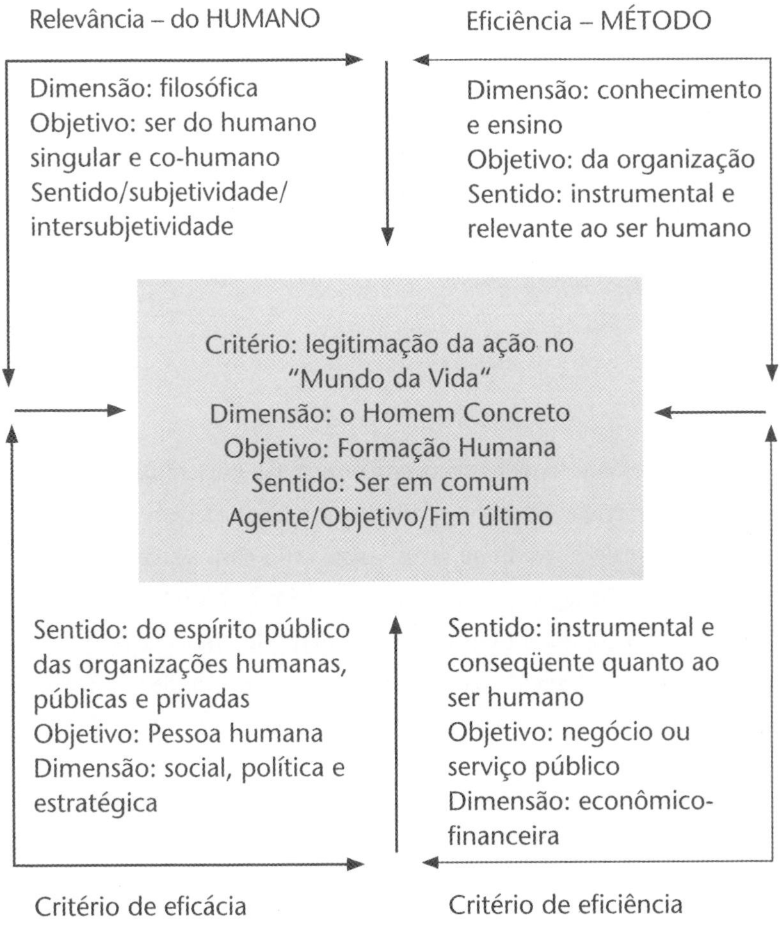

Quadro 29 Postura fenomenológica e deweyniana da educação

Educação não tem objetivos
À nada se subordina, a não ser a um sempre mais elevado nível de educação
A fenomenologia não é uma Escola Filosófica
É um movimento eticamente engajado
Não reduz o *ser humano* espécie
Ética é singular
Manifesta a essencialidade do *espírito humano*

Há leitores que consideram em boa parte superadas as notas a seguir em decorrência do livro, e outros que as percebem como estímulo a avanços e apoio a quem se familiariza com essa aproximações, especialmente na Educação. Em seqüência ao item 2, os textos lado a lado facilitam a comparação pelo leitor. A partir de então, à direita estará a postura fenomenológica e, à esquerda, os autores em estudo, na tentativa de aproximação.

1. O CULTURALISMO NORTE-AMERICANO E MERLEAU-PONTY

Merleau-Ponty (1990, p. 133-6), ao criticar a tendência da sociologia francesa, desde Durkheim, devido à noção de consciência coletiva, "uma espécie de *fatum* em que o indivíduo perde toda sua autonomia", apresenta o culturalismo norte-americano, cujas concepções de individual e de social poderão vir a ser compatíveis com a concepção fenomenológica.

SOCIOLOGIA FRANCESA	CULTURALISMO NORTE-AMERICANO
NOÇÃO BÁSICA	
CONSCIÊNCIA COLETIVA (DURKHEIM)	ESPÍRITO OBJETIVO (HEGEL)
O fator social domina o individual Consciência coletiva é distinta das consciências individuais A influência do meio sobre o indivíduo é superestimada	O fator social não é *Consciência Coletiva*, é derivado da noção hegeliana de *Espírito Objetivo*: a projeção do espírito humano entre as pessoas que o cercam, tal como se revela entre suas criações e instituições e até paisagens transformadas pelo homem Hegel distingue o espírito objetivo do espírito subjetivo, que é o espírito humano tal como o interpretamos em nós mesmos

CONSIDERA

Uma entidade hipotética	Fatos e realizações humanas Funda uma sociologia positiva

INFLUÊNCIA DO SOCIAL SOBRE O INDIVIDUAL

É uma hipótese É um destino O meio define o indivíduo A evolução ulterior do indivíduo depende unicamente de sua infância, na qual se instalam certos complexos	É uma concepção intersubjetiva É uma iniciação a um certo meio cultural O meio solicita o indivíduo Há uma cadeia de integrações ligando o indivíduo à sociedade, levando-o a assumir a estrutura institucional de seu meio, mas o indivíduo também modifica esse meio, ele reage contra o *pattern* social

Procurando entender o interesse de Merleau-Ponty pelo culturalismo norte-americano, foi possível apreender, pelo menos, seis pontos de aproximação entre a sua posição, a posição de Anísio Teixeira e a de Muniz de Rezende na relação indivíduo e sociedade.

1. a ênfase à intersubjetividade;
2. a concepção de cultura em que cada elemento é significativo do conjunto, mesmo quando essa relação não é aparente;
3. a interação indivíduo-meio, provocando alterações recíprocas, permanentemente;
4. a impregnação do indivíduo por seu meio;
5. simultaneamente à reação do indivíduo;
6. podendo revolucionar costumes, quando essa modificação é devida à estrutura da própria sociedade.

Em *A Fenomenologia da Percepção*, descreve Merleau-Ponty: "há aí uma sociedade a ser conhecida. Um espírito objetivo habita os vestígios e as paisagens. No objeto cultural, sinto a presença próxima do outro sob um véu de anonimato" (1971a, p. 352-54).

A leitura de John Dewey e a leitura sobre sua vida e obra possibilitaram observar que ele foi o exemplo vivo da concepção culturalista. Por um lado, sua impregnação aparece no que Merleau-Ponty distingue como o Espírito Objetivo – segundo o Culturalismo norte-americano – em valores e práticas de sua vida, em idéias essenciais e, ainda, em temas fundamentais de sua obra como: liberdade, democracia, moralidade, experiência humana e interação social. Por outro lado, sua reação à absolutos, a orientação cristã para explicar a questão do outro em Deus e aos dualismos como "corpo e alma" (AMARAL, 1990, p. 42-3), confirmam sua concepção de liberdade como um poder de superação ao *pattern* social. Dewey recusa o dogmatismo e refere-se a Hegel (1990, p. 43-9) para enfrentar dois problemas importantes: 1. a questão da verdade religiosa e da verdade filosófica que é solucionada com a distinção entre ambas, não com a divisão em dois mundos; 2. o que ele próprio chama de "necessidade de unificação" é solucionado com a síntese hegeliana sujeito-objeto, evitando uma separação que seria incompatível com seu "sistema filosófico"(SUCUPIRA, 1960, p. 78-95)[1] e com sua "necessidade emocional" (AMARAL, 1990, p. 42). Além disso, Dewey demonstra consideração, influência do Espírito Objetivo, quando concebe em seu mundo caracterizado pela co-existência da diversidade e da unidade[2] o respeito recíproco entre os seus membros, como decorrência de uma interação "naturalmente" social, ou seja, humana (TEIXEIRA, s./d., p. 8-9).

2. Sujeito-objeto, corpo-próprio, sinergia

A Filosofia da Experiência apresenta indícios de antecipação ao estatuto fenomenológico do *Corpo-Próprio*, segundo Merleau-Ponty. A concepção de sinergia reforça esse sentido, através da visão de participação como "uns nos outros", aproximando-se do sentido fenomenológico de subjetividade como intersubjetividade e de corporeidade como intercorporeidade.

---

1 Sucupira ressalta a importância da vasta temática deweyniana ser apreendida em sua "organicidade sistemática", admitindo um sistema filosófico de Dewey e destacando a referência daquele autor à necessidade desse sistema em filosofia. Na conferência em que destaca as inúmeras faces da Experiência e os seus sentidos possíveis em Dewey, enfatiza a necessidade de se compreender o sentido essencial, a idéia unitária de sua obra.

2 Anísio Teixeira distingue unidade de homogeneidade, considerando a primeira compatível com diversidade. Exemplo: multiculturalidade unitária. Para Ricoeur seria polissemia.

Filosofia da experiência		Fenomenologia	
1	"Os organismos [...] não vivem em um meio, mas por meio de seus respectivos meios. Graças a uma *sinérgica* participação de uns nos outros, ambos se modificam, organismos e meios, fazendo-se e refazendo-se em intercâmbio. E tal atividade em comum, partilhada ou comungada, já contém [...] os elementos que, na vida superior, vão produzir o que chamamos de pensamento, de lógica, de razão e de inteligência, no plano humano e social"*	3	"*Sinergia*, para Merleau-Ponty, é implicação recíproca entre os diversos órgãos dos sentidos, que desemboca na constituição de um mundo sensível e pode prolongar-se na implicação entre corporeidades diversas, como terreno originário para a constituição de um único mundo intersubjetivo. Corporeidade assume cada vez mais a intercorporeidade" (BONOMI, 1974, p. 45-6)
2	Os seres humanos, entretanto, não vivem somente em um meio físico, mas por meio de sua cultura, transformando seus próprios comportamentos biológicos. "As relações dos homens entre si adquirem um novo nível, dominado por símbolos e sentidos"**	4	"[...] no interior da estrutura simbólica se reconhece uma sinergia entre os diversos sentidos próprios, uma mútua referência que já é uma alusão à plenitude do sentido do símbolo [...]. Em sentido próprio, o símbolo é o sentido pleno, a concentração de sentido de todos os sentidos" (REZENDE, 1990, p. 27-8)

* Ibid. Op cit. p. 10.

** Ibid. p. 15.

Não se pode dizer que sentido, para Dewey e Merleau-Ponty, tenha o mesmo significado, mas percebe-se que a apreensão da significância do símbolo, para o humano, orienta a questão do símbolo e do sentido para uma mesma direção. A questão da inseparabilidade entre sujeito e mundo, sugerida na Filosofia da Experiência, assume posição radical na Fenomenologia de Merleau-Ponty, com o estatuto do corpo-próprio.

Filosofia da experiência		Fenomenologia	
5	"Organismo e mundo não existem independentemente desde que o mundo se faz o meio de um ser vivo. Organismo-meio constitui um todo. Os dois só existem separadamente nas fases de desintegração, que se resolvem com a reintegração, se a vida continua. Na realidade, a estrutura e o curso do comportamento consuetudinário do ser vivo seguem um itinerário espacial e temporal que prefigura já as fases do processo consciente de pesquisa. [...] no comportamento biológico já se insinuam todos os elementos essenciais de investigação deliberada que se vai encontrar no homem, necessidades e hábitos orgânicos, como conclusões provisórias de pesquisa [...] O comportamento biológico indica, antecipa operações intelectuais, mas não as exemplifica"*	6	"O mundo é inseparável do sujeito, mas de um sujeito que é projeto do mundo e o sujeito é inseparável de um mundo que ele mesmo projeta" (MERLEAU-PONTY, 1971a, p. 433)
		7	"O corpo próprio só pode ser tematizado dentro de um método que remonte aos problemas de expressão lingüística, aos problemas de constituição do vivido [...] que impele para os fundamentos ônticos, isto é, para a maneira em que o corpo está no mundo, a partir do modo sujeito-objeto. [...] ao tomar em consideração esta condição ontológica previa, a saber, a estrutura do ser no mundo de que ser-corpo é apenas uma articulação". Daí uma crítica radical da redução sujeito-objeto (RICOEUR, 1988, p. 150)

* TEIXEIRA, s./d., p. 12-3.

Há distinção entre o homem e as demais formas biológicas, simultaneamente ao empenho em não desvincular o homem da natureza. Há um permanente remetimento ao natural, na Filosofia da Experiência, ao abordar o humano. A questão da indistinção homem e natureza é central e recorrente em ambas as filosofias, contudo não reduzindo-os a um ou a outro, pois em ambas as posições filosóficas esta questão está relacionada à liberdade como poder que diferencia o homem entre os demais seres.

Filosofia da experiência		Fenomenologia	
8	"Um todo movente de partes interativas, um centro emerge em qualquer momento em que houver um esforço para mudança numa diferença particular. [...] A mente está dentro do mundo como parte desse processo em andamento. Ela é marcada como mente porque ela se encontra sempre onde mudanças ocorrem diretamente" (DEWEY, 1979, p. 291)	10	Dewey substitui os dualismos pela idéia de continuidade entre natureza e experiência. Foi dilatando o mundo da natureza chegando à fusão da natureza com a experiência. "A primeira vista pode parecer que a natureza impera", porém, "para ser, precisa ser experimentada pelos seres humanos" (AMARAL, 1990, p. 53)
9	"A cultura com a linguagem tornam o comportamento humano simbólico e não há como usar símbolos sem intelectualidade. Os símbolos precisam ser comuns aos homens. Se meu comportamento é geral e objetivo, o meu comportamento é inteligente"*		

* Ibid. op. cit. p. 10-2.

Filosofia da experiência		Fenomenologia	
11	Contrário aos dualismos, Dewey reconhece a mente como originada, localizada e funcionando na natureza, não escapando "as tramas da rede natural" (BONOMI, 1974 , p. 48-50)	13	"No corpo, natureza e cultura se entrelaçam. O corpo, quando é natureza, está submetido às coisas, as sofre e se dispõe receptivamente a elas. [...] quando o corpo é cultura, abre dimensões no entrelaçamento contínuo do real, institui e é poder de articulação. Há uma pré-constituição corpórea subentendida em toda postulação explícita do objeto a qual é possível porque o corpo se encontra como que atrelado ao próprio tecido das coisas. Assim, meu corpo não é apenas consciente, mas sensível. Para Merleau-Ponty, a filosofia deve investigar esta zona de indistinção sujeito-objeto, um ser em que sujeito e objeto, corpo e coisa se encontram como que enxertados um no outro. O mundo percebido e meus órgãos são do mesmo ser que é feito de desvios, de níveis e de dimensionalidades diversas" (BONOMI, 1974, p. 41)
12	"Sou um ser, por um lado ultrapassado de todos os lados por meus próprios atos, perdido na minha generalidade. Por outro lado, sou aquele pelos quais os meus atos são vividos. Aquele que traz em si o projeto de todo o ser possível. Sou o que recebeu o mundo em partilha" (MERLEAU-PONTY, 1971a, p. 362)	14	"Meu corpo é a textura comum de todos os objetos e ele é, pelo menos em relação ao mundo percebido, o instrumento geral de minha compreensão. Ele dá sentido não somente ao objeto natural, mas aos objetos culturais, como as palavras" (MERLEAU-PONTY, 1971a, p. 241)

Dewey também concebe a mente sempre relacionada à mudança. Como os fenomenólogos, reconhece pensamento como ação que pode mudar e conhecimento, como o que é acabado. Além disso, a postura não intervencionista que Dewey revelada em sua concepção de democracia e de educação, a qual os fenomenólogos também apresentam, quando substituem intervenção por inserção no movimento do acontecer, leva à compreensão de mudança no caso do humano, muito mais como desenvolvimento do que como intervenção que violenta, o que, aliás, Anísio Teixeira não se cansava de sugerir ou explicitar.

Filosofia da experiência		Fenomenologia	
15	"Por outro lado, para Dewey, a liberdade é o poder que diferencia o homem dos demais seres *na* natureza. Ela se caracteriza pelas atividades e realizações dos seres humanos em relação às outras formas biológicas" (p. 51)	17	"[...] a expressão Corpo Próprio [...] significa, por um lado, o não dualismo constitutivo do homem e, por outro, a dimensão consciente do sujeito humano em sua condição corporal" (REZENDE, 1990, p. 38, 68)
16	"A peculiaridade do corpo é ser inerente ao mundo dos objetos e, ao mesmo tempo, ser o lugar onde eles são experimentados" (p. 49)	18	"[...] o corpo que percebe é a condição orgânica do percebido nos seus caracteres qualitativos, está implicado na síntese da coisa sem ser coisa, por fim, é para o meu corpo que existe o percebido" (RICOEUR, 1988, p. 150)
		19	"Sou pois meu corpo [...], reciprocamente meu corpo é como um sujeito natural, como um esboço provisório do meu ser total" (MERLEAU-PONTY, 1971a, p. 209)

3. DESENVOLVIMENTO

FILOSOFIA DA EXPERIÊNCIA		FENOMENOLOGIA	
20	"A concepção de desenvolvimento* como um meio para atingir algo mais importante, que se encontre além dele, é uma conseqüência da concepção do universo estático. Movimento, transformação, processo são hoje fundamentais à vivência e às nossas noções sobre a natureza e vêm sendo aplicados, pelo menos nos últimos cinqüenta anos. A educação, como ciência moral, parece haver se tornado o 'último refúgio' dessas idéias"**	21	"A existência é projeto, mas é também processo, uma coisa não exclui a outra. O projeto questiona o processo" (REZENDE, 1990, p. 56)

* Brubacher, ao esclarecer "Dez Equívocos Sobre a Filosofia da Educação de Dewey", apresenta a posição deweyniana sobre desenvolvimento. Este é um ponto que deverá ser retomado no futuro, devido à sua significância para a teoria da educação e a teoria da administração, especialmente para o Desenvolvimento Organizacional.

** BRUBACHER, op. cit., p. 16-9.

A idéia deweyniana de desenvolvimento não se reduz à mera evolução ou a um processo natural, mas humano, qualitativo. Articula o processo natural ao projeto humano. Da mesma forma, a Fenomenologia encontra o intrincamento processo-projeto como uma dialética permanente, não somente no nível da experiência, mas da essência fundante.

Segundo Dewey, o "desenvolvimento é relativo a um mais alto grau de desenvolvimento e a educação a nada se subordina, a não ser a um mais alto nível de educação"[3]. A concepção deweyniana de educação aproxima-se da concepção fenomenológica de educação, pelo menos em dois sentidos: na atitude de respeito ao outro na relação pedagógica e ainda, na crítica ao método. A Fenomenologia critica a imposição de um caminho (DONZELLI, 1991) e a Filosofia da Experiência procura rever a concepção da própria experiência como método.

As implicações de uma posição processualista, evolucionista ou desenvolvimentista precisam ser apreendidas em seus sentidos, para uma melhor compreensão da ação educacional e da ação administrativa, tanto na teoria quanto na práxis.

4. Experiência e ação humana

Falar de desenvolvimento implica falar de ação.

Filosofia da experiência		Fenomenologia	
22	"A Filosofia da Experiência exige a compreensão dos diversos sentidos de experiência (SUCUPIRA, 1960). "Todos os seres vivos agem e reagem alterando-se e alterando o universo. O homem exalta esse processo. [...] Essa experiência da experiência, abrindo as portas a desenvolvimentos insuspeitados, [...] passa a transformar em seu benefício"*	23	"A experiência humana faz aparecer o núcleo de uma ação conscientemente orientada" (RICOEUR, 1988, p. 60). "A ação não pode ser reduzida a uma estratégia nem a um mero processo" (p. 56)

* TEIXEIRA, s./d., p. 3.

3 BRUBACHER, op. cit., p. 16-7.

A questão da experiência, na Filosofia da Experiência e na Fenomenologia, possibilita perceber uma necessidade comum: a de distinguir experiência humana de experiência científica, segundo a interpretação tradicional. Enquanto a filosofia deweyniana insiste na experiência ser diferenciada no ser humano, Merleau-Ponty substitui a palavra experiência por vivência e Paul Ricoeur retoma o termo experiência humana, quando discute a questão motivo e causa, para chegar à explicação teleológica e ainda ir além. Nesse ponto, Ricoeur apresenta a descrição fenomenológica como mais compreensiva do que a explicação teleológica, pelo fato de acrescentar uma orientação caracterizada pela experiência humana consciente, quando valeria dizer, vivida.

5. O TEMPO

O sentido de tempo é apreendido como uma totalidade, mas em permanente renovação. Dewey apresenta indícios de apreensão dessa ambigüidade que é a síntese de transição, uma apreensão do tempo, segundo Merleau-Ponty, a qual o último descreve com simplicidade, apesar da complexidade do movimento. O que fica enfatizado é, por um lado, o escoar do tempo e, pelo outro, a sua não linearidade.

Filosofia da experiência		Fenomenologia	
24	"O presente é a junção entre um teimoso passado e um insistente futuro"*	25	"No tempo há uma multidão de retenções e protensões. O tempo é contínuo, mas não é uma sucessão. Cada presente reafirma a presença do todo. O presente não está fechado em si mesmo e transcende no sentido de um futuro e de um passado" (MERLEAU-PONTY, 1971a, p. 422-3)

* TEIXEIRA, op. cit. p. 2.

6. Teleologia

A questão da teleologia é abordada pela Filosofia da Experiência e pela Filosofia Fenomenológica. Seguem algumas considerações de Anísio Teixeira e de Muniz de Rezende.

Filosofia da experiência		Fenomenologia	
26	Anísio Teixeira descreve nestes termos, como a teleologia está implicada no conhecimento humano: a partir do conhecimento do senso comum. A ciência que incorporou as práticas do senso comum, mas não o seu interesse por fins, ainda não pôde fazer quase nada no campo da moral, da política e da religião. Já transformou métodos de produção, mas esta transformação não foi acompanhada em seu uso e consumo. A unificação teórica da lógica não será suficiente para integrar a teleologia ao campo científico, mas é indispensável a ela. Dewey busca uma lógica unificadora do espírito humano*	27	"Teleologia em Fenomenologia é a fenda aberta no processo, pelos sujeitos capazes de uma intenção projetiva, não é apenas o resultado de um processo. A Teleologia é a transcendência característica da liberdade, embora ela também se situe na faticidade" (REZENDE, 1990, p. 81)
		28	"A linguagem relativa aos resultados é característica do pragmatismo técnico que com seus testes e medidas considera a avaliação dos resultados um dos principais fatores de racionalização do processo. A avaliação também pode ser feita com critérios extrínsecos ao processo, como forma de questionamento radical deste último. Neste sentido, a Teleologia completa a dialética dos processos – a introdução do indeterminado dentro dos determinismos, os fins do projeto aparecem com as questões para quê, quem" (REZENDE, 1990, p. 57)

* TEIXEIRA, op. cit. p. 25-31.

O remetimento à explicação teleológica está relacionado à dificuldade de identificar na ação humana, a responsabilidade e a consciência do ato humano. Paul Ricoeur retoma essa questão citando o silogismo prático ou a inferência lógica de Aristóteles como o enunciado de ação intencional, ao qual a explicação teleológica remonta. Segundo Ricoeur, a teleologia é uma explicação pelo fim que explica ações já interpretadas como intencionais pela inferência prática. Considera, assim, a teleologia uma noção geral que enuncia a lei em função da qual se reconhece um acontecimento como dependente de outro acontecimento, cuja característica é ser exigido para algum fim. Para Ricoeur, a descrição fenomenológica é mais compreensiva do que a explicação teleológica por acrescentar a consciência humana ao ato. É o elemento que faltava para a ação intencional por um agente que se compreende como sujeito responsável por seus atos (RICOEUR, 1988, p. 122-8).

7. O HÁBITO

Esse ponto foi básico para sustentar o esforço visando articular critérios científicos e critérios filosóficos na teoria administrativa, a fim de praticar uma gestão pela relevância do humano.

O hábito é apreendido como mudança estrutural de comportamento, não como uma reação motora, como mero automatismo, nem apenas reduzido à cognição. O hábito é concebido como poder de agir que se reserva para enfrentar novas situações. Além disso, a maneira como o "circuito do comportamento biológico nos seres superiores" é descrito no texto fundamentado em Dewey dá indícios da concepção de "ser como poder de articulação", uma singularidade da fenomenologia muito clara em Merleau-Ponty.

Em ambas as posições, o importante no hábito é justamente a apresentação de uma nova possibilidade de poder que, ao invés do sentido de cristalização, está orientado para o desenvolvimento.

FILOSOFIA DA EXPERIÊNCIA		FENOMENOLOGIA	
29	"O circuito do comportamento biológico compreende duas fases: a inicial ou aberta, correspondendo a um estado geral de tensão do organismo, e a fase final, ou fechada, correspondendo à restauração da interação (integrada) do organismo com o ambiente, com alterações reais de um e outro nos organismos superiores. No caso do organismo, pela reintegração de seu equilíbrio dinâmico e, no caso do ambiente, pelo estabelecimento de condições satisfatórias. A modificação operada no organismo constitui o *hábito*. [...] hábito consiste em mudanças estruturais e é baseado da aprendizagem orgânica. O hábito é a aquisição pelo organismo de certa propensão ou predisposição a atuar de certo modo, para chegar mais fácil ou mais diretamente à fase consumatória do comportamento. Não é essencialmente uma inclinação à repetição que se dá apenas quando o ambiente se conserva idêntico. Se houver alteração no ambiente, o hábito se apresenta como a disposição para se reintegrar na nova situação, com as alterações de reajustamento indispensáveis"*	30	"Hábito é o poder de responder por um certo tipo de soluções a uma certa forma de situações, podendo as situações diferirem largamente de um caso a outro, sendo os movimentos de resposta ora confiados a um órgão ou a outro, [...] as situações assemelham-se pela comunidade dos sentidos" (MERLEAU-PONTY, 1971a, p. 153-4)
		31	"O hábito não é um conhecimento e não é um automatismo" (p. 155)
		32	"O hábito não é apenas motor, é também perceptivo, mas todo o hábito perceptivo é ainda motor. É reforma, é renovamento do esquema corporal, é aquisição de um mundo" (p. 153-64)

* TEIXEIRA, op. cit. p. 25-31.

8. A questão do outro e Deus

Na fenomenologia, Merleau-Ponty resolve a questão do outro na trama da intersubjetividade e não através de Deus. Para a fenomenologia, a subjetividade é mais uma intersubjetividade.

Anísio Teixeira preocupou-se profundamente com a questão da moralidade em seu discurso e em sua prática. O professor assume, tal como John Dewey e Merleau-Ponty, uma posição que descarta a solução do problema da moral e do outro através da religião, através de Deus. Na verdade extrapolam a moral, suas fronteiras culturais onde o protagonista é o ser humano, para encontrar o ser do humano, em aberto em sua humanidade e mundo, em seu dever ser ético.

Filosofia da experiência		Fenomenologia	
33	Para John Dewey: "O homem nunca amará seus inimigos enquanto ele não deixar de ter inimigos. O antagonismo entre o real e o ideal, o espiritual e o natural, é a fonte dos mais profundos e injuriosos de todos os inimigos"*	34	"Em Deus posso ter consciência do outro como de mim mesmo, amar o outro como a mim mesmo. Mas a subjetividade com a qual nós nos colocamos não se deixa chamar Deus"**
		35	"[...] seria preciso que meu amor por Deus não viesse de mim e que fosse, na verdade, como dizia Spinoza, o amor que Deus se ama a si mesmo através de mim. [...] o movimento de reflexão e de amor que conduz a Deus torna impossível o Deus ao qual ele queria conduzir. [...] Não sou Deus, só tenho uma pretensão à divindade"***

* DEWEY, 1979, p. 308
** MERLEAU-PONTY, 1971a, p. 362.
*** Ibid, ibid.

Tanto a Fenomenologia quanto a Filosofia da Experiência, que fundamenta o discurso pedagógico de Anísio Teixeira, não aceitam absolutos.

Filosofia da experiência		Fenomenologia	
36	Um bom exemplo de opiniões que Sucupira classifica de tendenciosas e simplistas, decorrentes do desconhecimento ou de leituras apressadas e superficiais sobre a obra de Dewey (SUCUPIRA, 1960, p. 78-95) pode ser ilustrado com a questão do outro e de Deus apresentada por Brubacher. Analisando dez equívocos relacionados à Teoria Educacional de Dewey, o autor mostra a interpretação deturpada do seguinte posicionamento filosófico de Dewey: "[...] a educação moral não repousa em regulamentos divinos." Esta afirmação foi considerada uma reação anti-religiosa do filósofo norte-americano que revela, porém, que não há absolutos na filosofia de John Dewey*. Não que ele não acredite em Deus, mas sim, que Deus não está em questão	37	"A Fenomenologia não é materialista, é mais existencial. A dialética polissêmica da Fenomenologia não se reduz ao materialismo dialético-histórico"*

* BRUBACHER, s./d., p. 19.

9. A liberdade

A questão da liberdade apresenta-se como mais uma possibilidade de aproximação entre as duas filosofias enfocadas. Em primeiro lugar, o sentido da liberdade é concreto, não é uma idealidade. Há relação direta entre liberdade e ação: liberdade como poder de mudança, apesar do mundo já constituído. Em segundo lugar, o sentido de educação é de auto-educação e o sentido de liberdade é o de um poder humano de articular-se.

Filosofia da experiência		Fenomenologia	
38	"A liberdade exterior é o meio para a liberdade de julgamento, de poder para por em execução fins deliberadamente envolvidos. [...] Liberdade como poder para cooperar e compartilhar. Libertar-se das restrições [...] deve ser meio para atingir uma liberdade que é poder: poder de estabelecer propostas, julgar com sabedoria, de avaliar desejos pelas conseqüências que resultarão do atendimento a eles"*	40	"A liberdade reside no poder ambíguo de assumir uma situação de fato, dando-lhe um sentido figurado, além do seu sentido próprio. Há sentido para a liberdade como rumo e direção a ser seguida. A dialética fenomenológica prolonga-se numa teleologia do sentido. Esta última dimensão diz respeito, principalmente, à ação, à práxis pela qual, além de perceber o sentido na história e no mundo já constituído, o homem pode ainda dar sentido, mudar rumos, fazer revolução"***
39	"Uma pessoa é disciplinada quando se habituou a pensar suas ações, a empreendê-las deliberadamente. Acrescentamos a essa capacidade o poder de perseverar num rumo inteligentemente escolhido. Esta concepção de liberdade implica autodisciplina voluntária, não-imposição de fora para dentro, o que é um desafio para a educação moral"**		

* BRUBACHER, op. cit., p. 6-8.

** BRUBACHER, op. cit., p. 8-9. Brubacher cita Dewey comentando o temor da geração adulta quanto a permitir que o manto da autodisciplina seja colocado nos ombros dos jovens.

*** REZENDE, op. cit., p. 53.

A concepção de liberdade é a de um poder enredado no todo. A menção de Dewey à estrutura não tem o significado de infra ou de superestrutura, mas daquilo que Merleau-Ponty chama de tecido, no qual o homem é trama. É uma tendência estruturalista que se percebe nas duas teorias. Liberdade é poder de ação humana, reveladora do ser.

Filosofia da experiência		Fenomenologia	
41	"O homem é livre quando tem poder e pode possuí-lo somente quando age de acordo com o todo, sendo assim reforçado por essa estrutura e esse momento"*	43	"Minha liberdade, o poder fundamental que tenho de ser o sujeito de todas as minhas experiências, não é distinta de inserção no mundo"***
42	"Liberdade não é precisamente uma idéia, um princípio abstrato. É poder efetivo de fazer coisas, de agir. Se alguém quer saber qual a condição da liberdade em determinado momento, tem que examinar o que as pessoas podem fazer e o que elas não podem"**	44	"Só posso faltar à liberdade se procuro ultrapassar minha situação natural e social, recusando-me a assumi-la primeiramente, em vez de encontrar através dela o mundo natural e humano. Nada me determina do exterior, não que nada me solicite, mas pelo contrário, porque estou de antemão fora de mim e aberto ao mundo. Somos de um lado ao outro verdadeiros, temos conosco tudo o que é necessário para nos ultrapassar, pois não estamos no mundo como coisas. A liberdade se embaraça nas contradições do engajamento no mundo, não haveria liberdade sem as raízes que estende no mundo. 'Você mora em seu ato mesmo. Seu ato é você'"****

* AMARAL, 1990, p. 74.
** Ibid. p. 73.
*** MERLEAU-PONTY, 1971a, p. 363.
**** Ibid. op. cit., p. 458.

Nesses textos sobre a liberdade, que também falam de estrutura e movimento em direção à contingência e à necessidade do homem, percebe-se que Dewey também intuiu a questão do homem concreto e do homem abstrato que a fenomenologia desvela. Da mesma forma, é possível apreender, mesmo neste pequeno texto, um certo remetimento à instância fundante, quanto ao poder.

10. Filosofia e ciência

Ambas as posições discutem a relação ciência e filosofia, preocupando-se com a questão do método. A fenomenologia desenvolve uma crítica ao conhecimento e aos métodos indiretos, assumindo a direção da redução fenomenológica, uma metodologia eminentemente filosófica. Dewey, embora continuando a insistir no método científico, procura inovar através da ampliação da concepção de experiência, aproximando-a do sentido da vivência fenomenológica, preocupando-se com a conseqüência, mas ainda sem explicitar o originário.

Filosofia da experiência		Fenomenologia	
45	"A Filosofia da Experiência, por um lado, resgata o senso comum e analisa a sua revelação com a ciência e, pelo outro, critica a filosofia, esperando que ela aceite os ensinamentos da ciência de que idéias são formulações, não do que é ou tem sido, mas de atos a serem desempenhados. Com isso, a espécie humana compreenderia que idéias são inúteis a não ser que reconstruam de alguma forma o mundo em que vivemos. Neste ponto, teríamos a possibilidade da experiência humana tanto na geração quanto na aplicação das idéias" (DEWEY, 1979, p. 138-9)	46	"Merleau-Ponty fala de um positivismo fenomenológico e Husserl pretendeu que a fenomenologia fosse uma filosofia científica, com método científico. Apenas mais tarde a fenomenologia adotou o método fenomenológico, eminentemente filosófico" (REZENDE, 1990, p. 52-4)
		47	"A fenomenologia, porém, mantém a crítica à supervalorização dos métodos indiretos, retomando o método direto" (MERLEAU-PONTY, 1971a, p. 5)

A percepção do conhecimento como um só e o empenho para chegar a um rigor sistemático dessa concepção, a preocupação com o alheamento do conhecimento científico em relação ao que a fenomenologia chama de "mundo da vida", a busca de legitimação do conhecimento científico no "mundo da vida", são fios que podem tecer ambas as posições.

Nas duas visões filosóficas, a ciência é percebida como partindo de um vivido. A fenomenologia de Merleau-Ponty, porém, explicita isto em níveis que possibilitam maior compreensão.

FILOSOFIA DA EXPERIÊNCIA		FENOMENOLOGIA	
48	"Ciência e experiência passaram a ser unidas como sempre o foram a experiência e o senso comum. Conceitos formulados e desenvolvidos racionalmente passam a ser testados pela aplicabilidade às condições existenciais e assim, a serem considerados válidos ou inválidos, conforme se revelassem capazes de reorganizar ou não o material qualitativo do senso comum. Não mais seriam válidos apenas por serem racionais"*	51	"O 'mundo da vida' já tem na vida pré-científica as mesmas estruturas que as ciências objetivas, de acordo com o seu suposto de um mundo em si. Na vida pré-científica o mundo já é espácio-temporal, mas não estão em questão projetos matemáticos, ideais de retas [...]. Os corpos nos quais temos confiança no mundo da vida são reais, mas não no sentido da física. O categorial do mundo da vida, porém, tem os mesmos nomes. O homem dirige sob o nome de física ou gênero particular de questões, mas sobre este solo pré-dado. Os projetos praticados do homem, suas teorias que são o resultado prático disso, encontram a fonte de seu sentido e a sua legitimidade na evidência do mundo da vida" (KELKEL e SCHÉRER, s./d., p. 103-6) "Todo o universo da ciência é construído sobre o mundo vivido" (MERLEAU-PONTY, 1971a, p. 5)
49	"A filosofia, para Dewey, é um esforço de contínua reconciliação e reajustamento entre a tradição e o conhecimento científico, o passado e o futuro, uma crítica percuciente que distinga, selecione e ponha em relevo os elementos fundamentais da situação ou do momento histórico, para orientar a aventura da vida"**		
50	"Superestimar o pensamento em detrimento da ação por considerar que há muitas ações mal formadas no mundo é ajudar a manter o tipo de mundo no qual ações são realizadas paras propósitos estritos e transitórios" (DEWEY, 1979. p. 138)		

* TEIXEIRA, op. cit., p. 27-8.

** Ibid, p. 1-2.

Tanto a interpretação de Anísio Teixeira a Dewey quanto o próprio texto do autor apresentam indícios de uma busca que a fenomenologia vai explicitar. Há indícios de uma concepção de homem e de mundo em aberto; um certo sentido de experiência em busca de um critério filosófico como o da legitimação no "mundo da vida", para validar ou invalidar a ciência; um desconforto em aceitar apenas o conhecimento racional; a sinalização de um movimento de permanente refazimento do ser e do mundo e de um diálogo temporal que orienta para o que a fenomenologia de Merleau-Ponty chama de síntese de transição; um interesse pela situação e pela história; uma certa desconfiança no intelectualismo, no idealismo, no sentido de paralisação da ação.

11. Considerações sobre as notas e a possibilidade de diálogo

Essas notas exploratórias representam uma iniciação à postura fenomenológica com Rezende e uma retomada de leitura da posição deweyniana com Teixeira, em busca pontos de aproximação; é importante para o estudo de uma Gestão pela Formação Humana, especialmente no contexto de tecnologia avançada, que é um desafio para os países industrializados e agravado nos países do terceiro mundo que, como o Brasil, apresentam uma crítica situação econômica e social.

O desenrolar desta etapa preparatória do atual estudo possibilitou conferir a pertinência do alerta, tanto dos seguidores da Filosofia da Experiência quanto da Fenomenologia, em relação aos riscos de uma postura ortodoxa na pesquisa. Dewey considera que: "Não incompatibilidade indica que todos os desenvolvimentos são bem-vindos, contanto que não se conflitem mutuamente ou enquanto a reformulação de uma operação evite o conflito eminente. É um 'canon' de liberação ao invés de restrição. Pode ser comparado com a seleção natural, a qual é um princípio de eliminação, mas não é um controle sobre o desenvolvimento positivo" (DEWEY, 1979, p. 160). Dewey ainda argumenta que "a crítica tem tomado a forma de depreciação à capacidade da experiência para prover o recurso e o teste de nossas idéias fundamentalmente importantes, tanto para o conhecimento quanto para a moral" (p. 112).

Paul Ricoeur e Muniz de Rezende tentam prevenir confusões entre filosofia da ambigüidade e equivocidade. Ambigüidade é polissemia. Mas, ambos também alertam para a incompatibilidade da Filosofia Fenomenológica com ortodoxia, com univocidade.

O fato de assumir-se postura coerente com as posições de ambos, apesar de uma fundamentação aproximada, nem tanto em pressupostos gerais, mas em um sentido comum, facilitou a retomada de uma possibilidade de diálogo entre a Filosofia da Experiência e a Fenomenologia no atual estudo, tornando possível vislumbrar um horizonte comum, apesar da diversidade dos dois discursos.

A delimitação e as limitações deste trabalho, porém, não permitem ainda definir limites para diálogo entre as abordagens filosóficas dos dois educadores brasileiros enfocados. Porém, tornou possível antever um certo avanço para o estudo da Gestão pela Formação Humana, a partir de uma melhor compreensão de algumas questões importantes para a abordagem educacional à administração, a saber:

- a questão da cultura, a partir da apreensão do Sentido do Culturalismo Norte-Americano por Merleau-Ponty, devido a suas implicações para a formação do indivíduo e da sociedade, discussão também recorrente na teoria deweyniana;
- as questões epistemológicas sujeito/objeto e teleologia/descrição fenomenológica; a primeira, tratando da distinção/indistinção sujeito-objeto, com implicações para a concepção de homem, de mundo, da relação educacional e de agente; a segunda, apresentando a explicação teleológica e a descrição fenomenológica como diferentes níveis de abordagem à realidade, com implicações para a compreensão da ação administrativa e de organização;
- as concepções de sinergia, de desenvolvimento, de experiência, de ação, de tempo e de hábito, ganhando em clarificação de significados

e as questões eminentemente filosóficas, da liberdade e do outro, apresentando novos sentidos, abrindo horizontes para a dimensão filosófica da gestão; isso porque apareceram como indissociáveis das práticas educacionais e administrativas da instituição que a pesquisa que estimulou este estudo enfocou, porque: foram recorrentes na pesquisa e apareceram implicadas nas dificuldades da Teoria do Desenvolvimento Organizacional, diante de problemas concretos;

- duas questões intimamente relacionadas, a concepção de filosofia e de ciência, especialmente em relação a métodos, quanto à especificidades metodológicas e a questão da legitimação da pesquisa no "mundo da vida" – ambas oferecendo perspectivas para a retomada do critério da relevância do humano na teoria da gestão.

Além das questões relacionadas, duas mereceram especial atenção no atual estudo: a ação e o agente.

O Discurso da Ação de Paul Ricoeur e *The Quest for Certainty* de Dewey, presentes neste estudo, são também explorados em relação à Teoria da Ação Administrativa de Michael Harmon[4]. É que Ricoeur e Harmon recorrem aos filósofos pós-positivistas ingleses para abordar pensamento e ação, teoria e prática no mesmo sentido de Dewey. Ricoeur e Harmon consideram pensamento e ação como mutuamente constitutivos e Dewey apresenta a ação como o coração das idéias e o pensamento como o único tipo de ação que poderá dar significado à existência (DEWEY, 1979, p. 167-8).

O estudo da relação entre vivência e experiência aparece na gestão, exigindo um mergulho em um aspecto essencial à filosofia deweyniana: a conseqüência. Nesse sentido, o trabalho de Sucupira (1960) no exíguo espaço de uma conferência, estimula uma ampla exploração de significados e sentidos de experiência, segundo Dewey.

4 Michael Harmon é professor da George Washington University, com trabalhos publicados em Administração Pública, procurando recuperar a variável moralidade. Vide Referências neste trabalho.

É retomada essa questão apenas em busca de diferenciação entre resultado e conseqüência, nos limites do estudo da Ação Administrativa a que este trabalho se propõe.

A leitura intensa de Anísio Teixeira, de seus fundamentos deweynianos, foi indispensável ao projeto que apreende e discute a responsabilidade social dos que se dedicam, em especial, à tecnologia de ponta. A significância e a suficiência dessa temática nas obras e na vida do filósofo norte-americano e do educador brasileiro, considerando a educação como teoria da formação humana, justificam a opção.

12. O porvir filosófico da sociedade

Segundo Anísio Teixeira, a filosofia que irá orientar a transformação da sociedade já se acha esboçada na obra de John Dewey. Como iria desenvolver-se a filosofia contemporânea, porém, dependeria do trabalho devotado de filósofos e de cientistas[5]. O grande problema da atualidade continuaria a ser a organização da sociedade democrática. Daí a necessidade de tomar plena consciência da experiência brasileira, de elaborá-la e com ela, a "nossa filosofia" e a "nossa educação" (TEIXEIRA, s./d., p. 18-9).

13. Implicações culturais

Segundo Muniz de Rezende, a história não é um processo autônomo, independente de seus sujeitos, é a história das ações humanas, mas

5 Essa proposta de engajamento de filósofos e cientistas de um esforço por articulação em benefício da ciência e da filosofia no sentido da humanidade aparece em Merleau-Ponty. *Signos*. Cap. CIII, O filósofo e a sociologia. São Paulo: Martins Fontes, 1991.

de atos humanos, situados em relação à faticidade e à temporalidade. A aprendizagem cultural não se daria com uma cultura feita, mas "em se fazendo", através, simultaneamente, de uma consciência histórica e prática (REZENDE, 1990, p. 61-2).

A concepção dinâmica de cultura e de história é mais um exemplo dos fios de um mesmo tecido, de uma rede, percebidos neste estudo, articulando, em certo grau, as posições de Dewey e de Merleau-Ponty e que a postura de Teixeira e de Rezende manifestam.

14. Primeiras aproximações

Estas notas ainda possibilitaram perceber uma "idéia geral" aproximando a Filosofia da Experiência da Fenomenologia. Em primeiro lugar, na busca de uma unidade na ambigüidade e, em segundo lugar, na relação teoria/prática, como um movimento que parte da realidade concreta, para retornar à ela, em uma atividade permanente, na qual a experiência humana é considerada fundamental. Em segundo lugar, o engajamento dos autores brasileiros e norte-americanos dedicados à teoria da educação e da administração, tratados neste estudo[6] justifica a expectativa de possibilidade de busca do agir "em comum" humano na gestão.

15. Espírito organizacional

Nessa direção, prossegue este atual estudo por uma Gestão pela Formação Humana a qual manifestou-se na instituição enfocada no estudo de caso, em ambigüidade, isto é, tanto como a maior aspiração, expec-

6 O engajamento da Filosofia da Experiência e da Fenomenologia caracteriza a postura de Dewey, de Anísio Teixeira, de Merleau-Ponty e de Muniz de Rezende. Quanto à Michael Harmon e sua Teoria da Ação, o fato de seu engajamento começa a aparecer ao revigorar a variável moralidade na teoria da administração pública.

tativa, empenho e implicação no "sucesso" daquela instituição, quanto, por outro lado, como seu maior desafio, dificuldades e frustrações, além de riscos à quebra de sua identidade, com o possível enfraquecimento do "modelo", ou melhor, de seu espírito.

A preocupação com o espírito das organizações está sendo retomada em estudos atuais sobre gestão, em vários contextos culturais e mesmo em pesquisas empíricas. Um exemplo é trabalho de Collins e Porras, em "Feitas para Durar". Sobre o tema, fica, também a sugestão da leitura da dissertação de mestrado de Leandro Souza Mora (FGV-Ebape), listada na bibliografia e o estudo de Rego, Cunha, Souto que a fundamentou, também presente na bibliografia.

Essas preocupações guardam alguma relação com as ainda recorrentes discussões sobre a obra deweynianas, em especial quanto à democracia e, também, quanto às preocupações de Merleau-Ponty com os conflitos humanos, em meados da década de 1960, em *Signos*, embora ambos extrapolem o âmbito organizacional para abordar questões humanas de grande amplitude em busca de espírito.

Posfácio

Numa época em que as organizações convivem diariamente com o fantasma da competitividade, sendo obrigadas a estar constantemente preparadas para fornecer uma nova resposta em termos de ação, o livro da Profa. Valderez F. Fraga é uma grata surpresa, para todos os gestores ou candidatos a gestores sensíveis ao fato de que o caminho para o sucesso organizacional passa necessariamente pela valorização do ser humano.

É bem verdade que muitos autores já vêm tratando da valorização do ser humano, mas, incontestavelmente, *Gestão pela formação humana: uma abordagem fenomenológica* inova por permitir uma, até então inédita, articulação dos tradicionais critérios científicos em Administração aos critérios filosóficos da relevância do humano e da legitimação da ação no mundo da vida, fundamentais tanto à gestão pública quanto à privada.

Ressalta-se, ainda, a síntese dos três estudos de caso apresentados pela autora, que permitem um melhor entendimento de toda a base conceitual filosófica, provando que é possível as organizações estarem orientadas para uma performance competitiva, mas em co-humanidade. Porém, a condição humana não dá garantias, mas possibilidades, daí a necessidade de engajamento autêntico na gestão.

Déborah Morais Zouain
Chefe do Centro de Ensino e Pesquisa
FGV/Ebape – 2003-2008

Referências bibliográficas

AMARAL, M. N. *Dewey:* filosofia e experiência. São Paulo: Perspectiva, 1990.

ARENDT H. *A condição humana.* Tradução de Roberto Raposo. Rio de Janeiro: Editora Forense Universitária, 2003. p. 195. Cap. 23.

BELLO, A. A. *Culturas e religiões:* uma leitura fenomenológica. Trad. Antonio Argonese. Bauru: EDUSC, 1998.

BENNIS, W. G. *A invenção de uma vida.* Rio de Janeiro: Campus, 1999.

______. *A formação do líder.* São Paulo: Atlas, 1996.

______. *The reconstructuring of social and political theory.* London: Methuen, 1979.

______. *Second handbook of organization development in schools.* Palo Alto: Mayfield, 1977.

______. *Desenvolvimento organizacional:* sua natureza, origens e perspectivas. São Paulo: Edgar Blüecher, 1972.

BERNSTEIN, R. J. *Tjhe reconstructuring of social and political theory.* London: Methuen, 1979.

______. *Beyond bureaucracy:* essays on the development and evolution of human organization. New York: McGraw-Hill, 1973.

BONOMI, A. *Fenomenologia e estruturalismo.* São Paulo: Perspectiva, 1974.

BROUDY, H. S. Sartre's Existencialism and Education. *Educational Theory,* Urbana, Ill., v. 24, n. 2, p. 155-177, Spring 1971.

BRUBACHER, J. Dez equívocos a respeito da filosofia educacional de Dewey. *Conferência*. Brasília: Arquivos do INEP, s./d. [195-].

CALLAN E. Dewey's conception of education as growth. *Educational Theory,* Urbana, Ill., v. 32, n. 1, p. 19-27, Winter 1982.

CAPALBO, C. (Org.). *Fenomenologia e hermenêutica.* Rio de Janeiro: Âmbito Cultural, 1983.

______. *Fenomenologia e ciências humanas:* uma nova dimensão em antropologia, história e psicanálise. Rio de Janeiro: J. Ozon, s./d. [197-].

CARVALHO, A. S. *Metodologia da entrevista:* uma abordagem fenomenológica. 2. ed. Rio de Janeiro: Agir, 1991.

CASPARY, R. W. Judgements of value in John Dewey's theory of ethics. *Educational Theory,* Urbana, Ill., v. 49, n. 2, p. 157-169, Spring 1990.

CASSIRER, E. *Linguagem e mito.* Trad. J. Guinburg et al. São Paulo: Perspectiva, 2000.

CRAWFORD, R. *Na era do capital humano.* Tradução Luciana Bomtempo Gouveia. São Paulo: Atlas, 1994.

DARTIGUES, A. *O que é a Fenomenologia?* 3. ed. Trad. Maria José J. G. de Almeida. São Paulo: Moraes, 1992.

______. *O que é a Fenomenologia?* 2. ed. Trad. Maria José J. G. de Almeida. Rio de Janeiro: Eldorado, 1973.

______. *O que é a Fenomenologia?* 7. ed. Trad. Maria José J. G. de Almeida. São Paulo: Centauro, s./d.

DAVENPORT, R. *O capital humano:* o que é e por que as pessoas investem nele. Tradução Rose S. Krauze. São Paulo: Nobel, 1999.

DEWEY, J. *Works of John Dewey*. Volume 16, 1925-1953: 1949-1952, Essays, Ed. Boydston, J. A Typescripts, and Knowing and the Known. (format) Trade Paper, 2008. (1949, p. 308)

______. Education and Politics. *New Republic*, n. 32, p. 141, Oct. 1992

______. *The quest for certainty*. New York: Paragon Books, 1979.

______. *Early essays:* 1895-1898. Illinois: University Press, 1972.

______. *Democracy and education.* New York: The Free Press, 1967.

______. *The experience and education.* New York: Collier Books, 1963.

______. *Reconstruction in philosophy.* New York: The New American Library, 1954.

______. *Intelligence in the modern world.* John Dewey's Philosophy. Rathner J. (Ed.). New York: Randon House, 1939.

DONZELLI, T. A. Método fenomenológico. Palestra. Cilo de palestras da metodologia da pesqisa educacional. Cord. Alda Judith Alves. Rio de Janeiro: UFRJ/ Dotorado em Educação. UFRJ, Rio de Janeiro/2º semestre, 1991.

______. Cotidianeidade e dimensão social do humano. *Debates Sociais*, Rio de Janeiro, ano XXVI, n. 47, p. 54-62, 2º semestre, 1988.

______. Método fenomenológico. In: *Teorização do serviço social*. Encontro do Alto da Boa Vista. Rio de Janeiro: Agir, 1988.

______. *O gestaltismo*. Ensaio sobre uma filosofia da forma. Rio de Janeiro: Antares, 1980.

FEATHERSTONE, M. *O desmanche da cultura*. São Paulo: Studio Nobel, 1997.

FOGUEL, S. Funções e Disfunções de DO. *Treinamento de Executivos*, Rio de Janeiro, n. 37, p. 24-29, jan. 1977.

FOGUEL, S.; SOUZA, C. C. *Desenvolvimento organizacional*. São Paulo: Atlas, 1989.

FRAGA, V. F. *A atualidade de Anísio Teixeira e suas grandes questões:* a democracia e o progresso moral da humanidade. (Paper) Pensamento Educacional Brasileiro. Doutorado em Educação Brasileira. UFRJ, 1989. (Não publicado)

FRAGA, V. F. Challenges of Organizational Spin-Offs/Mergers: An Example in Brazilian Culture. *International Journal of Knowledge, Culture and Change Management*. Volume 5, Issue 9, pp.71-80. http://ijm.cgpublisher.com/ Australia: Common Ground, 2005, ISSN 1447-9575

GADAMER, H. *Verdade e método*. Petrópolis: Vozes, 1997.

_______. *Truth and Method*. New York: The Continuum, 1994.

GARRISON, J. W. Greece's Dialectics of freedom and Dewey's Naturalistic Existential Metaphysics. *Educational Theory*, Urbana, Ill., v. 40, n. 2, p. 193-209, Spring 1990.

GREGORI, W. Perspectiva de um novo tempo *Revista da Associação Brasileira de Cibernética Social*, Brasília, v. 1, n. 1, p. 36-55, jan./abr. 1986.

_______. *Cibernética Social*. São Paulo: Cortez, 1984.

GREUEL, M. da V. *O problema da fundamentação do conhecimento:* uma abordagem fenomenológica. CCE-UFSC. Florianópolis: Universidade Federal de Santa Catarina, 1996.

HABERMAS, J. *Agir comunicativo e razão destranscendentalizada*. Trad. Lúcia Aragão. Rio de Janeiro: Tempo Brasileiro, 2002.

HARMON, M. M. Decision and action as contrasting perspectives in organization theory. *Public Administration Review*, Washington, D.C., v. 49, n. 2, p. 144-152, Mar./Apr. 1989.

______; MAYER, R. T. *Organization theory for public administration*. Boston: Little, Brown and Company, 1986.

______. *Action theory for public administration*. Washington: GWU, 1981.

HARRIS, P. R.; MORAN, R. T. *Managing cultural differences*. Houston: Gulf Publishing Co., 1979.

HEGEL. *Princípios de filosofia do direito*. Trad. Orlando Vitorino. Lisboa: Guimarães Editores, 1990.

______. *Introdução à filosofia*. Coimbra: Sucessor, 1987.

HEIDEGGER, M. *Ser e tempo*. Trad. Márcia Sá Cavalcante Schubak. Petrópolis: Vozes, 2006.

______. Trad. Marcia de Sá Cavalcante Schuback. Petrópolis: Vozes, 1993. Parte I.

______. Trad. Márcia de Sá Cavalcante Schuback. Petrópolis: Vozes, 1990. Parte II.

HELLER, A. *Filosofia radical*. São Paulo: Brasiliense, 1983.

HELLER, A.; FEHÉR, F. A *condição política e pós-modernidade*. Trad. Marcos Santarrita. Rio de Janeiro: Civilização Brasileira, 2002.

HELLRIEGEL, D.; SLOCUM, J. W.; WOODMAN R. JR. *Organizational behavior*. St. Paul: West Publishing, 1983.

HESSEN, J. *Filosofia dos valores*. Coimbra: Armênio Amado Editor Sucessor, 1980.

HUSSERL, E. *A idéia da fenomenologia*. Lisboa: Edições 70, 1982.

JAPIASSÚ, H.; MARCONDES, D. *Dicionário de filosofia*. São Paulo: Zahar, 1998.

JASPERS, K. *Introdução ao pensamento filosófico*. São Paulo: Cultrix, 1965.

KELKEL, L. *The philosophy of moral development*. San Francisco: Harper and Row, 1981.

KELKEL, A.; SCHÉRER, R. *Husserl*. Trad. Joaquim Coelho Rosa. Lisboa: Edições 70, s./d. [198-].

KRENAK, A. Antes o mundo não existia. In: NOVAES, A. (Org.). *Tempo e história*. São Paulo: LMC/Cia. das Letras, 1996. p. 201-4.

KIRKEGAARD, S. *O conceito de angústia*. São Paulo: Hemus, 1968.

KURITA, O. John Dewey's philosophical frame of reference in his first three articles. *Educational Theory*, Urbana, Ill., v. 21, n. 3, p. 339-346, Summer 1971.

LANDSBERG, P. *O sentido da ação*. Tradução Maria Helena Küner. Rio de Janeiro: Paz e Terra, 1968.

LEGGE, K. *Human resources management:* rethorics and realities. New York: McMillan, 2005.

______. *Ethical issues in contemporary human resource management*. New York: Pelgrave McMillan Business, 2000.

MARCEL, G. *Os homens contra o homem*. Porto: Editora Educação Nacional, s./d. [195-].

MARQUES, M. J. C. Análise Fenomenológica e Fenomenografia: o estudo das relações entre pessoas e o mundo ao seu redor. In: *Seminário Sobre Pesquisa*

Fenomenológica nas Ciências Humanas e Sociais, out. 1988, Rio de Janeiro. Ampess e CBCISS, Rio de Janeiro, 1988. p. 67-81.

MENDES, D. T. *Subsídios para a concepção do educador*. Texto distribuído pela Profa. Terezinha C. Granato. Disciplina Educação Brasileira II. Programa de Doutorado em Educação Brasileira. Rio de Janeiro, 2º Semestre 1990.

______. Existe uma Filosofia da Educação Brasileira? In: *Filosofia da Educação Brasileira*. 2. ed. Rio de Janeiro: Civilização Brasileira, 1985.

MERLEAU-PONTY, M. *Fenomenologia da percepção*. Trad. Carlos A. R. de Moura. São Paulo: Martins Fontes, 1996.

______. *Signos*. Cap. III, O filósofo e a Sociologia. São Paulo: Martins Fontes, 1991.

______. *Merleau-Ponty na Sorbonne*: resumo de cursos de filosofia da linguagem. Tradução Constança M. Cesar. Campinas: Papirus, 1990.

______. *The primacy of perception*. Evanstone: Northwesthern University, 1985.

______. *Fenomenologia da percepção*. Trad. Carlos A. R. de Moura. São Paulo: Martins Fontes, 1976.

______. *A estrutura do comportamento*. Tradução José de Anchieta Corrêa. Belo Horizonte: Interlivros, 1975.

______. *Ciências do nome e fenomenologia*. Trad. Salma T. Muchail. São Paulo: Saraiva, 1973.

______. *Fenomenologia da percepção*. Trad. Reginaldo di Piero. Rio de Janeiro: Freitas Bastos, 1971a.

______. *O visível e o invisível*. São Paulo: Perspectiva, 1971b.

______. *Sense et non-sense*. Paris: Nagel, 1966.

______. *Le visible el l'invisible*. Paris: Gallimard, 1964.

______. *Phénoménologie de la perception*. Paris: Gallimard, 1945.

MORIN, E. *Ciência com consciência*. Trad. Marta de Alexandre e Maria Alice Sampaio Dória. Rio de Janeiro: Bertrand Brasil, 2000.

MOURA, S. L. Os efeitos da demissão nas necessidades espirituais de ex-comissários de bordo da VARIG. (Dissertação de Mestrado) *Fundação Getúlio Vargas-EBAPE*, Rio de Janeiro, 2007.

NIETZSCHE, F. W. *Além do bem e do mal*. São Paulo: Companhia das Letras, 1992.

______. *Assim falou Zaratustra*. Trad. Eduardo Nunes Fonseca. São Paulo: Hemus, s./d.

ORTIZ, R. *Mundialização e cultura*. São Paulo: Brasiliense, 1996.

PEKARSKY, D. Dewey's conception of growth reconsidered. *Educational Theory*. Blackwell Synergy: Urbana, Ill., v. 40, n. 3, p. 283-294, Summer, 1990.

PEREIRA, M. J. L. B. Desenvolvimento Organizacional na Administração Pública. *Revista de Administração Pública*, Rio de Janeiro, v. 19, n. 3, p. 75-105, jul./set. 1985.

PRABHU, R. K. (Ed.). *Mohan-Mala a Gandhian Rosary.* Ahmedabad: Navajivan Publishing House, 1977.

RAMOS, A. G. *A new science of organizations.* Toronto: University of Buffalo Press, 1989.

______. Modelos de homem. *Revista de Administração Pública*, Rio de Janeiro, v. 18, n. 2, p. 3-12, abr./jun. 1984.

______. *Administração e contexto brasileiro*: esboço de uma teoria geral da administração. 2. ed. Rio de Janeiro: Fundação Getúlio Vargas, 1983.

REGO, A., CUNHA M. P.; SOUTO S. Espiritualidade nas organizações e empenhamento organizacional: um estudo empírico. *Documentos em gestão.* Universidade de Aveiro: departamento de Economia, Gestão e Engenharia Industrial. G/n/n6º/2005.

REZENDE, A. M. *Concepção fenomenológica da educação.* São Paulo: Cortez, 1990.

RICOEUR, P. *O discurso da ação.* Lisboa: Edições 70, 1988.

RODRIGUES, J. T. *Terror, medo, pânico:* manifestações de angústia no contemporâneo. Rio de Janeiro: 7 Letras, 2006.

SANDER, B. A Administração da educação como processo mediador. *Revista Brasileira de Administração da Educação*, Porto Alegre, v. 2, p. 1-93, jan./jun. 1984.

______. Consenso e conflito na administração da educação. *Revista Brasileira de Administração da Educação,* Rio de Janeiro, v. 1, n. 1, p. 12-34, 1983.

______. *Administração da Educação no Brasil. Evolução do Conhecimento.* Fortaleza: UFC, 1982.

SAUER, C. O. A morfologia da paisagem. In: CORRÊA, R. L.; ROSENDAHL, Z. (Org.). *Paisagem, tempo e cultura*, Rio de Janeiro: Ed. UERJ, 2004.

SCHALCHER, M. G. F. Fenomenologia e linguagem. In: CREUSA C. (Org.). *Fenomenologia e hermenêutica.* Rio de Janeiro: Âmbito, 1983.

SCHELER, M. *Da reviravolta dos valores:* ensaios e artigos. Trad. Marco Antônio dos Santos Casa Nova. Rio de Janeiro: Vozes, 1994.

________. *Ética.* Tradução Hilario R. Sãns. Buenos Aires: Revista Ocidente Argentina, 1948. Tomo I.

________. *Nature et formes de la sympathie.* Paris: Payot, 1928.

SCHULTZ, F. Intelligence and Community as concepts in philosophy of John Dewey. A response to Walter Feinberg. *Educational Theory,* Urbana, Ill., v. 21, n. 1, p. 81-89, Winter 1971.

SCHULTZ, T. P. *Human capital investment in women and men:* micro and macro evidence of economic returns. San Francisco, Calif.: ICS Press, 1994. (Série: Occasional papers; n. 44)

SCHUTZ, A. *Fenomenologia e relações sociais*: textos escolhidos. Helmut W. (Org.). Trad. Angela Melin. Rio de Janeiro: Zahar, 1979.

________. *On phenomenology and social relations: selected writings*. Helmut W. (Org.). Chicago: University of Chicago Press-The heritage of sociology, 1970.

SEARLE, J. R. *Speach acts. An essay in the Philosophy of Language*. London: Cambridge University Press, 1980.

SIEBENEICHLER, F. B. Fenomenologia e hermenêutica. In: CAPALBO, C. *Fenomenologia e hermenêutica*. Rio de Janeiro: Âmbito cultural, 1983.

SILLIMAN, M. The closing of the professional mind: a mediation on Plato and Alan Bloom. *Educational theory*, Urbana, Ill., v. 40, n. 1, Board of Trustees. University of Illinois, 1990.

SILJANDER, P. Education as a communicative action: aspects of critical-emancipatory pedagogy. *Scandinavian Journal of Education Research*, Stockholm. v. 33, n. 2, p. 111-121, 1983.

SIMON, H. A. Technology and enviroment. In: LUTHANS, F. *Contemporary reading in organizational behavior*. New York: McGraw-Hill, 1977.

______. *The sciences of the artificial*. Cambridge, Massachutts: MIT Press, 1969.

______. *O comportamento administrativo*. Rio de Janeiro: Fundação Getúlio Vargas, 1965.

______. On the concept of organizational goal. *Administrative Science Quarterly*. New York, v. 9, p. 1-22, 1964.

SLATER, R. *Jack Welch, o executivo do século: insights* e segredos que criaram o estilo GE. Trad. Maria Lucia L. Rosa. São Paulo: Negócio, 1999.

SOUZA, C. C. Novas perspectivas em DO: uma análise comparada. *Revista de Administração de Empresas*, São Paulo, v. 9, n. 4, out./dez. 1979.

SPIEGELBERG, H. *The phenomenological movement*. A historical introduction. Netherlands: Martinus Nijhoff/The Hague, 1971, v. 1 e 2.

SUCUPIRA, N. B. John Dewey: uma filosofia da experiência. *Revista Brasileira de Estudos Pedagógicos*, Rio de Janeiro, v. 34, n. 80, p. 78-95, 1960.

TEIXEIRA, A. S. A escola pública é o caminho da integração social. *Revista Brasileira de Estudos Pedagógicos*, Rio de Janeiro, v. 42, n. 95, p. 210-213, jul./set. 1964.

_______. Valores proclamados e valores reais nas instituições escolares brasileiras. *Revista Brasileira de Estudos Pedagógicos*, Rio de Janeiro, v. 37, n. 86, abr./jun. 1962.

______. A escola brasileira e a estabilidade social. *Revista Brasileira de Estudos Pedagógicos*, Rio de Janeiro, v. XXVIII, n. 67, p. 3-29, jul./set. 1957.

______. Notas sobre a Educação e a Unidade Nacional. *Revista Brasileira de Estudos Pedagógicos*, Rio de Janeiro, v. XVIII, n. 47, p. 35-49, jul./set. 1952.

______. *Bases da teoria lógica de Dewey*. Palestra. Rio de Janeiro: Arquivos do INEP-Brasília, s./d. [195-], 31p.

______. *Filosofia da educação*. Palestra. Rio de Janeiro: Arquivos/INEP-Brasília. s./d.,19p.

TENÓRIO, F. G. *Tem razão a administração? Ensaios de teoria organizacional e gestão social.* Ijuí: UNIJUÌ, 2002.

VALORE-RH. Projeto de desenvolvimento intercultural. *Pesquisa institucional*. Rio de Janeiro: Varig, 1998.

VÁSQUEZ, A. S. *Ética*. Tradução João Dell'Anna. 5. ed. Rio de Janeiro: Civilização Brasileira, 1982.

VAZ, H. C. Consciência e história. In: *Antologia e história.* [S.l.]: L. Duas Cidades, 1968.

VERGARA, S. C. Razão e instituição: uma abordagem exploratória. *Revista de Administração Pública*, Rio de Janeiro, v. 25, n. 3, p. 120-139, jul./set. 1991.

VICKERS, G. *The art of jugement:* a study of policy making. New York: Basic Books, 1965.

VIEIRA, P.; CAMPOS, A. M. Em busca de uma metodologia de pesquisa relevante para a administração pública. *Revista de Administração Pública,* Rio de Janeiro, v. 14, n. 3, p. 101-110, jul/set. 1980.

VIGOTSKI, L. S. *Pensamento e linguagem.* São Paulo: Martins Fontes, 1996.

VINCENZI, L. J. B. de. *Educação como capital humano.* Rio de Janeiro: Ed. Borsói, 1988.

WHITE, J. D. Response to Michael Harmon. *Public Administration Review,* Washington, D.C., v. 49, n. 2, p. 150-253, Mar./Apr. 1989.

WOJICK, J. Extra-disciplinary studies: rumination of a humanities professor. at a technological university. *Engineering Education,* Washington, 1987. p. 167-9.

WOLLCOTT, H. F. Differing styles of on site research, or, if it isn't ethnography, what is it? In: BELOK, M.; HAGGERSON, N. Naturalistic research paradigms. *Review Journal of Philosophy and Social Science*, Meerut-Índia, v. VIII, n. 1 e 2, Cap. 9, 1982.

YIN, R. K. *Case Study Research. Design and Methods.* Beverly Hills: Sage Publications, 1985.

YOUNG, R. E. Habermas' onthology of learning: reconstructing Dewey. *Educational Theory*, Urbana, Ill., v. 40, n. 4, p. 471-472, Fall 1990.

ÍNDICE ONOMÁSTICO

N

O

P

R

S

T

V

W

Y

ÍNDICE REMISSIVO

A

B

C

G

H

I

M

N

O

P